D1719308

Christoph Benke

Leben im Übergang

Christoph Benke

Leben
im
Übergang

Die österliche Dynamik
christlicher Spiritualität

HERDER

FREIBURG · BASEL · WIEN

© Verlag Herder GmbH, Freiburg im Breisgau 2023
Alle Rechte vorbehalten
www.herder.de
Umschlaggestaltung: Verlag Herder
Umschlagmotiv: © zakokor / GettyImages
Satz: SatzWeise, Bad Wünnenberg
Herstellung: CPI books GmbH, Leck
ISBN Print 978-3-451-39470-6
ISBN E-Book (PDF) 978-3-451-83470-7

Inhalt

EINFÜHRUNG 13

1. Der Mensch – ein „Brückenwesen" 13
   Übergänge: individuell, kollektiv, global 13
   Spiritualität als Schwellenkompetenz 14
   Gebunden an den Raum 15
   Spirituelle Topologie 15

2. Pascha – das rettende Handeln Gottes 16
   Pesach – Pascha: ein Fest 16
   Jesus Christus, *unser Paschalamm* (1 Kor 5,7) 17
   Taufe: Hineinnahme in das Pascha-Mysterium 19
   Dynamik der Überschreitung 21

3. Topographie der Spiritualität 22
   Spiritualität verorten 22
   Von der Topographie zur Typologie 22
   Zur Struktur dieses Buches 24

PROLOG: EDEN – DER GARTEN DER URZEIT 25
   Verdanktes Leben 26
   Leben aus der Eucharistie 27

I. „HERAUS" – AUFBRUCH 29

1. Haran 29
   „Hören, wer ich sein kann": Berufung 30
   Menschliche Berufung · Menschliche und christliche Berufung
   Abraham 32
   Eine Kultur des Hörens: Gehorsam 32

2. Ägypten 34
   Das *Elend Ägyptens* 34

Umkehr 35
Transitus vom alten zum neuen Menschen · Nicht Rückblick, sondern
Aufblick · Exodus als Lebenseinstellung

Umkehr-Szenarien 37
Zur Praxis der Umkehr: Buße 38
Wege der Sündenvergebung · Sozialökologische Umkehr ·
Lockdown anders

3. Kein-Ort 41
„Leben in der Fremde" – eine Erinnerung 41
Der „Pilgerstand" · Engagierte Gelassenheit

Der russische Pilger 43
Pilgern und Wallfahren 43

II. „HINDURCH" – DURCHGANG 45

1. Schilfmeer 45
Erlösung – Errettung 45
Eine Kultur der Erinnerung 46
Mose 46
Gebet der liebenden Aufmerksamkeit 47

2. Wüste 48
Spiritualität der Wüste 48
Eschatologisches Bewusstsein · Prioritäten setzen · Leib und Seele ·
Mit „Gedanken" umgehen · „Sag mir ein Wort!"

Geistliche Begleitung 52
Zur Geschichte · „Seelenführung" oder „Geistliche Begleitung"? ·
Was ist Geistliche Begleitung? · Geistliche Begleitung – etwas für
mich?

Geistliche Unterscheidung 55
Prüft alles und behaltet das Gute · Grunddisposition und Schritte ·
Kriterien Geistlicher Unterscheidung

„Unablässiges Beten" 59
Die Übung der Gegenwart Gottes 60
Christliche Askese 61
Versöhnung üben · Verzicht üben · „Askese der Schwachheit"

Inhalt

Digitales Detox als Fasten 62
Charles de Foucauld (1858–1916): die Wüste bestehen . 63

3. Welt 65

4. Jabbok 66
Pascha und Kampf 66
„Kämpfen für Christus" (*militia Christi*)? 67
Vulnerabilität 68
Die „Gnade des Nullpunkts" 69

5. Nebo 70
Christliche Kontemplation 70
Der klassische Stufenweg · „Von Angesicht zu Angesicht" ·
Kampf und Kontemplation
Tod am Grenzfluss 72
Einübung in kontemplative Praxis 73

6. Grenzgebiet 74
Grenzen als menschliche Grunderfahrung 74
Grenzen überschreiten und wahren · Demut
Benedikt von Nursia (480–547):
    das weise Maß (*discretio*) 76
Friede deinen Grenzen (Ps 147,14) 77
Esoterik 78
Kennzeichen · Rechte Esoterik · Unterscheidung

III. „HINAUF" – AUFSTIEG 83

1. Horeb 83
Ort der Offenbarung 84
Wie spricht Gott? · (Sakramentalität · Gott hören?) · Mystik ·
(Einige Vorbemerkungen · Christliche Mystik · Mystik der offenen
Augen) · Maria von Magdala · Stille und Schweigen · Die Haltung
des Schweigens

Inhalt

Ort der Gesetzgebung 92
Lectio divina · *(Ein klassischer Brief · Die Heilige Schrift „verstehen" ·*
Die Psalmen als Buch von Christus) · Dietrich Bonhoeffer (1906–1945):
die tägliche Schriftbetrachtung · *Lectio divina* heute

„Aufstieg": Modell eines Glaubensweges 97
Der dreifache Weg · Wachstum in der Liebe · Der karmelitische Weg
zur Vollkommenheit · Ergänzende Sichtweisen ·
Psychologische Entwicklungsmodelle · Dorothee Sölle
(1929–2003): „Mystische Reise für heute"

Heiligung 103
Berufen zur Heiligkeit · Das Leben heiligen · Abraham Josua
Heschel (1907–1972): Heiligung der Zeit · Heiligung des Alltags ·
Heiligen Boden betreten

2. Berg der Versuchung 108
   Der Versuchung begegnen 108
   Antonius der Große 109
   Anbetung 110

3. Tabor 110
   Das „Taborlicht" 111
   Erleuchtung · Schau · Offenbarung und Geheimnis ·
   Das Jesusgebet oder Herzensgebet · Hildegard von Bingen
   (1098–1179): Die „Schau" · Methoden der Meditation

   Theosis – vergöttlichtes Menschsein 116
   Theosis im Alltag 117
   Tabor und Pascha 118
   Das Gebet Jesu 119

4. Berg der Seligpreisungen 120
   Der Geist der Seligpreisungen 121
   Evangelische Räte: Lebensperspektiven für alle 121
   Lebenskultur nach dem Evangelium · Begründungen ·
   Inklusive Interpretation

   Evangelische Räte für heute 124
   Gemeinschaft der Heiligen 125
   Die Gebetsweisung Jesu 126

5. Zion – Jerusalem 127
   Himmlisches Jerusalem 127
   Pfingsten – die Gabe des Geistes 128
   Communio · Viele Sprachen, viele Stile · Geistliches Leben ·
   Kleine Theologie des Gebetes · Schritte ins Beten
   „Tochter Zion": Marianische Spiritualität 133
   Ökumenische Spiritualität 134
   Paolo Dall'Oglio SJ (1954–2013?) und das Kloster
      Mar Musa 135

6. Ölberg – Getsemani 136
   Anfechtung 136
   Das Bittgebet 137
   Die Ermöglichung des Bittens · Hingabe, die überschreitet ·
   Wie wirkt das Bittgebet? · Erhörung und Erfüllung

7. Golgota 140
   Die Frage nach dem Leid 140
   Altes Testament · Der leidende Christus · Nachfolge Jesu und Leid
   Gottesentzug 144
   Johannes Tauler (1300–1361): „Winter der Entbehrung Gottes" · Therese
   von Lisieux (1973–1897): „dichteste Finsternis" · Mutter Teresa
      (1910–1997): „nichts berührt" · Johannes vom Kreuz (1542–1591):
   „Dunkle Nacht" · Osterglaube als Teilhabe an der Gottesferne ·
   Den „Winter" durchstehen
   Opfer 149
   Christliche „Opfer"-Praxis · Spiritualität des Martyriums · Christian
   de Chergé OCSO (1937–1996): „Hingegeben, nicht genommen"

8. Das „Obergemach" 152
   Communio-Spiritualität 152
   Kirchliche Spiritualität · Neue Geistliche Gemeinschaften ·
   Chiara Lubich (1920–2008): Einheit und Liebe
   Gebet in der apostolischen Kirche 155
   Gemeinsam vor Gott stehen 156
   Die Mitmenschen ertragen 156

9. Areopag 157
   Spiritualität verantworten 158
   Pluralismuskompetenz 158
   Kirchenlehrer und Kirchenlehrerinnen 159
   Theologische (Fort-)Bildung 159

IV. „HINUNTER" – ABSTIEG 161

1. Nazaret und Betlehem 161
   Inkarnatorische Spiritualität 162
   Annahme des Daseins
   Krippe und Kreuz: Gottes Allmacht und Ohnmacht . . . 164
   Gotteskindschaft 165
   Zweite Naivität
   Verborgenheit 167
   Abstieg in die Armut 168
   Eine Welt · Option für die evangelische Armut · Reichtum aus dem
   „göttlichen Tausch" · Franz von Assisi (1181–1226): Nachfolge in Armut
   „Karriere nach unten" 172
   Menschen-Dienst als Gottes-Dienst · Spiritualität des Dienens ·
   Ruth Pfau (1929–2017): Dienst an den Ausgestoßenen
   Der „wunderbare Tausch" 175

2. Die Ebene 175
   Maria und Marta: Kontemplation und Aktion 176
   Herkömmliche Sichtweisen und Zugänge · Maria und Marta heute ·
   Thomas Merton (1915–1968): kontemplatives Leben neu
   Missionarische Spiritualität 180
   Der Geist der Sendung · Mission oder Demisssion? ·
   Absichtslose Liebe

3. Reich des Todes (Unterwelt) 182
   Theologie des Karsamstags 183
   Solidarität im Stillstand 183
   Jeremia in der Zisterne 184

V. „HINÜBER" – ÜBERGANG 186

1. Tyrus und Sidon; Samaria 187
   Das Fremde und Andere 187
   Spirituelle Fremdprophetie · Die Sterndeuter aus dem Osten ·
   Gastfreundschaft

2. Außerhalb des Lagers 190
   Die Botschaft der Peripherie 190
   Mitte und Rand · Gottes Perspektive · Neues Sehen
   Sich Gottes Perspektive aneignen 193
   Bis an die Grenzen der Erde (Apg 1,8)
   Die „Narren Christi": Verkörperung der Torheit Gottes . 194

3. Jordan 196
   An der Schwelle 196
   Christliche Mystagogie · Christophorus, der Mystagoge ·
   Gottesgeburt · Die Kunst geburtlichen Lebens · Simone Weil
   (1909–1943): an der Schwelle der Kirche
   Schwellenangst 201
   Leben im Zwischen 202
   „Schon" und „noch nicht" · Johannes der Täufer, der personifizierte
   Übergang
   Lassen und Zulassen 204
   „Katholisch": Kraft zur Synthese · Pierre Claverie OP (1938–1996):
   an der Nahtstelle zweier Welten

EPILOG: ORTE DES ANKOMMENS 209
   Land der Verheißung 209
   Land der Ruhe 210
   Das neue Jerusalem 211
   Das Ufer 212
   Und noch einmal: der Garten 213

Anmerkungen 215

Bibelstellenregister 229

Personenregister 237

EINFÜHRUNG

1. Der Mensch – ein „Brückenwesen"

Unser Leben besteht aus großen und kleinen Übergängen. Wir werden geboren und erwachsen, gehen eine Partnerschaft ein, sterben. Dazu kommen berufliche und individuelle Knotenpunkte: erster Schultag, Abschluss der Ausbildung und Einstieg in die Arbeitswelt, Stellenwechsel, Umzug, Pensionierung. Verlusterlebnisse (Trennung, Krankheit, Tod eines geliebten Menschen, Unfall) zählen zu jenen „Passagen", die am meisten herausfordern.

Die häufigsten Übergänge beruhen auf unserer zeitlichen Verfasstheit. Sie sind alltäglich, darum kaum spektakulär – und doch bedeutsam: von der Nacht in den Tag, vom Vor- in den Nachmittag und in den Abend, vom Tag in die Nacht. Dazu kommen Geburtstage, Jahrestage, Jahreswechsel, Jahreszeiten.

Einschneidende Übergänge sind meist längerfristige Prozesse und fallen am schwersten. Eine bisher als tragend erlebte Verbundenheit ist nicht mehr. Eine neue ist noch nicht da. Wer zu einem Übergang aufbricht, ist also noch nicht im Neuen („noch nicht"), aber auch nicht mehr im Alten („nicht mehr"). Dieses Zwischen wirkt bedrohlich. Die Ungewissheit führt zu einem Gefühl der Unsicherheit und Angst. Eine neue Zugehörigkeit, so vorhanden, ist vielleicht noch fragil. Auch darin zeigt sich: Wir sind, wie Klaus Hemmerle formulierte, „Brückenwesen".

Übergänge: individuell, kollektiv, global

Der beschleunigte geschichtliche Wandel und das Zusammenwachsen der Menschheit (Stichwort: Migration, Digitalisierung, Globalisierung) machen deutlich: Übergänge sind nicht nur individuell, sondern auch kollektiv und global wirksam. Sie betreffen Gesellschaften. Das Phänomen von Migration und Flucht fordert von

Menschen in den Ankunftsländern ein Umdenken. Auch die „große Transformation" (Uwe Schneidewind), nämlich die dringende sozial-ökologische Wende, steht als fundamentaler Übergang unerledigt noch vor uns.

Wie lassen sich diese Umbruchsituationen durchstehen, gestalten und verarbeiten? Damit beschäftigen sich Anthropologie, Soziologie, (Früh-)Pädagogik, Psychologie und Gesundheitswissenschaften. Zusätzlich kommt eine ethische Dimension ins Spiel: Wie die Übergänge ordnen? Welche Übergänge können und wollen, ja dürfen wir selbst gestalten – und welche nicht? Für Glaubende spielt die Frage herein: Können die Übergänge unseres Lebens mit Gott zu tun haben?

Spiritualität als Schwellenkompetenz

Die genannten Fragen reichen in das Feld der Spiritualität. Von Spiritualität wird heute erwartet, dass sie komplexe Situationen bewältigen, Übergänge gestalten (Ritual) und diese deuten, d. h. verstehen hilft (Sinn). Unsere Zeit erfordert also eine spezifische „Schwellenkompetenz": ein geistig-spirituelles Handwerkszeug, um mit Übergängen lebenspraktisch einigermaßen zurechtzukommen und, was noch wichtiger ist, diese zu deuten. Was aber hilft, die Übergänge zu deuten? Woher die Deutungen nehmen? Vom Deuten führt ein Weg weiter zum Verstehen. Ohne Verstehen, wenigstens im Rückblick, gibt es keine Antwort auf das Wozu.

Für die Deutung von Lebensübergängen bietet die Bibel ein Wort an: *Pascha* – (Vor-)Übergang. Die These dieses Buches lautet: Lebensübergänge werden einsichtiger, wenn wir sie mit dem Pascha des Gottesvolkes Israel und mit dem Pascha Jesu Christi in Verbindung bringen. Dieses Pascha war jedoch nicht ort- und raumlos. Damit haben wir die Schlüssel der folgenden Darstellung bereits in der Hand: Der eine heißt *Pascha*, der andere Ort bzw. Raum. Beide brauchen zuvor eine kurze Vergewisserung. Beginnen wir mit dem Raum. Wir sind nicht nur an die Zeit, sondern auch an den Raum gebunden.

Gebunden an den Raum

Unser gesamtes Leben ist räumlich bestimmt. Übergänge finden nie ort- und raumlos statt. In jüngerer Vergangenheit regten diverse Wissenschaftszweige (Kultur- und Sozialwissenschaften, Humangeographie, Postkolonialismus etc.) dazu an, den natürlichen, realen Raum nicht nur als Behälter, sondern als kulturelle Größe zu sehen. Die „Raumwende" (*spatial turn*) machte deutlich, dass der Raum – auch – ein Ergebnis sozialer Beziehungen und somit konstruiert ist. Die *Thirdspace*-Theorien, die seit Mitte der 1990er Jahre entwickelt wurden, kennen neben dem physischen, konkret messbaren, bestimm- und wahrnehmbaren Raum (*first*space) den konzipierten, gedachten Raum als reflektierte Wirklichkeit (*secondspace*). Der „dritte Raum" stellt sich mit seinem Potential dort ein, „wo man sich auf konkrete Orte einlässt und sich den anscheinend unlösbaren Differenzen, die sich zwischen *firstspace* und *secondspace* einstellen, aussetzt".[1] Das lässt sich auch auf Orte und Räume der Bibel übertragen. Wo Menschen ihr eigenes Leben im Licht des Glaubens sehen und mit Orten der Bibel in kreativer Weise in Verbindung bringen, entstehen Sinnangebote. Es kann sich Verstehen ereignen.[2]

Die neu gewonnene Sensibilität für den Raum machen wir uns im Folgenden zunutze, um eine spirituelle Topologie, eine christliche Erinnerungslandschaft zu entwerfen. Orte und Räume der Bibel können zu Glaubensorten und Glaubensräumen für heute werden. Es sind Orte, an denen ein bestimmter Aspekt des Glaubens relevant ist. Das Pascha hat seine Stationen, und es gilt, die topographische Symbolik auszuloten.

Spirituelle Topologie

Der geistliche Weg lässt sich nachzeichnen. Aus der biblischen Topographie [griech. *tópos*, „Ort, Stelle, Gegend"] lässt sich eine spirituelle Topologie entwickeln. Der Weg des Volkes Israel und der Weg Jesu hatten Stationen, Orte und Räume. Diese sind „typisch", und zwar über den unmittelbaren und ggf. historischen Kontext hinaus. Sie sind Muster und Modelle für die spirituelle Reise des einzelnen und des Volkes Gottes (der Kirche). Biblische Räume und Orte sind nämlich – man ist an die klassische Lehre von den theologischen Fund-Stellen erinnert (lat. *loci theologici*) – Erkenntnisorte spiritueller Theologie.[3] Unser Vorhaben ist, Pascha als Matrix für den geistlichen Weg des Individuums wie der Kirche in den Blick zu nehmen. Gemäß der Bibel hat dieser Weg seine Stationen. Sie bieten weit mehr als nüchterne topographische Information. Sie sind bezogen auf die Etappen des geistlichen Weges, des einen großen Übergangs: aus *Topos* wird *Typos* (griech. „Sinnbild").

Es geht also im Folgenden darum, die topologische Perspektive der Bibel mit der Pascha-Theologie zu verschränken. Als Ergebnis finden wir Deutemuster für die vielen Übergänge des je eigenen Lebens. Damit sind drei gewichtige Begriffe genannt: Pascha, Topologie und Typos bzw. Typologie. Da *Pascha* der Leitbegriff unserer Darstellung ist, müssen wir uns etwas ausführlicher diesem Wort und seinen Bedeutungsebenen widmen. Danach befassen wir uns nochmals kurz mit *Topos* und *Typos*, um dann endlich den Übergang, das Pascha zu beginnen.

2. Pascha – das rettende Handeln Gottes

Pascha ist ein gesamtbiblischer Begriff. Die Sinnmitte christlichen Glaubens (für unseren Zusammenhang: die Sinnmitte christlicher Spiritualität) lässt sich nicht unabhängig von Gottes Heilsgeschichte mit seinem Volk Israel – aus christlicher Sicht gipfelnd in Jesus Christus – verstehen. Was die Pesachtradition des Alten Bundes mit dem Pascha Christi verbindet, ist der *transitus* (lat. „Hinübergang") vom Tod in die Freiheit und in das Leben. Dies gilt es nun zu entfalten.

Pesach – Pascha: ein Fest

Ursprung des christlichen Paschafestes ist das jüdische bzw. alttestamentliche Pesach; *Pascha* ist die griechische Form des hebräischen *Pesach*. Pesach ist gemäß Ex 12 ein Erinnerungsfest. Es feiert die ganze Geschichte Israels als gegenwärtig. Im Zentrum des Pesach (hebr. „Vorübergang") steht ein Opferlamm, dessen Blut einst die Hebräer vor dem Tod verschonte (Ex 12,13.22–23). Hier (Ex 12,13) ist ein *Vorübergehen* des Herrn erwähnt. Der „(Vor-)Übergang" ist also bereits im Ursprung mit dem Motiv „Rettung" verknüpft. Im Zuge des wiederkehrenden Gedenkens an dieses Ereignis sollte das Lamm zusammen mit ungesäuerten Broten im Familienkreis verspeist werden.

Wenn auch der Schwerpunkt des Gedenkens auf der Befreiung des Volkes Israel aus der Sklaverei in Ägypten und auf dem wunderbaren Durchzug durch das Schilfmeer liegt, so zielt es doch auf das Leben des befreiten Volkes. JHWH verschont die Erstgeburt im „Vorübergehen" an den Türen mit Blutanstrich. Er führt das Volk *aus* Ägypten → *durch* Schilfmeer und Wüste → *ins* Land der Verheißung. Damit ist eine Struktur vorgegeben, die für den spirituellen Weg der Glaubenden Gültigkeit hat (Auszug – Durchzug – Einzug ins Gelobte Land). Sie muss auch für unsere Darstellung maßgeblich sein.

Jesus Christus, *unser Paschalamm* (1 Kor 5,7)

Jesus pilgerte zwei Mal zum Paschafest nach Jerusalem: zu Beginn (Joh 2,13) und am Ende seines öffentlichen Wirkens (Joh 11,55). Sein Tod hatte Bezug zum Pesachfest: Gemäß Joh 19,14.31 starb er am Vorbereitungstag für ein Pesachfest (vgl. Joh 1,29.36) und der Tag der Auferweckung war der Beginn der Festwoche. Das synoptische Narrativ (Mk, Mt, Lk) deutet Jesu Tod und Auferstehung im Kontext des von ihm gefeierten jüdischen Pesachmahles: Sein Exodus vom Tod ins Leben soll künftig beim Mahl erinnert werden. Pesach deutet also den Tod Jesu.

Auch bei Jesus steht ein Mahl im Fokus. Darin nimmt Jesus seinen Tod und seine Auferstehung vorweg. Allerdings: Das Lamm – fehlt! Anstelle des Lammes gibt sich Jesus selbst im Brot zur Speise (vgl. Mk 14,12–25). Er stirbt zur Zeit der Schlachtung der Pesachlämmer. Aus Sicht der Urgemeinde ist somit Jesus *unser Paschalamm* (1 Kor 5,7). Damals, in Ägypten, schützte das Blut des Lammes die jüdischen Mahlgemeinschaften vor der Macht des Todes. Das Blut sollte nicht getrunken werden (Ex 12,7). Jetzt reicht Jesus sich im Wein dar, gedeutet als *mein Blut des Bundes, das für viele vergossen wird zur Vergebung der Sünden* (Mt 26,28). In diesen Worten klingt der Bundesschluss zwischen Gott und Israel an (Ex 24,8). Im Blut Jesu wird also das Gottesvolk (neu) konstituiert und Gottes Bund mit dem Gottesvolk irreversibel geschlossen. Thomas Söding sieht die Verbindung zum Pesach und die Neudeutung so:

> „Das Blut, das Jesus, das unschuldige Opferlamm, vergossen hat, schützt gleichfalls vor dem Tode; es bringt gleichfalls die Gemeinschaft derer zusammen, die Mahl halten, weil sie vom Tode befreit sind und aufbrechen in das Reich der Freiheit. Aber weil jetzt das Lamm Gottes der Sohn Gottes ist, geschieht die endgültige Befreiung nicht dadurch, dass andere sterben müssen, sondern dass Jesus selbst stirbt: für andere."[4]

Johannes: der Hinübergang

Der Evangelist Johannes stellt die Passions- und Auferstehungsgeschichte Jesu in den Zusammenhang der Geschichte Israels. Er deutet das Geschehen als Hinübergang Jesu (Pascha-*transitus*) – aus der Welt durch den Tod hindurch zum Vater: *Es war vor dem Paschafest. Jesus wusste, dass seine Stunde gekommen war, um aus dieser Welt zum Vater hinüberzugehen* (Joh 13,1). Es ist die „Stunde des Übergangs". Jesus geht aus der Welt in den Tod, durch den Tod hindurch und hinüber zu Gott. Das ist sein Pascha-*transitus*. Damit vollendet er seine Sendung: der Welt Gott zu bringen.

Für alle

Das Leben und Sterben Jesu hatte ein „für". Darin kommen die Evangelien überein. Jesus lebte und starb für das Volk Israel (Joh 11,50) und, darüber hinaus, *um die versprengten Kinder Gottes wieder zu sammeln* (Joh 11,52; vgl. Mt 23,37). Als der leidende Gerechte schafft Jesus die Sünde aus der Welt, weil er sie als Unschuldslamm auf sich nimmt (Jes 53,4.8.12). Die Lebenshingabe des guten Hirten geschieht auch für *die anderen Schafe, die nicht aus diesem Stall sind* (Joh 10,16). Sie erwirkte Befreiung für die „Vielen", das heißt für alle Menschen (Joh 1,29; 4,42; 11,52).[5] Für Paulus ist die Grenzenlosigkeit des Heils das ursprüngliche „Mysterium".

Damit meint er den vormals verborgenen, jetzt aber enthüllten Heilsratschluss Gottes (Eph 3,3–6). Das kleine Wörtchen „für" ist also entscheidend: „für" die Rettung und Sammlung aller.

Jesu Weg – unser Weg

Damit ist *Pascha* Inbegriff für das gesamte rettende Handeln Gottes, beim Auszug aus Ägypten wie in der Auferweckung des Gekreuzigten. Es ist ein und derselbe Gott, der Israel aus der Sklaverei in Ägypten herausführte und als sein Volk annahm, indem er mit ihm einen Bund schloss, und der den Gekreuzigten nicht im Tod belässt, sondern ihn rettet und damit zu seinem Bund steht. Der Pascha-*transitus* Jesu kann ab jetzt als Matrix und Muster dienen: Jesu Weg – sein Leben, sein Sterben am Kreuz, sein Durchgang durch den Tod in ein qualitativ neues Leben beim himmlischen Vater („Erhöhung") – soll unser Weg werden.

Teilhabe an Jesu „Übergang"

An dieser Stelle erhebt sich die Frage: Wie erhält das Pascha Jesu Christi Bedeutung für jene, die an ihn glauben? Wie kommt es zu einer Verbindung zwischen dem alles entscheidenden Übergang Jesu und den Menschen im Heute, eine Verbindung, die über eine bloß gedankliche Reminiszenz hinausgeht und existentielle, ja sogar ‚ontische' Qualität annimmt (vgl. 2 Kor 5,17)? Wie geht der Übergang Jesu, sein Pascha-*transitus*, und das, was darin erwirkt wurde, auf jene über, die an ihn glauben, und zwar heute? Wie ereignen sich Hineinnahme und Anteilgabe am rettenden Handeln Gottes? Hier hilft uns der eben genannte Begriff „Mysterium" (vgl. Eph 3,3.4) weiter. Er ebnet den Weg zum „Pascha-Mysterium", dem liturgietheologischen Leitbegriff des II. Vaticanums.

Taufe: Hineinnahme in das Pascha-Mysterium

Der griechische Begriff *mystérion* (lat. *mysterium*) meint etwas Sichtbares, das auf ein bedeutsameres Unsichtbares hinweist, das sich in ihm ereignet. Darum werden Sakramente im Griechischen

„Mysterien" genannt. Die Kirche nennt das Pascha Christi *mysterium*.[6] Das bedeutet: Das Pascha Christi ist von Gott her dazu bestimmt, dass es (vornehmlich in der Liturgie) vergegenwärtigt und auf die Menschen hin ausgeweitet wird. Die grundlegende Hineinnahme in dieses Mysterium (in den Weg Jesu) geschieht in der christlichen Taufe (vgl. Röm 6,3–11). Sie bedeutet das wirkliche Mitgestorbensein, Mitbegrabensein und Mitauferstandensein des Menschen mit Christus:

> *Ihr seid mit Christus auferweckt ... Denn ihr seid gestorben und euer Leben ist mit Christus verborgen in Gott. Wenn Christus, unser Leben, offenbar wird, dann werdet auch ihr mit ihm offenbar werden in Herrlichkeit. (Kol 3,1.3–4)[7]*

Wohlgemerkt: Der Kolosserbrief spricht im Indikativ! Simon Schrott kann daher den Begriff *Pascha-Mysterium* so zusammenfassen:

> „Die Rede vom ‚paschale Christi mysterium' erfasst Christi Lebenshingabe und Durchgang durch den Tod ins Leben beim Vater als eine für das Heil der Menschen ursächliche und urbildhafte Handlung Gottes durch Christus, an der die Menschen im Heiligen Geist und ekklesial-liturgisch vermittelt teilhaben können, die sie Christus gleichgestaltet und zum Leben beim Vater führt."[8]

Pascha-Mysterium bezeichnet also die Mitte des Heilsgeschehens in Christus und von da her die Mitte christlicher Existenz. Der entscheidende *transitus* ist nun nicht mehr vom Leben zum Tod (d. i. der Weg allen natürlichen Lebens), sondern jener, der sich gläubig in das Pascha-Mysterium Jesu Christi hineinnehmen lässt und darin mit Christus einen Weg vom Tod ins endgültige Leben geht. Das Pascha Christi bezweckt, dass die Menschen daran teilnehmen. Mit-Leben, Mit-Sterben, Hindurchgehen mit Christus durch den Tod und Mit-Auferstehen mit ihm ins neue Leben – das ist jener Übergang, der jetzt allein heilsbedeutend ist. Damit ist der Weg des Glaubenden typologisch vorgezeichnet. Christliche Spiritualität hat deshalb gewissermaßen nur ein einziges Thema: die Gleichgestaltung mit dem Pascha-*transitus* Jesu Christi. Diese Gleichgestaltung macht den geistlichen Weg aus.

Dynamik der Überschreitung

Aus der Verortung von Spiritualität im *transitus* des Volkes Israel und im Pascha Jesu Christi ergibt sich eine Dynamik, eine Richtung. Das ist wichtig! Denn das besagt: Nicht das Statische, sondern das Prozesshafte macht christliche Spiritualität aus. Die paschale Dynamik ist vorwärts gerichtet. Diese Dimension der Bewegung ist unbedingt im Blick zu behalten. Das hebt der Liturgiewissenschaftler Hansjörg Auf der Maur hervor:

> „Pascha ist ein Wort der Bewegung. Das Fest ist darum wesentlich ein Fest der Bewegung, der Dynamik. Und zwar handelt es sich um eine Bewegung nach vorwärts: ‚von – zu‘. Eine Bewegung von der Vergangenheit in die Zukunft. Diese Bewegung beinhaltet die Bewegung Gottes bzw. Christus einerseits und zugleich die Bewegung seines auserwählten Volkes".[9]

In der Geschichte Israels und eminent in der Person Jesu Christi zeigt sich der universale Heilswille Gottes im Bund mit seinem Volk. Stets geht es um einen *transitus*: von der Unterdrückung zur Befreiung, von der Unfreiheit zur Freiheit, von der Todesverfallenheit zum Leben. Darum wohnt dem Begriff *Pascha* „eine geschichtliche Dynamik inne, die aus den gegensätzlichen Polen menschlichen Lebens besteht und durch Gott eine verheißungsvolle Richtung zum Guten erhalten hat" (Stephan Wahle).[10] Bereits die Kirchenväter sahen in Ostern nicht nur eine (vollendete) „Tatsache" (das *factum* der Passion oder der Auferstehung), sondern ein „Geschehen" (lat. *fieri*). Ostern ist das „Geschehen" des Übergangs von der Passion zur Auferstehung, vom Tod zum Leben.[11] Ostern entsteht, Ostern „wird", ist also prozesshaft. Die Bewegung des *transitus*-Pascha, liturgisch mitvollzogen in der Osterfeier, ist eine evolutive: vom Bösen (Finsternis, Tod) zum Guten (Licht, Leben). Davon handelt eine eigene „Durchzugsmystik".[12]

3. Topographie der Spiritualität

Die Dynamik der Überschreitung entsteht durch Partizipation, durch Teilgabe und Teilnahme am dynamischen Heilsgeschehen Jesu Christi. Die Hineinnahme, ob sie nun im liturgischen Kontext steht oder im existentiellen Nachvollzug außerhalb, „macht etwas" mit den Gläubigen. Sie werden in den *transitus* Christi hineingenommen und dem *Vorläufer* (Hebr 6,20) gleichgestaltet. Das Christusereignis entfaltet dort seine lebensprägende Kraft, wo man ihm Raum gewährt und es personal übernimmt. Damit sind wir wieder bei der Raum-Frage.

Spiritualität verorten

An diese Dynamik der Überschreitung, die dem biblischen Pascha innewohnt, knüpft das vorliegende Buch an. Pascha beinhaltet Bewegung. Die biblischen Zeugnisse sind häufig „verortet". Orte, Städte, Gebiete, Räume, Regionen, ja ganze Länder spielen für das biblische Pascha eine Rolle – bis hin zum Gelobten Land. Das Pascha nahm von einem angebbaren Ort seinen Ausgang, hatte Zwischenstationen und ein Ziel. Es verlief nicht irgendwo, sondern hier auf dieser Erde in einem umzirkelten Bereich. Orientiert man sich am Weg des Volkes Israel und am Weg Jesu, lassen sich elementare Ortsveränderungen erkennen:

„Heraus" – Aufbruch
„Hindurch" – Durchgang
„Hinauf" – Aufstieg
„Hinunter" – Abstieg
„Hinüber" – Übergang

Damit sind die Kapitel dieses Buches vorgegeben.

Von der Topographie zur Typologie

Im Verlauf der biblischen Auslegungsgeschichte erhielten einzelne Orte eine Bedeutung, die über die topographische Bezeichnung als der ursprünglich darin enthaltenen bloßen Information hinausging.

Sie alle haben seitdem eine „übertragene" Bedeutung im großen Projekt des Durchschreitens hinein in das Gelobte Land. Sie deuten das Leben Gottes mit den Menschen. Wenn nun im Folgenden viele Orte im Fokus stehen, geht es nicht um biblische Geographie als Realienkunde, sondern um eine Topographie der Spiritualität. Die genannten Orte haben typologische Signifikanz: Sie sind daraufhin lesbar, was sie bleibend Bedeutsames über die Geschichte Gottes mit den Menschen und den Weg des Menschen zu Gott aussagen. Die Orte sind jeweils Typos.[13]

Damit werden Orte zu Sinnbildern (griech. *týpoi*) für das Handeln Gottes in der Geschichte, sei es im individuellen Leben oder im gemeinschaftlichen Leben. So sieht es die sog. typologische Interpretation der Heiligen Schrift. Die typologische Perspektive sucht Entsprechungen. Sie geht davon aus, dass das geschichtliche Heilshandeln Gottes mit seinem Volk und in Jesus als dem Christus „durchsichtig" ist auf Grundmuster und Handlungsmodelle – die geprägten *týpoi*. Sie sind den verschiedenen Weisen des geschichtlichen Handelns Gottes gemein. Die Voraussetzung also, welche „die typologische Entsprechung ermöglicht, […] ist die reale (!) Kontinuität und innere ‚Logik' des heilvollen geschichtlichen Handelns Gottes" (Gisbert Greshake).[14]

Darin liegt der Unterschied zur sog. allegorischen Exegese: Die Allegorie[15] sucht Tieferes, Bleibendes, Unveränderliches aufzuspüren. Sie „hängt am Wortlaut ohne Bezug auf historische Ereignisse, Personen oder Einrichtungen. Die Typologie dagegen hat einen solchen historischen Bezug", wie Tobias Mayer hervorhebt.[16]

Fassen wir zusammen: Wir verorten Spiritualität. Alles dreht sich um das Pascha – die österliche Bewegung vom Tod ins Leben. Die Orte, die dabei vorkommen, sind Sinnbilder *(týpoi)* für wichtige Stationen in der Dynamik des Übergangs. Sie betreffen jeden gottsuchenden Menschen und die Kirche als Weggemeinschaft. Die Pascha-Spurensuche dient also dazu, Momente biblisch-christlicher Spiritualität und Phasen des geistlichen Weges nachzuzeichnen. Diese haben den Charakter eines Musters. Insofern kommt ihnen Gültigkeit zu.

Zur Struktur dieses Buches

Mittlerweile ist klar, dass es sich um eine Innenperspektive handelt. Unsere Topographie der Spiritualität ist im Folgenden so strukturiert:

(1) Wir nehmen Bezug auf einen Text der Bibel, in dem ein Ort eine Rolle spielt.

(2) Wir machen diesen Text ‚durchsichtig': Auf welches Thema des geistlichen Lebens verweist dieser Ort? Inwiefern ist dieser Text typisch?

(3) Mit welcher Person der jüdisch-christlichen Glaubensgeschichte lässt sich dieser Ort bzw. Typos verbinden?

(4) Schließlich fragen wir, welche Folgen sich für eine spirituelle Praxis daraus ergeben. Dabei zeigt sich, dass der dritte und vierte Aspekt nicht durchgängig möglich waren oder passend erschienen.

Wir verwenden Zeichen, die in der Marginalspalte die vier Strukturelemente im Textverlauf anzeigen:

⊗ der Topos, Ort (1)

🔑 das dort verortete Thema christlicher Spiritualität (2)

◉ eine exemplarische Gestalt, Person, Heilige (3)

⚙ Hinweis auf geistliche Praxis (4)

Viele historische Zusammenhänge im Kontext christlicher Spiritualität werden vorausgesetzt. Auf diese bin ich in meinem Buch „In der Nachfolge Jesu. Geschichte der christlichen Spiritualität" (Freiburg i. Br. 2018) ausführlich eingegangen. Einige Male greife ich darauf zurück, ohne dies zu erwähnen. Darüber hinaus riskiere ich es, „Spiritualität" vorab nicht zu definieren. Eine Bestimmung von Spiritualität ist kaum mehr möglich – zu divers sind die Zugänge. Möge die Lektüre Navigationshilfe sein, den eigenen Stand-Ort zu finden und sich der österlichen Dynamik anzuvertrauen!

„Alles wird gut" – so beruhigen (oder beschwichtigen) Menschen einander in schwierigen Situationen. Ob diese Hoffnung aus der tiefen Ahnung lebt, dass am Anfang alles gut war? Die biblische Erzählung von der *Entstehung von Himmel und Erde* (Gen 2,4) lässt dies erkennen. Sie zeichnet das Bild eines schönen Gartens, der ersten Lebenswelt des Menschen:

> *Dann pflanzte Gott, der HERR, in Eden, im Osten, einen Garten und setzte dorthin den Menschen, den er geformt hatte.* (Gen 2,8)

Dort hatte der Mensch *seinen Wohnsitz* (Gen 2,15) und durfte geborgen darin leben – das „Paradies" (aus dem Persischen: „Einzäunung, eingezäuntes Stück Land"). Später, als der Mensch sich vom vertrauenden Einvernehmen mit Gott abwandte (vgl. Gen 3,1–24), musste der Mensch den Garten verlassen (vgl. Gen 3,23). So steht am Anfang – und, wie sich zeigen wird, am Ende – aller „Übergänge" ein Garten. Dem Garten der Urzeit steht der Garten der Endzeit gegenüber (vgl. Offb 22,1–2). Was bedeutet der Topos „Garten" für ein Leben in Übergängen, für Spiritualität?

- Gesegneter Anfang: Der Anfang ist gut und gesegnet. Das ist wichtig für die Bestimmung des geistlichen Weges. Nicht der „Fall des Menschen" (Gen 3), sondern die von Gott, dem HERRN, geschenkte Geborgenheit im Garten steht am Anfang. Ein Leben aus der Gabe ist hier grundgelegt. Christliche Spiritualität hat dies, unter neuplatonischem Einfluss, gelegentlich vergessen.
- Ahnung vom Anfang: Der Anfang war nicht nur im Paradies – er war das Paradies. Seither lebt in uns eine tiefe Ahnung und eine Dynamik voller Sehnsucht, einmal in diesen Anfang zurückzukehren. Dieser Anfang ist also nie zu Ende. „Der Anfang Gottes mit uns" ist, wie Michaela Puzicha hervorhebt, „nicht das erste Glied in einer langen Kette von Werden und

Vergehen, sondern das Ganze, das unser Leben immer umfaßt und aus dem wir niemals herausfallen".[1]

- Verlust: Der Verlust des Paradieses ist eine traumatische Menschheitserfahrung, die Lebenskrise schlechthin. Ungefragt findet sich der Mensch ins Leben hineingeworfen und muss damit zurechtkommen. Seither ist der Garten auch Symbol einer tiefliegenden Sehnsucht. Die Unerfüllbarkeit des Wunsches nach Heimat, Glück, Geborgenheit, Zugehörigkeit wird leidvoll erfahren.

- Wiederherstellung des Paradieses: „Heimkehr in den Urzustand" ist eine der monastischen Grundideen. Der aszetische Auszug aus der Welt ist Heimkehr in den Uranfang (Ignatius von Antiochien, Origenes: *reditus in paradisum*). In der Sicht der Mönchsväter löscht jeder Verzicht etwas von der Urschuld aus und macht sie unwirksam. Zugleich wird darin die Gehorsamsordnung der Urzeit neu herbeigeführt.

- Schöpfung und Erlösung: Unsere biblische Spurensuche beginnt und endet in einem Garten. Der Schöpfung des Anfangs steht die Neuschöpfung in und durch Christus, den Gekreuzigten und Auferstandenen, gegenüber. Die Rahmung (Prolog und Epilog) steht also für den Zusammenhang von Schöpfung und Erlösung. Aber bereits in der Befreiung am Schilfmeer erlebt Israel von Gott her neue Schöpfung. Dies ließe sich im Übrigen anhand der Liturgie der Ostervigil nachzeichnen. Die erste Schöpfung geht weiter.

Verdanktes Leben

Der gesegnete Anfang im Garten erinnert, dass der Mensch nicht Herr seiner selbst ist, sondern ein Wesen, das sich verdankt. Christsein ist Leben aus der „Gnade". So gesehen ist, wie David Steindl-Rast bemerkt, Dankbarkeit die „Zusammenfassung des Christentums".[2] Nicht ohne Grund steht im Zentrum christlicher Gemeinschaft die Feier des Dankes, die Eucharistie. Die Tatsache, dass wir leben und atmen können, ließe sich als Hinweis darauf lesen, dass dieses Leben von Gott getragen ist: „Alles, was wir brauchen und was für uns gut ist, wird uns in jedem Augenblick geschenkt vom

Leben – oder von Gott, der ja das Leben ist, bzw. das Leben als die Bühne, auf der wir Gott begegnen." Daran zu denken, mache das Danken aus.

Richtig verstandene Dankbarkeit sei, so Steindl-Rast, „ein revolutionärer Impuls", weil sie bedeutet, einfach und genügsam zu leben. Wer schon für das Erste dankbar ist, greift nicht gleich nach dem Zweiten. Dankbar zu sein kann somit „unsere Konsumgesellschaft revolutionieren, wenn wir dankbar sind mit dem, was wir haben". Dankbar zu leben setzt die bewusste und je zu erneuernde Entscheidung zugunsten des Vertrauens und gegen die Furcht voraus. Da Dankbarkeit der wichtigste Gegenimpuls zur Furcht sei, könne sie auch auf Furcht basierende Machtsysteme erfolgreich überwinden. Erlernen könne man die Dankbarkeit nur dann, wenn man Gelegenheiten des Stillehaltens suche. Erst die Stille ermögliche es, „hinzuschauen, hinzuhorchen und sich über die Gelegenheiten zu freuen, etwa an einem Atemzug".[3]

Leben aus der Eucharistie

Wer in die Schule der Dankbarkeit geht und sich mehr und mehr verdankt erfährt, lernt darin, eucharistisch zu leben. Der Gabecharakter der Eucharistie wird einsichtig. Ein Leben aus dem Sakrament der Eucharistie formt den Menschen um zu einem eucharistischen, d.h. dankbaren Menschen. Wo jemand dem Leben aus der Gabe (und nicht nur dem fordernden Anspruch) den Vorrang einräumt, wird die Umgebung den Segen spüren.

Leben aus der Eucharistie bedeutet freilich auch, Brot zu werden für andere, jemand, „von dem man etwas haben kann". In ihrem Ursprung teilte man bei jeder Mahlfeier im Namen Jesu die Gaben mit den Armen und Ärmsten. Zwischen Eucharistie und Diakonie gibt es einen inneren Zusammenhang. Wer nur die intime Begegnung des einzelnen Gläubigen mit Christus sieht, missversteht die Eucharistie und deren Gabecharakter. Die Feier der Eucharistie zielt auf ein Leben mit- und füreinander, damit wir voneinander leben und nicht einander auffressen (vgl. Gal 5,15): „Und so vermag ein jeder, je nach der Menge seiner Verdienste oder der Reinheit seines Sinnes seinem Nächsten eine ‚reine Speise' zu werden".[4]

Halten wir fest: Die große biblische Erzählung des Pascha-*transitus* beider Testamente ist in zwei Garten-Szenen eingebettet: dem guten Anfang im Paradiesgarten und – ein kurzer Vorausblick sei gestattet – der erlösenden Begegnung mit dem Auferstandenen im Garten (Joh 19,41; 20,1–18), die eine Heimkehr in den Garten der Urzeit verheißt. Das Leben „dazwischen" darf in Dankbarkeit für das Empfangene gelebt werden.

I. „HERAUS" – AUFBRUCH

Die Vertreibung aus dem Garten Eden war gewissermaßen der erste Übergang, den der Mensch zu bewältigen hatte. Infolge dieses ersten Aufbruchs handelt die Bibel von zahlreichen anderen Aufbrüchen. Sie alle haben ein „Heraus". Damit ist jener typische Moment gemeint, in dem sich ein Mensch oder eine Gemeinschaft von Gott angesprochen erfährt, aufzubrechen und dabei einen Ort – und alles, was damit verbunden ist – hinter sich zu lassen. Es sind darum Orte des Aufbruchs. Gott ruft den Menschen „heraus", weil er ihn über sich hinaus zu noch Größerem führen und ihn brauchen will.

1. Haran

Abram weiß sich vom Herrn angesprochen und herausgerufen:

Geh fort aus deinem Land, aus deiner Verwandtschaft und aus deinem Vaterhaus in das Land, das ich dir zeigen werde! (Gen 12,1)

Bisherige Bindungen soll er lassen und als Migrant ein ihm noch unbekanntes Land ansteuern, das Gott ihm zeigen will. Die Aufgabe ist: vorbehaltlose Mobilität. Die Zusage: Der Herr will ihn zu einem großen Volk machen und ihn segnen (12,2). Alles Nachherige ist Entfaltung der Segenskraft der Berufung und ihrer Annahme.

Festzuhalten ist: Sowohl in der Erschaffung der Welt (Gen 1,1 – 2,24) als auch am Beginn der sog. Heilsgeschichte (Berufung Abrahams) ist (1) Gott initiativ und (2) in Gestalt eines Wortes. Am Anfang steht das Wort. Dieses Wort eröffnet eine Dynamik. Alle Wirklichkeit ist „worthaft". Darin liegt eine Vorentscheidung für Spiritualität: (1) Christentum ist Begegnung, ist doch das Wort etwas, das „von außen" auf den Menschen zukommt (auch wenn er es – z. B. im Gebet – im Inneren hört). (2) Es geht immer um das Hören. Der Topos „Haran" ist Anlass, das Thema Berufung zu skizzieren. Später werden wir erneut auf dieses Thema zurückkommen.

„Hören, wer ich sein kann": Berufung

Ein *Job* ist eine Beschäftigung, um Geld zu verdienen. Wer sich für einen Beruf ausbilden lässt, widmet sich dieser Tätigkeit vielleicht das gesamte (Berufs-)Leben. Ist der ausgeübte Beruf auch Berufung, ist dies ein seltener Glücksfall.

 Menschliche Berufung

In der Alltagssprache hat Berufung immer noch die Aura des Besonderen. Dahinter verbirgt sich eine Erfahrung und eine Sehnsucht: Einer Berufung Raum geben und ihr nachgehen, hat mit Menschwerdung und Identität zu tun. Sie zielt auf eine Lebensgestalt, die ‚diesem' einzigartigen Menschen ent-spricht. Das bedingt eine Ahnung, dass sich der Mensch darin auf irgendeine Art und Weise angesprochen erlebt. Das Wort Berufung enthält Ruf.

Das christliche Menschenbild vorausgesetzt, verbirgt sich im Substantiv Berufung eine Erfahrung: Gott selbst ist in geheimnisvoller Weise Subjekt der Tat eines Rufens. Von Gott ins Leben „gerufen", trägt und findet der Mensch in sich das Abbild dessen, der ihn gerufen hat (vgl. Gen 1,26). Die menschliche Berufung ist die Einladung Gottes, sich entsprechend diesem Bild zu verwirklichen. Sie ist einzig, einmalig und unwiederholbar. Darum hat jedes Leben als Geschöpf eine je eigene Berufung, nämlich einen besonderen Aspekt des Gedankens Gottes zum Ausdruck zu bringen. Hier findet das Geschöpf seinen Namen und seine Identität; es behauptet und sichert seine Freiheit und Originalität. Das II. Vaticanum spricht darum von der „hohen Berufung des Menschen, […] daß etwas wie ein göttlicher Same in ihn eingesenkt ist" (*Gaudium et spes* 3). „Berufung" betrifft also die gesamte menschliche Existenz und jeden Menschen.

 Menschliche und christliche Berufung

Wie verhält sich diese „menschliche Berufung", von der das Konzil spricht, zur „christlichen Berufung"? Die menschliche ist mit der schlichten Tatsache des Daseins verbunden, die christliche gründet in Bekehrung und Taufe. Dies ist jedoch kein Gegensatz. Im Gegenteil: Die christliche Berufung hat ihren Ort mitten im Abenteuer des Menschseins. Sie baut immer auf der menschlichen Berufung auf und steht in ihrem Dienst.[1] Für dieses Wechselspiel darf darum gelten: „Wer Christus, dem vollkommenen Menschen, folgt, wird auch selbst mehr Mensch" (*Gaudium et spes* 41).

Die christliche Berufung werden wir an anderer Stelle nochmals behandeln. Jetzt kehren wir zur Situation Abrams-Abrahams (Gen 12) zurück. Er hat eine Segensverheißung gehört und ahnt eine neue Zugehörigkeit. Sein Aufbruch hat zur Folge, dass er zum Bisherigen auf Distanz geht. Nach dem Mönchsschriftsteller Johannes Cassian († um 435) bezieht sich der Aufbruch Abrahams auf die Güter dieser Welt *(Land),* auf den früheren Lebenswandel *(Verwandtschaft)* und auf einen vorwiegend familiär bestimmten Gehorsam *(Vaterhaus,* vgl. Gen 12,1).[2] Christliche Berufung müsste also irgendwann dazu führen, sich mit der eigenen Herkunft auseinanderzusetzen und diese neu zu definieren.

Christliche Berufung ist kein Besitz. So wie Abraham haben auch Christen kein fertiges und sicheres Lebenskonzept. Sie gehen ihren Lebensweg auf der Spur einer Einladung, eines Rufes. Der Weg entsteht und bewahrheitet sich dialogisch im Gehen – auf dem Weg der Nachfolge. In ihrem Gepäck haben Christen zwei Zusagen: ein hohes Selbstbewusstsein („Ich bin geliebt") und ein hohes Sinnbewusstsein („Ich bin berufen, d. h. ich bin angenommen und zu etwas gut").

Gott traut dem Menschen Gutes zu: Er soll ein Segen sein (vgl. Gen 12,2). Gott will das Werk der Erlösung nicht ohne das Geschöpf, nicht ohne den Menschen tun. Gott erhofft das Mit-Tun des Menschen. Dazu müssen sich die *Mitarbeiter Gottes* (vgl. 1 Kor 3,9; 2 Kor 6,1) stets neu mit der „Geste des Aufbruchs" (Michel de Certeau SJ) vertraut machen:

> „[…] mit ihr kommt man nie an ein Ende. […] Aufbrechen bedeutet, den sitzenden Zustand zu beenden und sich auf den Weg zu machen, einen Schritt vorwärts zu tun […] den Glauben nicht mit der Stärke der etablierten Institution zu verwechseln […] Die religiöse Wahrheit lasst sich nicht kapitalisieren. Man kann sie nur mit den anderen teilen. Sie teilt selbst aus. […] Das Unternehmen ist kühn, aber nicht kühner als die diskreten Tollheiten, die sich zu allen Zeiten finden: die Liebe,

das Abenteuer der Wissenschaft oder die dichterische Erfindung. Es ist die Tollheit, die sich in vielen Facetten im Alltagsleben bricht [...] uns bleibt das Gebet, das immer wiederholen darf: ‚Lass nicht zu, dass ich jemals von dir getrennt werde'."³

Abraham

Am Beginn der Geschichte Gottes mit den Menschen steht nicht Kult oder Theologie, sondern ein Aufbruch – der Aufbruch Abrahams (vgl. Gen 12,1–4). Auch zuvor gab es Glaube: Abel, Henoch und Noach glaubten (vgl. Hebr 11,4–7). Bei Abraham führte der Glaube in einen Aufbruch:

> *Aufgrund des Glaubens gehorchte Abraham dem Ruf, wegzuziehen in ein Land, das er zum Erbe erhalten sollte; und er zog weg, ohne zu wissen, wohin er kommen würde.* (Hebr 11,8)

Kirche lebt immer vom Glaubenszeugnis der vorangegangenen Generationen. Für die Christen der ersten Jahrhunderte waren die Großen des Alten Bundes wie Abraham zweifellos „Heilige"⁴: Menschen, die glaubten und bereit waren, sich von Gott in Dienst nehmen zu lassen für einen besonderen Auftrag in Israel. Sie wurden zu Instrumenten der Offenbarung: Das Wort Gottes wurde in ihnen „Fleisch". Abram-Abraham glaubte und war ganz auf das Heilswerk Gottes in der Geschichte mit seinem Volk ausgerichtet. Das ist ein Gegengewicht zu einem leistungsorientierten und individualistischen Heiligenverständnis, das immer noch wirksam ist.

Eine Kultur des Hörens: Gehorsam

Berufung entsteht im Hören. Auf die Lebenssituation der meisten Menschen wirken Faktoren ein, die das „äußere" wie das „innere" Hören erschweren. Es ist heutzutage kaum möglich, sich dem Griff der sozialen Netzwerke, der Dauerbeschallung und der Reizüberflutung zu entziehen. Was lasse ich an mich heran und was nicht? Die Fähigkeit zu hören ist freizulegen und einzuüben (Stichwort Askese). Die Überlieferung spricht von den inneren „geistlichen

Sinnen", deren Rezeptivität zu verfeinern ist: schmecken, tasten, hören, riechen und sehen – nach innen hin. Wer nach innen hin hören will, muss dafür ein Umfeld suchen und eine Atmosphäre schaffen. Solches Vernehmen setzt eine gewisse Distanz zur Welt voraus.

Für die jüdische Philosophin und Grenzgängerin Simone Weil (1909–1943) ist jeder geistige Akt, der Konzentration erfordert (wie etwa eine „Schulübung"), wichtig, weil er „das Wachstum jener Aufmerksamkeit fördert, die, auf Gott gerichtet, das eigentliche Wesen des Gebetes ist".[5] Ob sich S. Weil dabei auf den französischen Philosoph Nicolas Malebranche (1638–1715) bezieht? Dieser meinte: „Die Aufmerksamkeit ist ein natürliches Gebet."[6] Fulbert Steffensky bezeichnet Spiritualität überhaupt als *gebildete* Aufmerksamkeit".[7] Da Hören auch die Fähigkeit beinhaltet, *auf* jemanden zu hören, ist das Hören der „Stimme Gottes" eng verbunden mit einer Präsenz bei sich selbst.

Hier, in einer Atmosphäre und Kultur des Hörens, wurzelt, was die Bibel mit *Gehorsam* meint. Das Wort Gehorsam ist schwer belastet. Viel Übles ist seinem Namen passiert. Aus der Sicht der Bibel ist gehorsam, wer aufmerksam hört. Der gehorsame Mensch achtet auf die gesamte Wirklichkeit, stellt also die eigenen Auswahlkriterien zurück, um das Ganze zu hören, was Gott und die Menschen zu sagen haben. Als positive Fähigkeit ist Gehorsam Vertrauen und eine Absage an das Misstrauen, will also nicht bereits während des Hörens auswählen, abwehren oder eine Gegenrede ersinnen. Gehorsam meint nicht die Hörigkeit des Untertanen, sondern Zugehörigkeit: Wer hört, ge-hört zu jemandem und antwortet mit dem eigenen Leben – meist durch Übernahme von Verantwortung.

In der biblischen Tradition ist Gott sprechen zu hören und an ihn zu glauben ein und dasselbe. Paulus führt den Akt des Glaubens auf das Hören zurück:

Wie sollen sie nun den anrufen, an den sie nicht glauben? Wie sollen sie an den glauben, von dem sie nichts gehört haben? (Röm 10,14)

Somit gilt: Glauben ist Hören, Hören ist Glauben. Deshalb spricht Paulus in weiterer Folge vom *Gehorsam des Glaubens* (Röm 1,5; 16,26).

Diese biblische Sicht ist bedeutsam für eine Spiritualität des Gehorsams. Die Aufarbeitung von (Macht-)Missbrauch in der katholischen Kirche führt vor Augen, wie gefährlich Gehorsam sein kann, wenn er mit einem Akt der Unterordnung oder Unterwerfung verwechselt wird.[8]

2. Ägypten

Ägypten – eine der ältesten und mächtigsten Kulturen des Altertums, in der Bibel hingegen das Land der Versklavung (Ex 1–6). Hier werden die Israeliten *zu harter Sklavenarbeit gezwungen* (Ex 1,14), leisten *Fronarbeit* (Ex 2,11). Sie führen ein *Sklavendasein* (Ex 2,23) und leben im *Elend* (Ex 3,7). Der Pharao ist die Verkörperung despotischer Gewalt, mit der er im *Sklavenhaus* Ägyptens (Ex 13,3 und viele andere Stellen) alles unterjocht. Doch JHWH erweist sich als mächtiger und ermöglicht den rettenden „Übergang".

Das *Elend Ägyptens*

Ein Auslegungsgrundsatz der Alten Kirche lautete: Alles, was vom Volk Israel erzählt wird, geht die Christen und die Kirche an. Darum verstanden die Kirchenväter das *Elend Ägyptens* (Ex 3,17) typologisch. Die Versklavung geschieht jetzt durch die Sünde. Die Leidenschaften (Stichwort: Laster, Lasterlehre) ziehen in ihren Bann und machen unfrei. „Ägypten" steht somit für ein Leben, das im Ego gefangen bleibt und noch nicht den Mut hat, der Berufung zum Menschsein – nämlich über sich hinauszuwachsen – zu folgen.

Ägypten, das ist nicht Heimat, sondern Fremde. Damit steht Ägypten auch für das gegenwärtige Leben generell – nämlich Leben *in der Fremde* (vgl. Apg 13,17) – sowie für die Welt in ihrer Ambivalenz (Stichwort: Welt). Es ist schwer, sich in der Welt nicht endgültig einzurichten und sie zu verlassen. Doch beim Propheten Jesaja ist zu lesen, dass einst selbst „Ägypten" heil wird:

Denn der HERR der Heerscharen hat es gesegnet, indem er sprach:
Gesegnet ist mein Volk, Ägypten, und das Werk meiner Hände, Assur,
und mein Erbbesitz, Israel! (Jes 19,25)

Wie geht der Ausstieg aus dem *Elend Ägyptens*? Was bedeuten Umkehr und Bekehrung (lat. *conversio*)?

Umkehr

Umkehr (griech. *metánoia*) und Glaube sind elementare Forderun-
gen der Botschaft Jesu. Aber – und das ist entscheidend – sie sind
Ant-Wort auf die in Jesus Christus angebrochene Gottesherrschaft:
Die Zeit ist erfüllt, das Reich Gottes ist nahe. Kehrt um und glaubt an
das Evangelium! (Mk 1,15). Die Bekehrungsaufrufe der Bibel wollen
nicht den Menschen bloßstellen. Im Gegenteil, sie sind „immer Ver-
sprechungen des Lebens". Umkehr ist erst möglich, „wenn eine
Vision vorhanden ist, die Charme genug hat, uns anzulocken. Zur
Umkehr wird man nicht getrieben, man wird zu ihr gezogen".[9]
Umkehr und Glaube sind also Folge der zuvorkommenden Liebe
Gottes, die dem Menschen umsonst und ohne jede Vorleistung geschenkt ist.

Die gläubige *Hin*kehr zu dem nahen Gott bringt eine Rich-
tungsänderung des Lebens, eine *Um*kehr, mit sich. Das bedeutet
nicht nur den Ausstieg aus einer Einzelsünde, sondern eine radikale
Wende, eine alles neu anschauende und umwertende Kehrtwen-
dung: Ablassen von dem Weg, der von Gott wegführt, Nachfolge
Jesu, Einübung in ein *neues Leben* (vgl. Phil 3,7–8; Röm 12,2). Umkehr muss sich in einer Hinkehr zum Mitmenschen und in einem
neuen Welt-Verhältnis zeigen.

Transitus vom alten zum neuen Menschen

Die Umorientierung kann sich biographisch unterschiedlich ausgestalten. Gelegentlich kommt es zu einer Lebenswende mit drama-
tischen Vorzeichen. Solche momentanen Bekehrungserlebnisse sind
ein Beginn. Bis der „Verstand" (hier: Sehen der eigenen und fremden Wirklichkeit, wie sie ist), das Verhalten (Lösung von „ungeord-

neten Anhänglichkeiten", Aufarbeitung konfliktiver Erfahrungen, Tun des Guten) und das „Herz" (die Tiefenschichten) von der neuen Glaubenshaltung durchdrungen sind, braucht es einen langen Atem. Was die Väter des II. Vaticanums im Blick auf Neubekehrte sagten, gilt generell für den Weg der Umkehr:

> „… unter dem Einfluß der Gnade beginnt der Neubekehrte seinen geistlichen Weg, auf dem er, durch den Glauben schon mit dem Geheimnis des Todes und der Auferstehung verbunden, vom alten Menschen hinüberschreitet [lat. transit] zum neuen Menschen, der in Christus vollendet ist. Dieser Übergang [lat. transitus] bringt einen fortschreitenden Wandel seines Empfindens und Verhaltens mit sich; er muß sich in seinen sozialen Auswirkungen kundtun und sich […] langsam entwickeln." (*Ad gentes* 13)

Umkehr ist ein *transitus*, ein Übergang vom alten zum neuen Menschen. Der Bezug zum Pascha Jesu Christi besteht darin, dass der Mensch „durch den Glauben schon mit dem Geheimnis des Todes und der Auferstehung verbunden" ist. Vertiefung ist dabei immer angesagt. Darum schreibt Simon Peng-Keller:

> „Umkehr ist […] ein Ereignis, das immer wieder neu sich ereignen kann. Wir sind nicht einfach Christen, sondern werden es, indem unser altes Leben in Gottes Gegenwart sich in ein neues verwandelt, das wir uns nie erträumt hätten. Wie das geschieht, auf welchem Weg und über welche Schwellen jemand am neuen Leben Christi teilzunehmen beginnt, hängt von den je besonderen Kontexten und Situationen ab, in die Menschen gestellt sind …"[10]

Ägypten ist somit nicht einfach ‚bewältigt', sondern taucht auf dem Weg des Glaubens immer wieder auf.

 Nicht Rückblick, sondern Aufblick

Zum Exodus gibt es keine Alternative. Aber Ägypten bleibt immer attraktiv! Kehrseite der Bereitschaft zum Aufbruch ist die Askese (d. h. Übung) des Verzichts auf jedes Zögern. *Denkt an die Frau des Lot!*, mahnt Jesus (Lk 17,32). Es gibt einen Rückblick, der Energie raubt und erstarren lässt. Das „Herz nach Ägypten zurückwenden" (vgl. Apg 7,39) meint die wehmütig-lähmende Retrospektive:

*Wir denken an die Fische, die wir in Ägypten umsonst zu essen be-
kamen, an die Gurken und Melonen, an den Lauch, an die Zwiebeln
und an den Knoblauch* (Num 11,5). Dabei wird die Pascha-Dynamik
verleugnet und der Übergang verweigert. Für den Pascha-*transitus*
braucht es den Aufblick. Vom Himmel her kommt Entschlossenheit: „Keiner von denen, die dieses Osterlamm essen, blicke zurück
nach Ägypten, sondern auf zum Himmel, zum himmlischen Jerusalem!"[11], mahnt Johannes Chrysostomus (um 345–407).

Exodus als Lebenseinstellung

Vierzig Jahre dauerte der Exodus aus Ägypten. Daran erinnert die
Bibel häufig (z. B. Ex 16,35; Num 14,34; Dtn 2,7). Die Zahl 40 bedeu-
tet, dass der Exodus zur Verfassung menschlicher Existenz gehört.[12]
Er ist weniger eine einmalige Handlung als eine Lebenseinstellung.
Der Auszug aus Ägypten und die Suche nach Gott bestimmen ein
ganzes Leben. Der Exodus zielt nicht auf den Gottesbesitz, sondern
auf das Gottsuchen. Keines der Zeichen, die Israel gegeben werden,
ist zum Festhalten: Wolke, Feuer, Zelt. Das mag an die Gestalt des
Sisyphus erinnern. Der Unterschied ist: Es gibt die Verheißung eines
Zieles, eines Ankommens. Der Sinn des Exodus ist: *Mose führte das
Volk aus dem Lager hinaus Gott entgegen.* (Ex 19,17)

Nochmals: „Ägypten" wird dabei mitgenommen. Darum ist
Umkehr nie mit einem einzigen Schritt vollzogen. Das erklärt, warum die geistliche Überlieferung des Christentums im Anschluss an
Louis Lallemant SJ (1578–1635) von einer „Zweiten Umkehr"
spricht. Im Leben vieler Heiliger gibt es solch einen erneuten Aufbruch, der einen wichtigen Schritt in der Hingabe an den Willen
Gottes markiert.

Umkehr-Szenarien

- Franz von Sales (1567–1622) erlebte 1586/87 eine sechswöchige
  Phase extremer innerer Angst. Die Überzeugung, von Gott ver-
  worfen zu sein, löste sich in einem Gebet vor einem Marienbild.
  Seither war es ihm gegeben, „die innere Ruhe und den Frieden
  [zu] bewahren".

- Therese von Lisieux (1873–1897) berichtet, 1886 in der „Weihnachtsbekehrung" von der Überempfindlichkeit befreit worden zu sein, unter der sie (und noch mehr ihre Umgebung) bis dahin zu leiden hatte. Auf eine Verletzung ihres kindlichen Empfindens konnte sie anders als zuvor, nämlich mit Fröhlichkeit reagieren. Später sieht Therese darin sogar „die Gnade meiner vollständigen Bekehrung".[13]
- Madeleine Delbrêl (1904–1964), getauft, aber ohne religiöse Erziehung durch ihr Elternhaus, erzählt: „Mit 15 war ich strikt atheistisch und fand die Welt täglich absurder." 1924 erlebte sie eine „stürmische Konversion nach einer Zeit vernünftiger religiöser Suche." Über ihre Suche und die Gotteserfahrung schreibt sie:

> „Wenn ich aufrichtig sein wollte, so konnte ich einen Gott, den es möglicherweise gab, nicht behandeln, als sei er mit Gewißheit inexistent. Ich wählte das, was mir den Wandel meiner Perspektive am besten auszudrücken schien: Ich entschloß mich zu beten […] Seitdem habe ich lesend und nachdenkend Gott gefunden. Aber betend habe ich *geglaubt*, dass Gott mich gefunden hat, dass er die lebendige Wahrheit ist, die man lieben kann, wie man eine Person liebt."[14]

Umkehr ist also ein beständiges Anliegen. Wie lässt sich das in spirituelle Praxis umsetzen?

Zur Praxis der Umkehr: Buße

Das Gute zu verfehlen und schuldig zu werden, ist eine menschliche Grunderfahrung. Der Mensch gerät in die Krise und muss Buße tun. Das Ziel ist Einsicht in den Schuldzusammenhang und Umkehr als Änderung der Einstellung und des Verhaltens.

 ### *Wege der Sündenvergebung*

Buße ist nicht (sakramentale) Beichte, sondern eine Grunddimension christlichen Lebens. Es gibt „viele Wege der Sündenvergebung".[15] Zu den herkömmlichen Formen, die Versöhnung bewirken, zählen

- Almosen: Das konkrete Geben mindert das Kreisen um das Ego, öffnet die Augen und weitet den Horizont.
- Spirituelles Fasten: macht freier von Abhängigkeiten und durchlässiger für den Geist Gottes. Mit dem Blick auf das Leiden Jesu ist es eine Einübung in das Mit-Sterben mit Christus. Solidarisches Fasten erinnert an die Einbettung in die „eine Welt".
- Hören des Wortes Gottes: Die geistliche Schriftlesung reinigt (vgl. Joh 15,3).
- Gebet: ist Ausrichtung auf Gott – der Quelle aller Versöhnung.
- geistliche und leibliche Werke der Barmherzigkeit (vgl. Gotteslob Nr. 29.3). Im „Elisabethjahr" 2007 (800. Geburtstag Elisabeths von Thüringen) legte der Erfurter Bischof Joachim Wanke eine Reformulierung vor.

„Die neuen sieben Werke der Barmherzigkeit lauten nun so: 1. Einem Menschen sagen: Du gehörst dazu, 2. Ich höre dir zu, 3. Ich rede gut über dich, 4. Ich gehe ein Stück mit dir, 5. Ich teile mit dir, 6. Ich besuche dich, 7. Ich bete für dich."

Sozialökologische Umkehr

Christliche Spiritualität schärft die Aufmerksamkeit für ökologische Zusammenhänge. Bußgesinnung muss sich in schöpfungsgemäßem Verhalten äußern.

Bereits Johannes Paul II. sprach von der „ökologischen Konversion" (Generalaudienz am 17. Jan. 2001, n. 4) und beschrieb in seiner Botschaft zum Weltfriedenstag (1. Jan. 1990) die ökologische Krise als eine moralische Krise, die einen Mangel an Respekt vor dem Leben zeigt. Das Schlussdokument der Amazonas-Synode 2019 führt den Begriff „ökologische Sünde" in den theologischen Sprachgebrauch ein (Nr. 82). Auf die Notwendigkeit sozialökologischer Umkehr weist Papst Franziskus in seiner Enzyklika *Laudato si'* „Über die Sorge für das gemeinsame Haus" (24. Mai 2015) hin, vor allem in Nr. 216–221:

„Wenn ,die äußeren Wüsten [...] in der Welt [wachsen], weil die inneren Wüsten so groß geworden sind', ist die Umweltkrise ein Aufruf zu einer tiefgreifenden inneren Umkehr [...] Andere [Christen] sind passiv, entschließen sich nicht dazu, ihre Gewohnheiten zu ändern, und werden inkohärent. Es fehlt ihnen also eine ökologische Umkehr, die beinhaltet, alles, was ihnen aus ihrer Begegnung mit Jesus Christus erwachsen ist, in ihren Beziehungen zu der Welt, die sie umgibt, zur Blüte zu bringen. Die Berufung, Beschützer des Werkes Gottes zu sein, praktisch umzusetzen gehört wesentlich zu einem tugendhaften Leben; sie ist nicht etwas Fakultatives, noch ein sekundärer Aspekt der christlichen Erfahrung." (*Laudato si'* 217)

Christliche Spiritualität ist mehr als Innerlichkeit. Sie drängt zum Einsatz für eine grundlegende Transformation der Weise, den Planeten Erde zu bewohnen. Das braucht (politisches) Engagement, Unterscheidung, Hingabe und Hoffnung[16], jedenfalls einen anderen, „prophetischen und kontemplativen Lebensstil, der fähig ist, sich zutiefst zu freuen, ohne auf Konsum versessen zu sein" (ebd. Nr. 222).

 Lockdown anders

In der Covid-19-Pandemie wurde der Begriff *Quarantäne* alltäglich. Es stammt von lat. *quadragesima* – die 40 Tage zwischen Aschermittwoch und Ostern. Was man früher Fastenzeit nannte und jetzt österliche Bußzeit heißt, ist ein religiöser Lockdown: eine 40-tägige Intensivzeit als Einladung, sich neu auf das Ziel auszurichten. Was steht der *Macht der Auferstehung* (Phil 3,10) und der Freiheit eines Christenmenschen im Wege? Was muss heruntergefahren werden?

Das braucht eine gewisse moralische Anstrengung. Sie kann in frommes Leistungsdenken und spirituellen Optimierungswillen abdriften. Entscheidend ist aber das Pascha-Motiv: Der Wunsch, das Leben auf Gott hin auszurichten, ist Ausdruck österlicher Inspiration und dankbare Resonanz auf das Geschenk des Osterglaubens. Es ist Bereitschaft zur Mitarbeit an der Heiligung des Alltags, denn „Gott, der dich ohne dich geschaffen, rettet dich nicht ohne dich".[17] In österlicher Gelassenheit etwas für Mitmenschen zu tun und darin der Vollendung der Welt zu dienen, ist zielführender als übersteigerte Fokussierung auf den eigenen spirituellen Weg.

3. Kein-Ort

Abraham vertraute dem Wort Gottes und ging *heraus*. Der Aufbruch führte ihn in *die Fremde*. Abraham soll *wissen: Deine Nachkommen werden als Fremde in einem Land wohnen, das ihnen nicht gehört* (Gen 15,13; vgl. Hebr 11,9). Buchstäblich vom Beginn seines irdischen Lebens erfährt Jesus: Für ihn ist *kein Platz*, höchstens eine Futterkrippe (Lk 2,7). Er kannte das Lebensgefühl der Unbehaustheit: *Die Füchse haben Höhlen und die Vögel des Himmels Nester; der Menschensohn aber hat keinen Ort, wo er sein Haupt hinlegen kann* (Lk 9,58). Die irdische Existenz als Leben in der Fremde aufzufassen, sich also nur den Gast-Status zuzuschreiben (1 Petr 2,11: *da ihr Fremde und Gäste seid in dieser Welt*), war für die frühen Christen ein Markenzeichen. Was bedeutet „Leben in der Fremde" für christliche Spiritualität heute?

„Leben in der Fremde" – eine Erinnerung

Romano Guardini bezeichnete einmal die Lebensgestalt Jesu als ein „Hindurchgehen":

> „Wenn wir die Evangelien im Zusammenhang lesen; den Nachhall aufsuchen, den sein Dasein in der Apostelgeschichte und in den Briefen findet, und uns dann fragen: wie war er denn ‚da' – so fühlen wir etwas Besonderes, etwas, das sich nicht einordnen läßt. Wir drücken es vielleicht am besten aus in dem Worte: ‚Er ist hindurchgegangen'. Die Daseinsform Jesu ist ein Hindurchgehen. Das kommt schon darin zum Ausdruck, wie wenig wir von ihm wissen […] Aus schweigender Unbekanntheit kommt dieses Leben, leuchtet kurz und gewaltig, und geht in die Unbekanntheit des ‚Himmels' zurück. […] Das war die Lebensgestalt des Herrn, daß er ‚hindurchging'."[18]

Damit ist nicht gesagt, dass der Weg das Ziel ist, wie das Werbesujet eines Autoherstellers suggeriert, auch nicht das Wiederankommen auf der Geburtsinsel (wie bei Odysseus). Was kann es also bedeuten, wenn das Hindurchgehen die Grundgestalt des Lebens Jesu war?

Der „Pilgerstand"

Der christliche Glaube gibt dem irdischen Leben eine Richtung. Glaubende befinden sich im sog. „Pilgerstand" (lat. *status viatoris*): Irdisches Leben ist Wallfahrt durch das „Tal der Tränen" hin zum seligen Ankommen bei Gott.[19] Im Bild der Geometrie: Nicht der „Kreis", sondern der „Pfeil" bildet das Leben ab. „In dieser Welt sein" heißt, einer gewissen Heimatlosigkeit preisgegeben zu sein und ein Leben des Übergangs, des *transitus* hin zur himmlischen Heimat zu führen (vgl. Phil 3,20; Hebr 11). Seit dem II. Vaticanum will sich Kirche wieder mehr als pilgerndes Gottesvolk verstehen (*Lumen gentium* 8).

Jesus konnte den „Kein-Ort", den „letzten Platz" (Charles de Foucauld) einnehmen, weil er ganz auf die Gegenwart der Gottesherrschaft ausgerichtet war. Diese geschenkte Verwurzelung in Gott verblasst, wenn sie nicht er-innert wird in geistlicher Praxis.

 Engagierte Gelassenheit

Das Wissen, hier und jetzt eigentlich „in der Fremde" zu leben, ist eine wichtige Erinnerung. Es hält wach, dass die letzte Erfüllung und Vollendung des Daseins noch ausstehen. Erfüllung und Vollendung innerweltlich konstruieren und produzieren zu wollen, macht Stress. Als politisches oder ekklesiologisches Projekt endet dieses Vorhaben im Totalitären, wie die Geschichte zeigt. Die frühchristliche Überlieferung appellierte deshalb im (apokryphen) Thomasevangelium: „Werdet Vorübergehende!"[20] Das irdische Leben so einzuordnen, bedeutet keine Abwertung des Irdischen, noch weniger eine Missachtung der Schönheit der Welt. Im Gegenteil: Sie ermöglicht, sich in engagierter Gelassenheit für die Gestaltung der Welt einzusetzen. Die Balance von Weltgestaltung und Weltdistanz hat bereits der Verfasser des Briefes an Diognet – einer frühchristlichen Schrift des 2. Jh. – im Blick. Christen sind jene,

> „die ihr jeweiliges Vaterland bewohnen, aber nur wie fremde Ansässige; sie erfüllen alle Aufgaben eines Bürgers und erdulden alle Lasten wie Fremde; jede Fremde ist für sie Vaterland und jede Heimat ist für sie Fremde".[21]

Die Unbehaustheit Jesu, sein Nicht-Ort, steht im Kontrast zu einem christlichen Leben, das sich in dieser Welt und Gesellschaft fest eingerichtet hat und dem das „Salz" abhandengekommen ist: *Habt Salz in euch* (Mk 9,50). Mittel- und langfristig betrachtet, muss sich der spirituelle Weg mit einem Hang zu Verbürgerlichung, Bequemlichkeit und Antriebslosigkeit auseinandersetzen. „Leben in der Fremde" erinnert, das Gepäck überschaubar zu halten, um leichter aufbrechen zu können.

Die Balance von Weltauftrag und Weltdistanz – in der Sprache des Johannesevangeliums: „*in* der Welt, aber nicht *von* der Welt" – wird an anderer Stelle noch einmal aufgegriffen.

Der russische Pilger

„Aufrichtige Erzählungen eines russischen Pilgers" – so lautet der Titel eines wichtigen Buches, dessen Verfasser unbekannt ist. Es handelt von einem anonymen Pilger im Russland des 19. Jh. Er hört in einem Gottesdienst das Bibelwort *Betet ohne Unterlass!* (1 Thess 5,17) und macht sich daraufhin auf die Suche nach dessen Bedeutung. Ein Starez (geistlicher Lehrer) weist ihn auf die sog. „Philokalie" hin, ein Buch, in dem die geistliche Lehre des christlichen Ostens gesammelt ist, zugleich die Grundlage für das „immerwährende Herzensgebet" oder „Jesusgebet". Dieses beschränkt sich auf einen Satz: „Herr Jesus Christus, erbarme Dich meiner". Nach und nach findet der Pilger in die Praxis des Jesusgebetes. Es wird sein ständiger Begleiter und verlässt ihn nicht mehr. Die „Aufrichtigen Erzählungen" trugen wesentlich zur Verbreitung des Herzensgebets bei, nicht zuletzt im christlichen Westen.

Pilgern und Wallfahren

Der gegenwärtig stetig anhaltende Pilger-Boom ist ein vieldeutiges Signal. An seinen Motiven lässt sich ablesen, was Menschen bewegt, oft fern jeglicher Religionsausübung. Darin drücken sich „Leben im Übergang" und eine innerweltlich unstillbare Sehnsucht nach Ankommen und Erfüllung aus. Der französische Historiker Michel de

Certeau SJ (1925–1986) bringt diesen „Geist des Überschreitens" mit Mystik zusammen und schreibt:

> „Mystiker ist, wer nicht aufhören kann zu wandern und wer in der Gewissheit dessen, was ihm fehlt, von jedem Ort und von jedem Objekt weiß: Das ist es nicht. Er kann nicht hier stehenbleiben und sich nicht mit diesem da zufriedengeben. Das Verlangen schafft einen Exzess. Es exzediert, tritt über und lässt die Orte hinter sich. Es drängt voran, weiter, anderswohin. Es wohnt nirgendwo. […] Von diesem Geist des Überschreitens, der hingerissen ist von einem uneinholbaren Ursprung oder Ende, Gott genannt, scheint in der zeitgenössischen Kultur vor allem die Bewegung des unaufhörlichen Aufbrechens zu überdauern, als bewahrte die Erfahrung, da sie sich nicht mehr auf den Glauben an Gott gründen kann, einzig noch die Form und nicht mehr den Inhalt der traditionellen Mystik."[22]

Pilgerschaft als Unterwegssein zur wahren Heimat in Gott – das können Glaubende auf Wallfahrt erfahren und „er-gehen", lust- und schmerzvoll. Wer auf eine Wallfahrt geht, „betet mit den Füßen", alleine oder in Gemeinschaft, geht sich frei, um das, worauf es ankommt, neu in den Blick zu bekommen. Die Wanderschaft („Kein-Ort") endet für gewöhnlich an einem besonderen, sakral aufgeladenen Ort, der das endgültig erhoffte Ankommen symbolisiert.

Blicken wir kurz zurück: Der Heimweg in die offene Zukunft mit Gott hat mit einem Aufbruch („heraus") aus Vertrautem (Haran) begonnen. Bindungen an Bestehendes (Ägypten) – nicht zuletzt an das eigene Ego – behindern die Schritte auf dem neuen Weg. So tut vielfache Neuorientierung („Umkehr zur Sehnsucht") not. Glaubende leben im Pilgerstand und ihre Wallfahrt findet ihr Ziel im Ankommen bei Gott.

II. „HINDURCH" – DURCHGANG

„Heraus" – damit ist eine Richtung angesagt. So fängt der Übergang, den das Volk Gottes und der glaubende Mensch zu gehen haben, an. Zuvor gab es einen Aufbruch – mit einem beherzten Start ist viel gewonnen! Aber dem Aufbruch muss ein „Hindurch" – der Durchgang folgen.

1. Schilfmeer

Die Erzählung der wunderbaren Rettung des Volkes Israel im Schilfmeer (Ex 13,17 – 14,41) hat das Gründungsereignis Israels zum Inhalt. Gott führt das Volk durch alle Bedrohung hindurch. Er geht voran in Gestalt der Wolken- und Feuersäule, kämpft für das Volk und macht das Meer zum Trockenen. Die erste Schöpfung geht also weiter. Wie bei der Schöpfung, so jetzt am Schilfmeer: Das Wasser gibt trockenen Boden frei. Der Weg für den rettenden Durchgang Israels ist offen. In der Befreiung am Schilfmeer erlebt Israel von Gott her neue Schöpfung.

Erlösung – Errettung

Das Exodusgeschehen ist ein narrativer *Typos* für alles, was in christlicher Sicht mit Erlösung gemeint ist, also für das ganze christliche Heilsgeschehen. Jede Rede von „Erlösung" heute hat hier, im Auszug unterdrückter Menschen in die Freiheit, ihr Urbild. „Ägypten" ist jene Welt, die nur auf eigene Stärke vertraut, auf die Gewalt der Waffen setzt und die anderen ausbeutet. Sie endet in der Totenstarre des Untergangs. Auf seinem Weg durchlebt Israel hingegen Angst und Zuversicht. Es verändert sich hin zu Gehorsam, Gottesfurcht und Glaube. Aus anfänglicher Furcht vor dem Pharao und seinem Heer wird Ehrfurcht Gott gegenüber.

Dieses Urgeschehen muss erinnert werden: Das Paschafest ist Fest des Übergangs von der Sklaverei zur Freiheit, von den Lastern zur Tugend, von der Traurigkeit zur Festesfreude, vom Irdischen zum Himmlischen, vom Tod zum Leben. Es ereignet sich immer wieder neu, denn es wird in der Taufe geschenkt und dem Glaubenden im Sakrament zugänglich. Gegen alle Spiritualisierung (Verflüchtigung ins „Geistige") und Individualisierung ist festzuhalten: In der Rettung am Schilfmeer geht es zunächst um eine Gemeinschaft, um deren Befreiung und Freiheit. Gott kämpft für die Schwachen.

Eine Kultur der Erinnerung

Am Anfang des Gottesvolkes stand eine Rettungserfahrung. Auf dieses Ereignis bezieht sich seine gesamte Geschichte. Dieser gute Anfang soll im Gedächtnis des Volkes bleiben. Eine Spiritualität der Erinnerung ist in diesem Zusammenhang buchstäblich lebenswichtig. Sie hält die Rettungserfahrung lebendig und aktualisiert sie. „Gedächtnis" meint erinnernde Vergegenwärtigung. Das ist entscheidend für das Verständnis christlicher Liturgie ebenso wie für die spirituelle Praxis. Was Gott im Leben einer Gemeinschaft oder eines Glaubenden rettend gewirkt hat, muss erinnert werden. Vergesslichkeit wäre in diesem Fall schuldhaft.[1]

Aus der Erinnerung wachsen Zuversicht und Hoffnung, dass Gott jetzt und auch in Zukunft so handeln wird. Schöpfung und Erlösung sind also nicht nur zwei Größen der Vergangenheit, sondern gehen weiter, als kleine und große Gnadenerweise im eigenen Leben und im Leben der Gemeinschaft. Auf die empfangene Gabe baut alles Tun im Glauben auf.

Mose

Gott hat die Schöpfung alleine vollbracht; im Werk der Erlösung hingegen wollte er das Geschöpf mitwirken lassen. Dieser theologische Grundsatz zeigt sich zuerst an Abraham und dann an Mose. Offensichtlich sind moralische Kriterien nicht allein ausschlaggebend, um erwählt zu werden, Gott und dem Volk zu dienen: Mose ist ein Mörder (Ex 2,12).

Mose wächst in sein Amt als „Diener" Gottes (Ex 14,31; EÜ: *Knecht*). Darin kann er Vorbild für Leitungsverantwortliche sein. Wer führt, ist exponiert. Die Gemeinschaft behandelt Mose unfair. Oft muss er die Launen des Volkes ertragen. Mose reagiert ohne persönliche Empfindlichkeiten, sachlich und voller Vertrauen auf Gott. Am Ende seines Lebens kommt eine tragische Note ins Spiel: Er darf vom Berg Nebo nur ins Gelobte Land hinüberschauen – aber nicht hinüberziehen. Sein Pascha-*transitus* wird ihm verwehrt, gehört er doch zu jener Generation, die dem Herrn misstraute. An einem späteren Ort kommen wir darauf zurück.

Gebet der liebenden Aufmerksamkeit

Der Tagesrückblick, auch „Gebet der liebenden Aufmerksamkeit" genannt, ist ein Beitrag zur Kultur der Erinnerung. Er macht einen Zeitabschnitt darauf hin durchsichtig, wo Gott „in allen Dingen" gegenwärtig und wirksam war.

Tagesrückblick
- Still werden – den Atem Gottes spüren – mich in Gottes Gegenwart stellen
- Gott um einen ehrlichen Blick bitten
- Auf den Tag schauen: Wo hat mich Gott berührt und geführt?
- Gott danken für die empfangenen Gaben
- Um Vergebung und Heilung bitten
- Auf den nächsten Tag schauen und ihn mit Gott planen
- Vaterunser beten

Die Rettung am Schilfmeer bedeutet: Gott setzt sich für die Schwachen und Ausgebeuteten ein. Er will das Volk Israel am Sinai einladen, eine bleibende Beziehung zu ihm einzugehen. Für diese entscheidende Begegnung mit Gott muss sich das Volk bereiten, oder eher: bereitet werden. Das geschieht in der Wüste.

2. Wüste

Die Wüste ist die erste Station des Volkes Gottes nach dessen Befreiung aus dem Sklavenhaus Ägyptens: *Mose ließ Israel vom Roten Meer aufbrechen und sie zogen zur Wüste Schur weiter* (Ex 15,22). Auch nach dem Bundesschluss am Sinai muss Israel erneut durch Wüsten-Passagen, um das Gelobte Land zu erreichen.

Als Mose *über die Steppe hinaus* in die Wüste ging (Ex 3,1), wurde er berufen. An Johannes den Täufer *erging in der Wüste das Wort Gottes* (Lk 3,2). Jesus wird *vom Geist* in die *Wüste* geführt. 40 Tage lang setzt er sich dem Ort der Extreme aus, fastet und wird *vom Satan versucht* (Mk 1,12–13 par.). Auch Paulus zieht sich nach seiner Konversion zunächst in die Einsamkeit zurück (vgl. Gal 1,17). „Wüste" muss demnach als *Typos* für die Entwicklung Israels als Volk Gottes wie für die Entwicklung des glaubenden Menschen große Bedeutung haben. Wir werden uns daher an dieser Station länger aufhalten. Wir blicken zu den frühen Mönchsvätern, denn die Spiritualität der frühchristlichen Askese ragt bis in die Gegenwart herein.

Spiritualität der Wüste

Die „Wüste" steht für ein theologisches und spirituelles Programm.[2] Hier hat der HERR um Israel geworben wie um eine Braut: *So spricht der HERR: Ich gedenke deiner Jugendtreue, der Liebe deiner Brautzeit, wie du mir in der Wüste gefolgt bist, im Land ohne Aussaat* (Jer 2,2). Die Wüste ist Ort der ersten Liebe: *Darum will ich selbst sie verlocken. Ich werde sie in die Wüste gehen lassen und ihr zu Herzen reden* (Hos 2,16). Sie ist Ort der Erwählung und des Bundes. Darum ist jede Erinnerung an die Wüsten-Zeit ein Auftrag zur Erneuerung (vgl. Offb 2,4).

In der Wüste ist Israel mit Gott allein und zur Gänze auf ihn angewiesen. Dem hielt Israel nicht immer stand. Es entzog sich. Somit steht Wüste auch für das *Murren*, die Verweigerung des Vertrauens, den Glaubensabfall des Volkes. Kurz: Wüste ist auch Ort der Versuchung, der Bewährung, des Kampfes.

Eschatologisches Bewusstsein

Wer ab dem 3. Jh. nC. aus den Gemeinden hinaus an die Ränder und in die Wüste ging, war von der Vorstellung getragen: Die Gottesherrschaft ist eine gegenwärtige Realität. Der erwartete *neue Himmel* und die *neue Erde* (vgl. 2 Petr 3,13) stehen unmittelbar bevor, noch mehr: Sie sind da! Deshalb soll sich der Christ, wie Paulus meint, diese Welt *zunutze machen, als nutze er sie nicht* (1 Kor 7,31). Die Jetzt-Welt ist vorläufig. Das relativiert alle menschlichen und irdischen Werte. Das Gespür dafür wachzuhalten ist bleibende Sendung der monastischen Stile in der Kirche.

Die „Alleinlebenden" (ursprgl. Wortbedeutung von „Mönch", von griech. *monachós*) wollten in der Einsamkeit Gott suchen und die Gotteserfahrung vertiefen (vgl. Ps 63,2–3). Die asketische Lebensweise sollte die Intensität der Suche nach Gott steigern. Daneben spielten zusätzliche Motive herein: Sehnsucht nach dem „engelgleichen Leben" (lat. *vita angelica*), Wiederherstellung und Vorwegnahme des Paradieses, unblutiges Martyrium und zweite Taufe, „apostelgleiches Leben" (*vita apostolica* in Armut und Heimatlosigkeit), unterlegt mit „Heimweh" nach der Urkirche.

Man lebte allein oder in losem Verbund, lernte von bereits erfahrenen Eremiten und stand in lebendigem Austausch. Die erste geschichtlich greifbare Gestalt ist Antonius der Große (252–356). Aus einer mündlichen, dann verschriftlichten Überlieferung – die „Worte der Väter" (*Apophthegmata Patrum*) – ist eine Spiritualität der Wüste ablesbar.

Prioritäten setzen

Die Wüste fordert die Unterscheidung des Elementaren heraus: Was ist wirklich wichtig? Die Mönchsväter konzentrierten sich auf diese Punkte:

- „Was muss ich tun, um das Heil zu erlangen?": Die „Heilsfrage" muss lebendig bleiben.
- Christozentrik: „Zu allen aber sagte er [Antonius], sie sollten nichts in der Welt der Liebe zu Christus vorziehen" (Leben des heiligen Antonius, Kap. 14). Jesus Christus ist die Mitte.

- Heilige Schrift: „Was du auch tust, nimm aus den heiligen Schriften die Bezeugung" (WdV Nr. 3; I 22).³ Die Bibel ist der wichtigste Orientierungspunkt.
- Nächstenliebe: „Aus dem Nächsten kommen das Leben und der Tod: Wenn wir den Bruder gewinnen, gewinnen wir Gott. Wenn wir dem Bruder Ärgernis geben, sündigen wir gegen Christus" (WdV Nr. 9; I 23). Wer allein lebt, kann sich viel vormachen. Die Bereitschaft, sich für den Mitmenschen einzusetzen, ist Maßstab der Gottesliebe.

 Leib und Seele

Die frühchristlichen Asketen hatten ein starkes Leibbewusstsein. Ihr Tun und Lassen zielte auf die Integration der seelisch-geistigen und der leiblichen Dimension im Menschen. Handarbeit war wichtig. Man flocht Korbwaren und Seile, die in den Dörfern verkauft wurden. Beten und Arbeiten – beides ist Christus-Dienst:

> „Der heilige Abbas Antonios wohnte einst in der Wüste und geriet in Überdruss (akedia) und große Düsternis der Gedanken (logismoi). Und er sprach zu Gott: Herr ich will gerettet werden, aber die Gedanken lassen mich nicht. Was soll ich in meiner Bedrängnis (thlipsis) tun? Wie werde ich gerettet? Und er ging ein wenig nach draußen. Da sah Antonios einen wie sich selbst sitzen und arbeiten, dann stand der von der Arbeit auf und betete, dann setzte er sich (wieder) und flocht am Seil. Hernach stand der wieder zum Gebet auf. Das war aber der Engel des Herrn, gesandt zur Aufrichtung und Stärkung des Antonios. Und er hörte den Engel sprechen: Tu so, und du wirst gerettet. Der aber hörte das, erlangte große Freude und Mut. Und als er so tat, wurde er gerettet." (WdV Nr. 1; I 21)

Beten und Arbeiten bedingen einander. Arbeit fängt den Müßiggang (Langeweile, neudeutsch „Herumhängen") auf, der ein „Feind der Seele" ist. Sie überwindet auch Trägheit (als Folge des Sündenfalles) und Zerstreuung. Arbeit ist somit keine äußerliche Verrichtung, sondern geistliches Tun. Auf den ersten Blick nicht leicht erkennbar, fußt der Umgang der frühen Asketen mit ihren „Gedanken" ebenfalls auf einem ganzheitlichen Ansatz.

Mit „Gedanken" umgehen

Asketisches Leben bringt zutage, was sonst verborgen bleibt. Der Mensch erfährt seine Bedürftigkeit und erlebt das eigene Begehren. Dieses zeigt sich in Gedanken (griech. *logismói*) – rationale Vorstellungen, Absichten, Pläne, Wünsche, Einfälle, Gefühle, Stimmungen. Was sie dem Geist des Menschen vorstellen, hat Kraft und prägt. Gedanken sind da und fordern auf, auch zur Sünde. Der Glaubende muss sich dazu verhalten. Es kommt daher darauf an, die „Wachsamkeit" auszubilden und das Bewusstsein durch Gebet, Arbeit und Studium der Heiligen Schrift mit Gutem anzureichern. Dass Gedanken kommen, ist nicht zu verhindern. Aber Widerstand – im Fall eines schlechten Gedankens – bleibt möglich:

> „Ein Bruder kam zu Abbas Poimen und sagte zu ihm: Vater, ich habe viele Gedanken und ich bin ihretwegen in Gefahr. Da brachte der Alte ihn ins Freie und sagte zu ihm: Breite deinen Gewandbausch aus und halte die Winde fest. Der aber sagte: Das kann ich nicht tun. Und es sagte ihm der Alte: Wenn du das nicht tun kannst, kannst du auch die Gedanken nicht (daran) hindern zu kommen. Aber es liegt an dir, ihnen zu widerstehen." (WdV Nr. 602; I 230)

Selbstwahrnehmung und Reflexion führten zur Erkenntnis, dass Gedanken ein „Milieu" haben: eine spezifische Herkunft und einen bestimmten Ablauf. Das ist Hintergrund für den sog. Lasterkatalog. Er wurde als Gedächtnisstütze zusammengestellt. Der christliche Osten listet acht Laster auf: 1. Völlerei, 2. Unzucht, 3. Geldgier, 4. Kummer, 5. Zorn, 6. Überdruss, 7. eitle Ruhmsucht, 8. Hochmut. Ähnliche Listen kennt die Bibel (z. B. Gal 5,19–21) oder die griechisch-stoische Philosophie. Seit Papst Gregor dem Großen (um 540–604) spricht man im christlichen Westen von sieben Hauptsünden. Sie alle entspringen dem Hochmut (lat. *superbia*).

„Sag mir ein Wort!"

Um auf dem inneren Weg weiterzukommen, suchte man einen spirituell Erfahrenen auf mit der Bitte: „Sag mir ein Wort!" Der geistliche Vater (griech. *ábbas*) gilt als geistbegabte Figur, ausgestattet mit dem Charisma der Unterscheidung. Seine Antwort ist situativ und individuell zugeschnitten, kein Gegenstand einer Debatte, sondern des Gehorsams: Im Tun, im Vollzug erweist sich die Lebensrelevanz des Gesagten und Aufgetragenen.

Die Wertschätzung, die man dem Gespräch mit dem Abbas beimaß, zeigt etwas vom Wesen des Christentums: Der Glaube kommt vom Hören (vgl. Röm 10,17). Christsein geht nicht allein. Ich bin angewiesen auf andere, die mich in die Räume des Glaubens führen (Mystagogik[4]). Die Communio der Kirche ist wesentlich, für alle und keineswegs nur für Schwache.

Das Gespräch mit dem Abbas hieß „Eröffnung des Gewissens". Im Aussprechen dessen, was bewegt, werden Gedanken und Gefühle benannt. Die Objektivierung dient der Klärung: Was steckt dahinter, Heiliger Geist oder Ungeist? Dieser Frage – man nennt sie „Geistliche Unterscheidung" oder „Unterscheidung der Geister" – widmen wir uns später ausführlich. Wir verfolgen zunächst die Spur der geistlichen Unterweisung. Sie unterlag im christlichen Osten andere Rahmenbedingungen als im Westen.[5] Heute spricht man eher von „Geistlicher Begleitung".

Geistliche Begleitung

Die Bezeugung und Weitergabe des Glaubens ist ein personales Geschehen und benötigt Identifikationsfiguren. Menschen, die einen inneren Weg gehen, suchen Rat und Inspiration bei solchen, denen ein gewisser Erfahrungsvorsprung zugeschrieben wird. Erst recht ist der Prozess der Vertiefung auf „Über-setzer"[6] und auf die achtsame Begegnung im Rahmen einer Aussprache angewiesen.

Zur Geschichte

Im christlichen Osten lässt sich die Praxis der „Eröffnung des Gewissens" bis ins russische Starzentum der Gegenwart verfolgen. Darin geht es um regelmäßige und freiwillige Reflexion der eigenen Lebensgestaltung vor einem spirituell erfahrenen Laien. Im Westen führt die Geschichte der Bußpraxis von der anfangs öffentlichen Buße zur privaten Ohrenbeichte. Ab dem 13. Jh. ist das Bußsakrament der Ort geistlicher Begleitung (Seelenführungs-, Devotionsbeichte). Das Bekenntnis von Sünde wird vorrangig, häufige Aussprachen gehen mit häufigem Empfang des Bußsakramentes einher, nicht zuletzt als Vorbereitung auf den Kommunionempfang.

„Seelenführung" oder „Geistliche Begleitung"?

„Geistliche Führung" oder „Seelenführung" legte früher den Akzent eher auf den Gehorsam: Spirituellen Anweisungen ist Folge zu leisten. Dieses Gehorsamsprinzip hat eine Basis in der Bibel, etwa im Jesuswort *Kommt und seht!* (Joh 1,39). Im zunächst fraglosen Tun des Aufgetragenen geht dessen Sinn auf. Wohl verstanden bedeutet „Seelenführung", Menschen dahingehend zu inspirieren und zu befähigen, im Gespräch mit Gott selbst die Verantwortung für den eigenen Weg zu übernehmen. Der Begriff „Geistliche Begleitung" betont noch mehr die Individualität des übenden Menschen. Sie geht davon aus, dass Gott jeden Menschen beim Namen ruft – auf einen je eigenen und persönlichen Weg.

In jüngster Vergangenheit haben zahlreiche Vorkommnisse schweren spirituellen Machtmissbrauchs dazu geführt, durch Präventionsarbeit für das vorhandene Machtgefälle in derartigen Gesprächsformaten zu sensibilisieren.[7]

Was ist Geistliche Begleitung?

Geistliche Begleitung ist nicht seelsorgliches Gespräch, katechetische Begleitung, Supervision, Therapie oder Beichte. Sie besteht in einer Reihe von Einzelgesprächen mit einem/einer kompetenten Begleiter/in, in regelmäßigen Abständen, über einen längeren Zeitraum hinweg. Es gibt also einen klaren Rahmen von Zeit, Ort, Inhalt. Das Ziel ist, den „Schleier abzunehmen" (vgl. Ex 34,34), das eigene Leben als Text lesen zu lernen und es durchsichtig zu machen für das Wirken der Gnade. Der Stoff des Gesprächs ist das gesamte Leben: „Gott umarmt uns durch die Wirklichkeit" (Willi Lambert SJ). Nicht alles, was im Leben passiert, ist sakral, aber es ist vielleicht offen für eine geistliche Deutung. Es geht darum, die je eigene Berufung zu entdecken, zu vertiefen und darauf zu antworten. Die Leitfrage ist: Wo ist ein „Mehr" (lat. *magis*) an Leben, eine tiefere Beziehung zu Gott, eine engere Nachfolge Christi und eine liebevollere Hinwendung zu den Mitmenschen zu finden?

Aufgabe Geistlicher Begleitung ist, den Horizont zu weiten und die objektive Dimension einzubringen: eine Situation nüchtern bedenken, Informationen sammeln, Möglichkeiten abwägen. Dazu gehören auch das Wort der Heiligen Schrift, der Erfahrungsschatz der Glaubensgeschichte – es gibt viele Wege zu den *vielen Wohnungen* (Joh 14,2) – und die Stimme der Theologie. Geistliche Begleitung nimmt eine Außenperspektive ein. Damit macht sie den „blinden Fleck" (den jeder Mensch hat) bewusst: „Der Christus im eigenen Herzen ist schwächer als der Christus im Worte des Bruders; jener ist ungewiß, dieser ist gewiß." (Dietrich Bonhoeffer)[8]

Geistliche Begleitung ist eine Hilfe zur Gottunmittelbarkeit des/der Glaubenden. Sie ermutigt zum *freien Zugang* (vgl. Eph 3,12) zu Gott. Der Gewissensbereich (lat. *forum internum*) ist zu wahren. Es geht darum, „der Gnade zu folgen". Zurückhaltende Diskretion ist entscheidend. „Indiskret" begleitet, wer zu sehr den eigenen Zugang präferiert. Aus reicher Erfahrung schreibt Erzbischof François Fénelon (1651–1715):

> „Ist ein Seelenführer vom Geist Gottes erfüllt, greift er nie der Gnade vor, er folgt ihr nur geduldig, Schritt für Schritt, nachdem er sie mit großer Vorsicht geprüft hat [...] Die Dinge, die Gott aus Liebe zu ihm geschehen lässt, werden von der Vorsehung üblicherweise sanft und unmerklich vorbreitet. Die Gnade führt die Dinge so natürlich herbei, dass es wirkt, als kämen sie von selbst. Nichts Gewaltsames oder Außergewöhnliches braucht es da [...] Man soll nur in dem Maße bitten, in dem Gott gibt."[9]

Geistliche Begleitung zählt zum Dienst des „Begießens". Irgendjemand hat zuvor den Glauben „gepflanzt". Und dann gilt: *Gott aber lässt wachsen* (vgl. 1 Kor 3,7). Meist bringt *die Erde von selbst ihre Frucht* (vgl. Mk 4,28). Die Eigenkräfte im Menschen sind wirksam durch die Tatsache des Geschaffenseins und durch die Begegnung mit dem Evangelium.

Geistliche Begleitung – etwas für mich?

Trifft einer der folgenden Sätze auf Dich zu, dann ist geistliche Begleitung für Dich das Richtige:

- Ich möchte einige Fragen klären, aber ich will keine Ratschläge.
- Vielleicht suche ich Gott und möchte ihn finden, weiß aber nicht, wie das geht.
- Ich spüre in mir eine Sehnsucht, Unruhe und Unzufriedenheit, und ich kann sie nicht genau benennen.
- Ich spüre, dass etwas in mir reif wird und ich möchte nicht daran vorbeigehen.
- Mein Kinderglaube ist an eine Grenze gekommen, und ich möchte schauen, wie es weitergeht.
- Ich bete oft und weiß selbst nicht wie.
- In Umbruchsituationen suche ich Orientierung und Halt, ohne vereinnahmt zu werden.
- Ich möchte achtsam sein, und ich habe nicht gelernt, dem nachzugehen.
- Ich möchte Zeit für mich haben, und keine Zeit vergeuden.
- Ich möchte mein Leben durchleuchten und dabei nicht mit Rezepten abgespeist werden.
- Ich muss sehr viel für andere da sein und bleibe selbst auf der Strecke.

Geistliche Begleitung hilft, klarer zu sehen und das Wichtige zu erkennen. Sie befähigt zur „geistlichen Unterscheidung".

Geistliche Unterscheidung

„Unterscheidung der Geister" ist ein spirituelles Instrument, um herauszufinden, was in der Vielfalt innerer Antriebe und Stimmen eher Jesus Christus und seinem Geist entspricht und was eher nicht. Es handelt sich um einen Klärungsprozess, in dem ein Mensch aus einer persönlichen Vertrautheit mit Christus heraus die von ihm erlebten inneren und äußeren Bewegungen und Antriebe daraufhin überprüft, ob sie mehr zu Gott führen oder mehr von ihm weg.

Dadurch werden Entscheidungen möglich, welcher Weg vor Gott jetzt der passende ist.

 Prüft alles und behaltet das Gute

Paulus nennt die *Fähigkeit, die Geister zu unterscheiden,* eine *Gabe* (1 Kor 12,9–10). Sie ist hingeordnet auf den Aufbau der Gemeinde. Die neutestamentliche Briefliteratur mahnt alle Getauften, wachsam zu sein und zu „prüfen": *Prüft alles und behaltet das Gute* (1 Thess 5,21). Nicht immer ist auf den ersten Blick erkennbar, *worauf es ankommt* (Phil 1,10). Statt blauäugiger Naivität gilt: *Traut nicht jedem Geist, sondern prüft die Geister, ob sie aus Gott sind!* (1 Joh 4,1; vgl. auch Röm 12,2).

Im Milieu frühchristlicher Askese und im späteren Mönchtum wurde das Instrumentarium verfeinert, theologisch fundiert und immer weniger (wie anfangs in der Bibel) auf Menschen bezogen, sondern vorwiegend auf den Bereich geistlicher Erfahrung. Am Beginn der Neuzeit legte Ignatius von Loyola (1491–1556) in seinen „Geistlichen Übungen" (GÜ) „Regeln" zur Geistlichen Unterscheidung vor. Sie sollten vor allem zu einer guten „Wahl" verhelfen: „Regeln, um auf irgendeine Weise die verschiedenen Bewegungen zu verspüren und zu erkennen, die in der Seele verursacht werden: die guten, um sie anzunehmen, und die bösen, um sie abzuweisen" (GÜ 313).

 Grunddisposition und Schritte

Geistliche Unterscheidung setzt voraus, dass der Mensch die innere und äußere Wahrnehmung schult. Mit der *Erleuchtung* der *Augen des Herzens* (Eph 1,18) wächst das Unterscheidungsvermögen und wird die *Liebe immer noch reicher an Einsicht und jedem Verständnis* (Phil 1,9). Das gespannte Aufmerken soll sich auf drei Pole konzentrieren:

- äußere Ereignisse: Kontakt mit den Realitäten des Lebens; Sachkunde, Fakten, Sammeln von Information;
- das Mysterium Gottes: Gebet, Meditation, Liturgie, Lesen und Betrachten der Heiligen Schrift, Theologie;

- innere Ereignisse: Selbstwahrnehmung, Sensibilität, inneres Gespür für Regungen, Gefühle, Abläufe von Stimmungen und Gedanken.

Das ist das „Material". Jetzt kommt es darauf an, die Schritte nacheinander zu setzen: erspüren und wahrnehmen – erkennen und verbalisieren – scheiden und differenzieren – unterscheiden – entscheiden.

Im Hinblick auf die sog. „Regeln" oder „Kriterien geistlicher Unterscheidung" (s. u.) ist zu beachten, dass dadurch – außer im Fall unmittelbarer Evidenz – keine „mathematische" Gewissheit eintreten muss. Die Freiheit des Menschen ist im Spiel. Im günstigen Fall zeigen mehrere Kriterien als eine Art Bündelargument in eine Richtung. Es handelt sich um keine Technik, sondern um eine Herangehensweise, die aus der Vertrautheit mit Christus „Bauch" und „Kopf" verbindet, um mehr Klarheit zu erlangen.

Die geistliche Überlieferung kennt auch die „Unterscheidung in Gemeinschaft". Sie ist z. B. verankert in Ordensregeln, praktiziert von Geistlichen Gemeinschaften, Pfarrgemeinden oder von Diözesen, insofern allerorts fällige Neustrukturierungen auch spirituelle Vorgänge sein wollen. Hier ist die Gemeinschaft der Raum der Unterscheidung, um Probleme und Ziele zu erheben. Es gilt, Ziel und Mittel bzw. Wege, sowie Absichten und Folgen zu unterscheiden. Während des Fragevorgangs ist auf die jeweils begleitenden inneren Regungen und ihre Folgewirkung zu achten: Handelt es sich um konstruktive oder destruktive Bewegungen?

Kriterien geistlicher Unterscheidung

Das Neue Testament erwähnt Kennzeichen, an denen das Wirken des Heiligen Geistes abzulesen ist: moralische (z. B. Mt 7,20: *Früchte*), psychologische (*Freude*, vgl. Gal 5,22–23) und dogmatische Kriterien (1 Kor 12,3; 1 Joh 4,2). „Trost" darf als Grundkriterium gelten: Was auf Dauer und tiefgreifend (nicht oberflächlich kurz) froh macht, kommt vom guten Geist her. Soll eine Anregung von Gott kommen, führt sie zu mehr Frieden und zu wahrer innerer Freude. Für die Praxis geistlichen Lebens sind darüber hinaus diese zwei Kriterien wichtig:

(1) In „Trostlosigkeit", also in Zeiten innerer Unruhe und Verwirrung, ist an einer Grundentscheidung festzuhalten.

(2) Es gibt eine Versuchung zum Bösen „unter dem Anschein des Guten" (lat. *sub specie boni*).

Die folgende Aufzählung von Georg Mühlenbrock SJ orientiert sich an den Unterscheidungsregeln, wie sie Ignatius von Loyola in den GÜ zusammengestellt hat[10]:

Im Allgemeinen spricht f ü r die Herkunft vom Geist Gottes:
* Wenn für ein Vorhaben gute Motive zur Verfügung stehen.
* Wenn auf Dauer die nötige Zeit und Kraft dafür gegeben ist.
* Wenn sich etwas gut einfügt in den Rahmen anderer Aufgaben und Verpflichtungen.
* Wenn sich etwas „wie von selbst" nahelegt.
* Wenn ich bei der Erwägung eines Vorhabens ein gutes Gefühl habe, mag das Vorhaben auch (für mich) schmerzlich und hart sein.
* Wenn vorstellbar ist, dass auch Jesus so entscheiden und handeln würde.
* Wenn ich mich bei einem Vorhaben in guter Gesellschaft befinde.
* Wenn ein Vorhaben in mir Glauben, Zuversicht und Vertrauen hervorruft bzw. herausfordert.
* Wenn es der Liebe dient, Ausdruck der Liebe ist und sie stärkt.

Im Allgemeinen kommt n i c h t vom Geist Gottes:
* Was über meine Kräfte geht, permanent überlastet und überfordert.
* Was nur mit äußerster Anstrengung, mit Gewalt und Kampf verwirklicht werden kann, mit viel Hektik und Hast verbunden ist und Ängste auslöst.
* Was maßlos und verstiegen anmutet, aufsehenerregend und sensationell auf mich und andere wirkt.
* Was ich nur mit dauerndem Widerwillen und Ekel tun kann.
* Was sich ordinär, primitiv und unästhetisch gibt.
* Was kleinlich, haarspalterisch und verstiegen-versponnen wirkt.

- Was keine Erdnähe hat und nicht konkret werden kann.
- Was lieblos ist und sich für mich und andere destruktiv auswirkt.
- Was nicht zu der Art und Handlungsweise Jesu passt, wie ich ihn kennengelernt habe.

Erinnern wir uns: Auslöser für die „Wüstenbewegung" war die Suche nach Gott und nach dem Gebet. Daher ist die Wüste ein Ort des Pascha-*transitus*, an dem wir uns etwas eingehender mit dem Gebet befassen. Später werden uns andere Orte erneut auf dieses Thema bringen.

Die frühchristlichen Asketen waren überzeugt: Die Gottvergessenheit ist der Ursprung der Sünde. Das Gegenmittel ist, sich an die Gegenwart Gottes zu erinnern. Diese Einsicht wurde mit dem biblischen Auftrag *Betet ohne Unterlass!* (1 Thess 5,17)[11] in Verbindung gebracht. „Unablässiges Beten": Was ist damit gemeint?

„Unablässiges Beten"

Das Gebet der Mönchsväter ließ sich von der Bibel anregen, vornehmlich durch die Psalmen. Es war schlicht und kurz gehalten, dafür aber häufig:

> „Einige fragten den Abbas Makarios und sagten: Wie müssen wir beten? Da sagte ihnen der Alte: Es ist nicht nötig zu schwatzen, sondern die Hände auszubreiten und zu sagen: Herr, wie du willst und weißt, erbarme dich. Wenn aber eine Versuchung (peirasmós) auf dir liegt: Herr, hilf. Denn er selbst kennt das Zuträgliche und hat an uns Erbarmen." (WdV 472; I 182)

Während der Arbeit wurde halblaut ein Bibelvers rezitiert. Hier setzt das frühchristliche Verständnis von Meditation (lat. *meditari*, „über etwas nachsinnen") an: ein Auswendiglernen und konzentriertes Vorsagen von Bibelversen. „Unablässig betet", wer die Bibel betrachtet und ihre Worte auswendig meditiert. Die Praxis der sog. geistlichen Lesung (lat. *lectio divina*) – „die Bibel beten" – hat hier ihren Ursprung.

Das aufmerksame Rezitieren diente der Vertiefung und der Begegnung mit Christus. Dahinter steht die Überzeugung: Auch im Alten Testament spricht Christus. Denn die Heilige Schrift ist eine Einheit.

Nach und nach entwickelte sich zusätzlich das (Psalmen-)Gebet zu fixen Zeiten. Festgesetzt wurden diese mit den Einschnitten, die der Verlauf der Sonne vorgab, sowie durch Zeitangaben, die den Berichten über die Passion Jesu oder der Geschichte der Jerusalemer Urgemeinde entnommen wurden. Das regelmäßige Einhalten bestimmter Gebetszeiten ist eine Weise „unablässigen Betens", weil es eine Gebetsverfassung ermöglicht. Der Gefahr, durch Absolvierung eines Gebetspensums dem eigentlichen Anspruch zu entgehen, war man sich bewusst: „Der wahrhafte Mönch muss ohne Unterlass beten und in seinem Herzen psalmodieren." (WdV Nr. 198; I 91)

 ### Die Übung der Gegenwart Gottes

Die geistliche Überlieferung des Christentums kennt lange schon Übungen und Lebenshaltungen, die dem heutigen Verständnis von Achtsamkeit entgegenkommen. Dazu zählt die „Übung der Gegenwart Gottes". Sie ist vor allem mit dem Karmeliten Lorenz von der Auferstehung (1614–1691) in Verbindung zu bringen. Gott ist da und ständig anwesend: *Denn in ihm leben wir, bewegen wir uns und sind wir* (Apg 17,28). Gott ist da, auch wenn dies meiner Sinneswahrnehmung verborgen ist. Die „Vergegenwärtigung Gottes" bedeutet: Ich denke bewusst daran, dass das, was ich glaube, Wirklichkeit ist. In Abständen erinnert durch ein Signal meines Smartphones, sammle ich mich einen Augenblick, um innerlich ich selbst zu sein (so, wie ich mich gerade vorfinde). Ich denke daran: Gott ist da – so wie jede andere anwesende Person. So mag die Bereitschaft wachsen, einen Schritt weiterzugehen: Ich spreche dieses geheimnisvolle Gegenüber als „Du" an (nur diese beiden Buchstaben). – Dann gehe ich wieder an meine Arbeit.

Christliche Askese

Spiritualität hat vor allem anderen mit Leben und Praxis zu tun. Wie alle Fertigkeiten muss man die spirituellen Dinge einüben und dann immer wieder üben (Askese von griech. *askeín*, „üben") um sie weiter ausüben zu können. Unermüdlich das Training aufnehmen, zielt also weniger auf Fehlersuche als auf Optimierung. Doch weil Christentum Begegnung ist, geht es um mehr als um geistlich verbrämte Selbstoptimierung. Ziel jeder geistlichen Übung ist, die Fähigkeit zur Begegnung mit Gott, dem Mitmenschen, mit sich und mit der Welt auszuprägen und zu verfeinern.

Versöhnung üben

Christliche Askese ist mehr eine Übung der Versöhnung als der Selbstverleugnung. Sie übt einen bestimmten Gebrauch „der Dinge" ein, nämlich diese so weit zu gebrauchen, als sie dem Glaubenden „für sein Ziel helfen" (Ignatius von Loyola, GÜ 23). Aus dieser Übung wächst die Haltung der Klugheit, der Weisheit und des Maßhaltens. Askese hilft, den Geschenkcharakter alles Geschaffenen wahrzunehmen. Sie macht sensibel für die Frage: Was brauche ich – wirklich? Was braucht die Welt? Was brauchen meine Mitmenschen? Was braucht Gott? So führt Askese zu den Wurzeln authentischen Menschseins.

Verzicht üben

Zweifellos hat Askese mit Verzicht zu tun. Heute wird das zur Überlebensfrage. Ohne Verzicht wird die Menschheit auf diesem Planeten nicht überleben. Askese ist auch eine Chance,

> „vom Konsum zum Opfer, von der Habgier zur Freigebigkeit, von der Verschwendung zur Fähigkeit des Teilens überzugehen, in einer Askese, die bedeutet, geben zu lernen und nicht bloß aufzugeben. Es ist eine Weise des Liebens, schrittweise von dem, was ich möchte, zu dem überzugehen, was Gottes Welt nötig hat. Es ist eine Befreiung von Ängstlichkeit, Habgier und Zwang." (Papst Franziskus, *Laudato si'* 9)

„Askese der Schwachheit"

Askese ist ein Sich-Einüben in die eigenen Möglichkeiten und die eigenen Kräfte. Aber christliche Askese ist darüber hinaus ein Sich-Einüben auf die Gnade. Die Gnade Gottes interessiert sich für unsere Schwachheit. André Louf (1929–2010) nennt das Sich-Einspielen auf das Geheimnis von menschlicher Schwachheit und göttlicher Gnade „Askese der Schwachheit". Gott lässt nicht zu, dass „jemand – und sei es auch unbewußt – sich als Pharisäer aufstellt. Irgendwie lässt Gott die verwundbarste Stelle in diesem Menschen nach oben kommen, um ihm gerade dort mit seiner Gnade zu helfen."[12] Das Scheitern und das demütigende Eingeständnis eigener Schwachheit öffnen für die Kraft Gottes (vgl. 2 Kor 12,7–9). Ich verzichte, das Entscheidende selbst tun zu wollen. Die Verbindung mit dem Pascha-Mysterium liegt im Kreuz Christi. Hier wurden Stärke und Schwäche sozusagen auf den Kopf gestellt und neu bestimmt.

Digital Detox als Fasten

Fasten ist eine überlieferte asketische Praxis. Sein Ort ist die Religion, aber auch die Politik oder die Kunst. Wie könnte zeitgemäßes Fasten ausschauen? Das Smartphone ist längst ein unverzichtbares Medium der Kommunikation. Der Blick darauf ist zur Gewohnheit, ja zum Habitus geworden. Muss ich tatsächlich ständig erreichbar sein? Oder wurzelt der Stress in der Sorge, etwas zu verpassen? Handy-Fasten oder ein generelles *Digital Detox* („digitale Entgiftung") könnte bei der Suche nach dem rechten Maß der Mediennutzung hilfreich sein. Das Experiment geht dahin, die eigene Umgebung bewusster wahrzunehmen, wieder mehr das persönliche, „physische" Gespräch zu suchen und dadurch die eigenen Gewohnheiten zu überdenken. ‚Ich bin dann mal offline' hilft, das Maß neu auszuloten und eine bewusste Nutzung anzustreben.

Neben den Mönchsvätern kennt die christliche Glaubensgeschichte viele Männer und Frauen, in deren Leben die „Wüste" (in allen Bedeutungsnuancen) eine Rolle spielte. Charles de Foucauld, am 15. Mai 2022 heiliggesprochen, ist einer von ihnen.

Charles de Foucauld (1858–1916): die Wüste bestehen

„Bruder Karl" (wie er auch genannt wird) musste lange suchen, um seinen Platz – den „letzten Platz" – zu finden: 1858 in Straßburg geboren, verlor früh seine Eltern und mit 16 Jahren den Glauben; haltloses, ausschweifendes Leben auf der Militärakademie, 1881 Bewährung bei einem Einsatz in der Sahara, danach Abschied vom Militär; Forschungsreise durch Marokko (1883/84), dabei intensive Begegnung mit gläubigen Muslimen und Erlebnis der Wüste; Nähe zu seiner gläubigen Kusine Marie de Bondy, unter ihrem Einfluss Ende 1886 Bekehrung; hörte eine Predigt über den „letzten Platz" Jesu, daraufhin Suche nach einer Weise, das verborgene, arme Leben Jesu in Nazaret nachzuahmen; tiefe eucharistische Frömmigkeit; 1901 Priesterweihe in Frankreich, dann Suche nach dem „Leben von Nazaret unter den verlassensten Menschen" in der Sahara; am 1. Dezember 1916 von plündernden Aufständischen in seiner Einsiedelei in Tamanrasset (Algerien) erschossen.

Die Wüste erlebte Charles de Foucauld das erste Mal im Rahmen eines Militäreinsatzes in Algerien. Seither ließ ihn die Faszination dieser Urlandschaft nicht mehr los. Nach unruhiger Suche, in der die Gottesfrage vorrangig wurde, erlebte Charles de Foucauld 1886 seine Bekehrung: „Sobald ich wusste, dass Gott existiert, konnte ich nur noch für ihn leben." Nach einer Zeit in einem Trappistenkloster in Syrien lebte Bruder Karl im Klarissen-Kloster in Nazaret als Hausbursche in einer einfachen Holzhütte. Viel Zeit verbrachte er im Gebet, um sich vom Leben Jesu durchdringen zu lassen:

> „Mein inneres Leben ist die Vereinigung mit Jesus in den verschiedenen Abschnitten seines Erdenlebens … und ich bleibe so viel wie möglich zu Füßen des Allerheiligsten: Jesus ist da […] Ich versuche, die wohltuende Einsamkeit auszunutzen, um zu betrachten, zu lesen und mich von Gott formen zu lassen."

Die Einsiedelei, die Bruder Karl am Rand der Sahara errichtete, war offen für alle: Bewohner der Oasen, Karawanenreisende, Soldaten usw. „Ich möchte, dass alle Einwohner, Christen, Moslems, Juden und Heiden mich als ihren Bruder, den Bruder aller Menschen betrachten."

Nach und nach erkennt Bruder Karl seine Berufung: Bruder aller Menschen sein, und dies auf dem „letzten Platz"; das verborgene Leben Jesu in Nazaret nachleben, vor allem unter den verlassensten Menschen; unter den Menschen, die der Wortverkündigung unzugänglich sind, „das Evangelium von den Dächern rufen durch sein Leben"; Anbetung und Gastfreundschaft. Charles de Foucauld hob den Stellenwert der „Wüste" für ein geistliches Leben hervor:

> „Man muss die Wüste durchqueren und in ihr verweilen, um die Gnade Gottes zu empfangen. Dort treibt man alles aus sich heraus, was nicht Gott ist. Dort wird dieses kleine Haus unserer Seele vollständig entleert, um den ganzen Raum Gott allein zu überlassen. [...] Das ist unabdingbar. Dies ist eine Zeit der Gnade. Jeder Mensch, der Frucht bringen will, braucht diese Zeit notwendigerweise."[13]

Wir sahen: Die Wüste ist ein spirituell aufgeladener Ort. Es ist kein Wunder, dass das Motiv „Wüste" in der Geschichte der Frömmigkeit präsent ist, etwa in der Kartäuserspiritualität (10./11. Jh.), in der sog. Deutschen Mystik (13./14. Jh.) oder in den Jerusalem-Gemeinschaften (20. Jh.). Viele spirituelle Reformansätze entstanden mit der Lektüre der Wüstenväter und mit eremitischen Experimenten – bis heute! Die Wüste ist Ort des Gebetes und des Schweigens vor Gott, aber auch der geistlichen Trockenheit. Diese Zeit innerer Leere und Dürre anzunehmen und auszuhalten, ist schwer. Doch der österliche Übergang kennt eben auch solche Wüstenetappen. Als Devise gibt es dafür oft nicht viel mehr als den Appell „hindurch" ...

Der Ort, den wir im folgenden Abschnitt behandeln, mag befremden: die „Welt". Ist das nicht selbstverständlich? Vom Auszug aus und vom Durchgang durch die Welt handeln die biblische und noch mehr die asketisch-monastische Überlieferung. Die Welt ist der Ort des Pascha-*transitus*. Das „Leben im Übergang" findet in der Welt statt. Ist nun die Welt – das ist auch die je konkrete Lebenswelt, die Gesellschaft etc. – Hilfe oder Hindernis, um zu Gott zu gelangen? Sollen die Glaubenden die Welt mitgestalten oder sich von der Welt distanzieren? Die Antwort hängt davon ab, was mit „Welt" gemeint ist. Denn in der Bibel und in der geistlichen Überlieferung ist „Welt" ein oszillierender Begriff.

3. Welt

Für die Bibel ist „Welt" zunächst die gute, durch das Wort Gottes ins Dasein gerufene Schöpfung (vgl. Gen 1–2). Sie ist die Wohnstätte des Menschen und *sehr gut* (Gen 1,31). Doch die (Menschen-)Welt hat das Einvernehmen mit Gott verlassen. Seither ist sie von der Sünde geprägt. Sie steht in der *Knechtschaft der Vergänglichkeit* (Röm 8,21) und bedarf der Erlösung. Zur Welt, insofern sie von der Sünde infiziert ist, ist also Distanz angebracht:

> *Liebt nicht die Welt und was in der Welt ist! Wer die Welt liebt, in dem ist die Liebe des Vaters nicht. Denn alles, was in der Welt ist, die Begierde des Fleisches, die Begierde der Augen und das Prahlen mit dem Besitz, ist nicht vom Vater, sondern von der Welt.* (1 Joh 2,15–16)

Eine so verstandene „Freundschaft mit der Welt" ist folgerichtig *Feindschaft mit Gott* (Jak 4,4). Trifft diese Sichtweise auf das vorhin erwähnte eschatologische Bewusstsein (die Zeit bis zum Ende ist kurz!), ist Weltskepsis (lat. *fuga saeculi*) das Ergebnis. Da mit Jesus Christus die Gottesherrschaft begonnen hat – diese Überzeugung zählt zur Mitte des christlichen Glaubens –, entspricht eine gewisse Weltdistanz dem Christentum. Das Christliche ist mit dem Weltlichen nicht einfach identisch.

Weltverachtung kann damit aber nicht gemeint sein. Denn hinter ein Ereignis kann ein christliches Welt-Verständnis nicht mehr zurück: die Inkarnation. Die Fleischwerdung des Logos bestimmt das Verhältnis von Gott und Welt bzw. Mensch neu. Seither trennt die Welt mit ihrer Geschichte nicht von Gott, sondern trägt in sich die Möglichkeit, mit Gott zu verbinden. Welt ist ein Ort der Begegnung mit Gott. Für Spiritualität bedeutet das: Die Begegnung mit Gott hat stets welthaften, weltbezogenen Charakter.

„Welt" ist also der gute, schöne, von Gott geschaffene Kosmos, aber auch die gottwidrige, noch nicht im Einklang mit Gottes Gerechtigkeit befindliche Welt (lat. *saeculum*). Nicht Gott und Welt sind Gegensätze, sondern In-Beziehung-Sein und Auf-sich-selbst-bezogen-Sein (oder Alles-an-sich-Binden). Es ist also auf den jeweiligen Zusammenhang zu achten, wie „Welt" zu verstehen ist.[14] Der Weg zwischen totaler Welt-Verneinung einerseits und Welt-Vergötzung andersseits ist je zu suchen. Bibel und christliche Überlieferung kennen beides, Weltdistanz und Weltverantwortung aus Liebe zur Welt.

4. Jabbok

Die Erzählung von Jakobs Ringkampf am Jabbok (Gen 32,23–33) verbindet das Motiv des *transitus* mit jenem des Kampfes. Jakob nahm in der Nacht *seine beiden Frauen, seine beiden Mägde sowie seine elf Kinder und durchschritt die Furt des Jabbok* (Gen 32,23). Nachdem er alles *hinübergeschafft* hatte und er wieder allein war, *rang mit ihm ein Mann, bis die Morgenröte aufstieg* (V. 25). Die jüdische Tradition erkennt im unbekannten „Gegner" Gott selbst oder zumindest ein himmlisches Wesen, einen Engel. Der Kampf hinterlässt bei Jakob eine massive Wunde (V. 26).

Pascha und Kampf

Für den spirituellen Weg ist festzuhalten: Es gibt einen Zusammenhang zwischen dem „Durchschreiten einer Furt" (also einem Pascha-*transitus*) und der Dimension des Kampfes. Jakob kämpft mit Gott und wohl auch mit sich selbst. Darin zeigt sich: Die Begegnung mit Gott ist nicht harmlos. Die Konfrontation ist Teil des geistlichen Weges. Der innere Weg muss keineswegs ruhig und friedvoll verlaufen. Im Gegenteil, der Kampf ist notwendig und vorgesehen. Das betonen die Kirchenväter wie etwa Origenes:

> „Seitdem das Wort Gottes in deine Seele gelangt ist, wird in dir notwendigerweise ein Kampf der Tugenden gegen die Laster entfacht. Bevor aber das Wort kam, um die Laster ans Licht zu bringen, lebten sie in Frieden in dir; aber wo das Wort Gottes begonnen hat, von einem jeden eine Entscheidung zu fordern, da entsteht eine große Verwirrung und ein Krieg ohne Friedensschluss".[15]

Doch auch in der Anfechtung ist eine österliche Dynamik wirksam. Während des zähen Ringens geht die *Morgenröte* (Gen 32,27) auf. Glaubende wissen sich, wenn sie innerlich kämpfen, bereits „dem österlichen Mysterium zugesellt und dem Tod Christi gleichgestaltet".[16] Gekämpft wird im österlichen Licht – hoch engagiert, aber nicht verzweifelt-verbissen, denn Christus hat den Tod schon überwunden. Von dieser Zuversicht singt die Oster-Sequenz. Sie handelt ja von einem „Zweikampf":

Tod und Leben, die kämpften unbegreiflichen Zweikampf; /
des Lebens Fürst, der starb, /
herrscht nun lebend.[17]

„Kämpfen für Christus" (*militia Christi*)?

Die Metaphorik des Kampfes wurde von Paulus aufgegriffen (Eph 6,10–20). Die spätere geistliche Überlieferung nahm das Motiv auf und sprach von der *militia Christi* – dem „Militärdienst für Christus". Im Blick auf das, was Kriege in der Menschheitsgeschichte angerichtet haben, ist dieser Sprachgebrauch problematisch. Religion wird ja bis heute für militärische Zwecke instrumentalisiert. Aber Paulus bezieht, wie Simon Peng-Keller betont, die Metaphorik des Kampfes „aus einem sportlichen und nicht aus einem kriegerischen Zusammenhang".[18] Der Kampf ist hier ein Wett-Kampf und hat eine Nähe zum Spiel. Nicht grimmige Verbissenheit, sondern freudige Dankbarkeit für den Sieg Christi am Kreuz motiviert den Lauf in der Nachfolge Christi. Das Ziel ist kein blutiger Triumph über den Feind, sondern die *himmlische Berufung Gottes in Christus Jesus* (Phil 3,14).

Nochmals: Die Rede vom „geistlichen Kampf" ist christlich, wo der Indikativ des Segens (Gen 32,27.30) und der Verheißung den Ton angibt. Davon ist auch Paulus überzeugt: Er fühlt sich *von allen Seiten in die Enge getrieben*, weiß nicht mehr *aus und ein*. Aber er weiß sich mit dem Leiden Jesu und dem österlichen Sieg Christi verbunden. Das schenkt ihm Gelassenheit (2 Kor 4,7–18).

Der Kampf mit dem Unbekannten fügt Jakob eine schwere Verletzung zu: Sein Hüftgelenk ist ausgerenkt (Gen 32,26). Ab nun erinnert jeder Schritt an diesen Kampf: *Er hinkte an seiner Hüfte* (Gen 32,32). Damit ist einmal mehr deutlich: „Leben im Übergang" ist, wenn es sich am Pascha Israels und am Pascha Jesu Christi orientiert, nicht einfach etwas, was nur guttut (in Sinn einer einseitigen

„Wellness- oder Wohlfühl-Spiritualität"). Die Begegnung mit Gott ist eine „Heraus-Forderung". Ihre Resonanz kann mitunter leiblich-somatische Auswirkungen haben.

Vulnerabilität

Jakobs Hinken lässt an ein Phänomen denken, dass in der Geschichte christlicher Mystik seit Augustinus bekannt ist: die *Transverberation* (Herzverwundung).[19] Die Tradition der „Liebeswunde" geht auf patristische Interpretationen von Hld 2,5 *(ich bin krank vor Liebe)* zurück. Häufig berichten Mystikerinnen des Mittelalters von dieser Erfahrung (Beatrix von Nazaret, Mechthild von Hackeborn, Gertrud von Helfta). Teresa von Ávila behandelt dieses Thema ausführlich. Sie erzählt, „einige Male" eine Vision gehabt zu haben, wie ein Engel einen feurigen Pfeil in ihr Herz stößt. Das Herausziehen des Pfeiles verursachte ihr wonnevollen Schmerz: „Es ist dies kein leiblicher, sondern ein geistiger Schmerz, auch wenn der Leib durchaus Anteil daran hat, und sogar ziemlich viel."[20] Teresas innere Erfahrung hatte leibliche Auswirkung, zu spüren als paradoxe Erfahrung von Schmerz und Wonne zugleich.

„Vulnerabilität" (von lat. *vulnus*, „Wunde") beschäftigt seit einigen Jahren auch die christliche Theologie. Durch die Fleischwerdung in Jesus von Nazaret machte sich Gott verwundbar. Jesus lebte Verwundbarkeit von Geburt an bis zu seinem Tod am Kreuz. Im Gegensatz dazu sucht man heute nach Strategien, Verwundungen zu vermeiden. Das Annehmen der eigenen Verwundbarkeit ist eine menschliche und geistliche Aufgabe. In weiterer Folge ergibt sich die ethische wie spirituelle Frage: Wo ist es notwendig, sich selbst und die eigene Gemeinschaft zu schützen? Wo ist es notwendig, die eigene Verwundung zu riskieren, um human zu leben und in der Jesus-Nachfolge zu bleiben? Das Pascha Jesu Christi – es umfasst ja alle „Mysterien des Lebens Jesu" – zeigt, dass das Wagnis der Verwundbarkeit samt einer nicht nur möglichen, sondern tatsächlichen Verwundung Leben hervorbringt.

Die „Gnade des Nullpunkts"

Im nächtlichen Ringkampf mit einem Unbekannten erlebt der berechnende Jakob erstmals, nicht mehr Herr der Lage zu sein. Seine Zerbrechlichkeit und sein Unvermögen liegen offen. Jakob wurde verwundbar. Erst dadurch wurde er empfänglich für Gottes Segen. Er musste erst seine Selbstsicherheit ablegen, um für Barmherzigkeit empfänglich zu werden. Verwundbarkeit gerät zur „Echtheitsprobe" schlechthin, wie Tomáš Halík unterstreicht:

> „Einem Glauben, einer Kirche, einem Christus ohne Wunden kann ich keinen Glauben schenken. Alles, was uns auf dem religiösen Markt heute angeboten wird, sollten wir einer Echtheitsprobe unterziehen: Tragen die Angebote in irgendeiner Form Wunden an sich? Haben sie die Elemente des Tragischen, des Schmerzes, der Unsicherheit nicht ausgeschaltet? Sind sie nicht bloß [...] glänzende Angebote eines schnellen Weges zu Glück, Erfolg, Zufriedenheit? Christus zeigt uns seine Wunden, damit auch wir Mut haben mögen, unsere Verwundungen und Narben einzugestehen und sie nicht zu verhüllen."[21]

Der Kampf Jakobs ist ein Deuteangebot, einer erfahrenen Anfechtung Sinn abzuringen. Ereignisse, die als widerständig erlebt wurden, zeigen sich im Rückblick möglicherweise als Gottesbegegnung. Überhaupt ist die Auseinandersetzung mit der eigenen Versuchbarkeit und Abgründigkeit ein unumgänglicher Bestandteil des inneren Weges. Meist sind das Nicht-Bestehen und die Niederlage die größere Herausforderung und zugleich die größere Chance, im Glauben zu wachsen. Der Nullpunkt hat seine Gnade. Wird sie erkannt und angenommen, realisiert man das Ostergeschehen. Ostern heißt: Wieder-Aufstehen-Dürfen.

5. Nebo

Auf dem Weg durch die Wüste in das Gelobte Land erhält Mose vom Herrn den Auftrag:

Geh hinauf in das Gebirge Abarim, das du vor dir siehst, steig auf den Berg Nebo, der in Moab gegenüber Jericho liegt, und schau auf das Land Kanaan, das ich den Israeliten als Grundbesitz geben werde. (Dtn 32,49)

Mose gehorcht, steigt hinauf, wo ihm der Herr *das ganze Land zeigte* (Dtn 34,1). Wir behandeln diesen Aufstieg bereits hier in Kapitel II „Hindurch", weil es indessen Vergewisserung braucht, wohin es geht und was das Ziel ist. Für uns vorrangig ist, dass Mose von dieser Warte aus das Land *schaut*. Schon viel früher sollten ja einige Israeliten vorausgehen und *das Land erkunden* (Num 13,17). Das „Hinüber" wird leichter, wenn das Ziel schon aufscheint. Davon schenkt die Kontemplation eine Ahnung im Voraus. Wir fühlen aber auch das tragische Moment, dass Mose dort stirbt (Dtn 34,5).

Christliche Kontemplation

Der Begriff Kontemplation und seine Geschichte enthalten ein breites Spektrum von Bedeutungen. Um sich der Welt des Hellenismus verständlich zu machen, benutzte das Christentum dessen philosophische Tradition. Dort meinte die *theoria* das Bemühen, dem Geheimnis auf die Spur zu kommen und zu einer umfassenden Sicht der Wirklichkeit zu gelangen. Das lat. *contemplatio* hängt vermutlich mit lat. *templum* zusammen: Das ist der von den Auguren abgezirkelte Bereich, innerhalb dessen sie den Willen der Götter erkennen wollten.

Der klassische Stufenweg

Kontemplation haftet bis heute eine Aura des Besonderen an, weil sie in der geistlichen Überlieferung des Christentums über lange Zeit den Endpunkt eines geistlichen Weges bezeichnete.[22] Dessen Verlauf wurde so gezeichnet: Am Beginn steht die Aneignung des Wortes Gottes in der geistlichen Schriftlesung (lat. *lectio*). Es folgt die Verinnerlichung in der *meditatio* und darauf der Dialog im Gebet (*oratio*). Die *contemplatio* schließlich galt als das Höchste: das schweigende Ausgespanntsein auf das große Du, die intuitive Schau. Der Weg beginnt also im Wort der Heiligen Schrift, und – wichtig für das christliche Verständnis – auch die letzte Stufe bleibt unter dem Wort Gottes.

Vor diesem Hintergrund ist die Unterscheidung von meditativem und kontemplativem Gebet zu lesen. Der Schwerpunkt des meditativen Gebets liegt im Diskursiven und Aktiven. Es bezieht sich auf ein Wort Gottes und vertieft es thematisch. Kontemplatives Gebet dagegen beruht eher auf (richtig verstandener) Passivität, die sich das Verweilen in der Gegenwart Gottes schenken lässt. Es ist ein Einstimmen in den *Abba*-Ruf des Heiligen Geistes (Gal 4,6; Röm 8,15). Die Ermächtigung dazu wird in der Taufe geschenkt. Insofern gibt es eine allgemeine Berufung zur Kontemplation. Freilich: Dem Beten des Heiligen Geistes im Glaubenden muss erst der Weg freigeschaufelt und Raum zuerkannt werden. Auch wenn kontemplative Momente oft unerwartete Geschenke sind und sogar am Anfang eines Weges stehen können, bedarf es auf lange Sicht einer Entscheidung, eines langen Atems und konsequenter Übung.

„Von Angesicht zu Angesicht"

Kontemplatives Gebet (auch Ruhegebet, Geistgebet) ist personale Antwort des Menschen von *Angesicht zu Angesicht* (Gen 32,31).[23] Es handelt sich um das Geschenk einer Begegnung, die jetzt schon im Voraus kostet und erfährt, was später in Fülle erhofft wird:

> *Jetzt schauen wir in einen Spiegel und sehen nur rätselhafte Umrisse, dann aber schauen wir von Angesicht zu Angesicht. Jetzt ist mein Erkennen Stückwerk, dann aber werde ich durch und durch erkennen, so wie ich auch durch und durch erkannt worden bin.* (1 Kor 13,12)

Paulus verwendet Formulierungen im Präsens, auch dort, wo er ein Hoffnungsbild entwirft:

> *Wir alle aber schauen mit enthülltem Angesicht die Herrlichkeit des Herrn wie in einem Spiegel und werden so in sein eigenes Bild ver-*

wandelt, von Herrlichkeit zu Herrlichkeit, durch den Geist des Herrn. (2 Kor 3,18)

Kontemplation ist ein schlichtes, liebevolles Schauen auf die Wahrheit, die – christlich interpretiert – in einem Antlitz liegt, verborgen und offen in einem. Den Glaubenden ist das Erhoffte, nämlich die Nähe zu Gott, verborgen schon gegeben. Wer sich in den Pascha-*transitus* Jesu Christi hineinnehmen lässt, dem realisiert sich das Verheißene schon im Jetzt.

Kampf und Kontemplation

Die Verbindung von kontemplativem Geistgebet – auch „Glutgebet" (Johannes Cassian) – und Kampf entstammt dem monastischen Milieu. Dort ist zunächst der Kampf im Inneren gemeint. Aber es wäre ein Zeichen tatsächlicher Geistgewirktheit, wenn der kontemplative Kampf über das Innere und Private hinausgeht, um sich für Gerechtigkeit und Frieden in der Welt einzusetzen. Darauf macht Roger Schutz aufmerksam:

> „Wenn wir Christus mit kindlichem Vertrauen in uns beten lassen, werden eines Tages die Abgründe bewohnbar sein. Eines Tages, später einmal, werden wir feststellen, dass sich in uns eine Revolution vollzogen hat. Dieses Glück freier Menschen ist der Motor in unserem Kampf für alle Menschen, mit allen Menschen. Es bedeutet Mut, Energie, um Wagnisse einzugehen. Es ist überströmende Freude."[24]

Tod am Grenzfluss

Ist der HERR in unserer Mitte oder nicht? (Ex 17,7; vgl. Num 20,12–13): Dieser Zweifel steht für einen Bruch im Leben des Mose und in der Anfangsgeschichte Israels. Er hat zur Folge, dass erst die zweite Generation ins Land darf. Mose sieht das verheißene Land gerade noch vom Berg aus, dann stirbt er. Das Ersehnte vor Augen, muss er diesseits des trennenden Flusses bleiben. Warum diese Tragik, wo er doch sein Leben eingesetzt hat? Dies lässt nachdenken über die Macht der Sünde und die Solidarität in der Schuld. Darüber hinaus korrigiert sie irrige Vorstellungen von „Heilsgeschichte", als ob diese gradlinig verliefe. In jedes Leben ist ein nicht zu erwartender Bruch eingebaut. Die Situation des Mose steht für das Unvollendete und Ungelöste, für die ernüchternde Feststellung, ‚es nicht geschafft zu haben'. Was dann? Lässt sich das Fragmentarische mit dem Pascha Jesu Christi in Verbindung bringen? Leben im Übergang – das ist keine harmonische, logische, vorhersehbare Entwicklung. Die „Dynamik der Überschreitung" beginnt mit dem Zulassen der Wahrheit.

Einübung in kontemplative Praxis

Der kontemplative Weg ist, so Simon Peng-Keller, eine Antwort

> „auf die Sehnsucht nach Vereinfachung des Gebets, nach Verlangsamung des Lebens, nach Vertiefung geistlicher Erfahrung. Er führt von der Unruhe des Geistes zur Ruhe des Herzens, aus der Zerstreuung in achtsames Wahrnehmen, von vielen Worten zum erfüllten Schweigen."[25]

Zu einer kontemplativen Grundhaltung führt ein Übungsweg. Schon der Schritt vom Tun-Modus zum Sein-Modus fällt nicht gleich leicht. Das Ziel ist „ungeteilte Wahrnehmung" und Geistesgegenwart als ein „Innewerden von Gottes Wirklichkeit".[26] Eigens einzuüben ist die Bereitschaft, sich nicht an eine geschenkte Erfahrung zu klammern: Vollkommenheit besteht in der (vollkommenen) Liebe – und nicht in der kontemplativen Erfahrung davon.

Achtsamkeit (engl. *mindfulness*) ist ein dem Buddhismus entlehnter Begriff, der im Westen in verschiedene Zusammenhänge Eingang gefunden hat. Achtsamkeitstraining schärft die Sensibilität, damit ein Mensch wach die Verfasstheit seiner selbst, des Gegenübers oder der Umwelt wahrnehmen lernt, ohne vorschnell zu bewerten.

6. Grenzgebiet

Und es geschah auf dem Weg nach Jerusalem: Jesus zog durch das Grenzgebiet von Samarien und Galiläa (Lk 17,11): Die kurze Notiz des Evangelisten erwähnt eine mit dem unspezifischen Begriff „Grenzgebiet" bezeichnete Zone. Jesus „zieht hindurch". Im Rahmen unserer Vorgehensweise, die biblische Topographie, Topologie und Typologie zusammen sieht, stellen wir wieder die Frage, was sich daraus für den spirituellen Weg erkennen lässt, insofern er sich am Pascha-Weg Jesu orientiert.

Grenzen als menschliche Grunderfahrung

An Grenzen zu stoßen ist eine menschliche Grunderfahrung. Diese Feststellung mutet banal an. Und doch ist damit Leid verbunden, weil wir uns „an Grenzen stoßen". Grenzen zeigen dem Menschen, dass er ein endliches Geschöpf ist, eingebunden in geschichtliche, kulturelle und gesellschaftliche Situationen. Anderseits: Eine Grenze zu setzen, ist Ausdruck von Individualität und Schutz der Identität.

Grenzen überschreiten und wahren

Der Begriff Transzendenz (von lat. *transcendere*, „überschreiten") meint eigentlich die Fähigkeit des Menschen, über die Grenzen seines Vermögens und Erkennens hinauszudenken. Wo der Mensch das, was sinnlich erkennbar ist, überschreitet, ist er über sich hinaus verwiesen. Die Frage nach dem Transzendenten setzt ein.

In christlicher Perspektive hat Gott von sich aus immer schon die Grenze zwischen ihm und uns überschritten. *Gott ist Liebe* (1 Joh 4,8) – und Liebe ist immer ein Wagnis. Weil Gott Liebe ist und Liebe nicht anders kann, als aus sich herauszugehen, zählt das Überschreiten von Grenzen zur Wesensart Gottes. Die Fleischwerdung des Logos (Joh 1,14) bedeutet: In Jesus von Nazaret wird Gott ein Mensch, der sich den Bedingungen des irdischen Lebens unterwirft und sich eingrenzen lässt.[27] Für ein „Leben im Übergang", das sich am Weg Jesu orientiert, gilt beides. Gelegentlich geht es darum,

Grenzen zu überschreiten: Grenzen des Inneren (Egoismus, Kleinmut) und des Äußeren (Erwartungen, Rollenbilder, gesellschaftliche Vorgaben).

Im Blick auf den roten Faden der Geschichte zwischen Gott und Mensch wird man sagen dürfen: Gott liebt das Wagnis. Er hat sich in Schöpfung und Erlösung selbst ins Spiel gebracht und alles riskiert. Sich daran zu orientieren, ist – mit einem alten Wort – Großmut.

Allerdings: Bei allem Bemühen um Großmut ist es wichtig, um die eigenen Grenzen zu wissen und diese zu respektieren. Das ist eine Weise, der eigenen Geschöpflichkeit zuzustimmen. Das Wissen um den Schöpfer, der „jenseits" der Grenze die alles bestimmende Wirklichkeit ist, bewahrt vor Selbstüberschätzung, aber auch vor Angst und Verzweiflung. Hoffnung und Vertrauen werden möglich, bis hin zur Überantwortung an Gott in Freiheit. Damit kommt eine Haltung ins Spiel, die in der Bibel und in der geistlichen Überlieferung des Christentums eine zentrale Rolle spielt: die Demut.

Demut

Demut ist ein belastetes Wort. Ihr wird Unterwürfigkeit und Servilität unterstellt. Eine Ergebenheit, die das Gegebene hinnimmt, kann ja beides sein: echte Akzeptanz von innen her oder faule Feigheit, die nichts ändern will. Demut (lat. *humilitas*) ist die Grundhaltung eines Menschen, der weiß, was er ist: ein aus der Erde (lat. *humus*) von Gott geschaffenes Lebewesen. Der Mensch ist ein Nichts (Erde), aber als von Gott geschaffenes Lebewesen ist ihm die Unendlichkeit und Vollkommenheit Gottes zugänglich. Deshalb kann Teresa von Ávila Demut als „Wandeln in Wahrheit"[28] beschreiben: Sie ist die existentielle Wahrheit in Bezug auf den Menschen schlechthin (und somit nicht einfach eine Tugend neben anderen): „Das ist die wahre Demut: zu erkennen, was er [Gott] vermag, und was ich vermag."[29] Die Demut sieht nüchtern und dankbar, was es mit dem Menschen (im Licht des Glaubens) auf sich hat: Er ist schwach und unzulänglich. Aber er kommt von Gott und ist zur Gemeinschaft mit ihm berufen; nur Gott kann retten. Damit ist die Demut Ausgangspunkt des geistlichen Weges.

Demütig agiert, wer sich frei und souverän zurücknehmen kann. Um die eigene Größe und Kleinheit zu wissen, wirkt sich im Verhältnis zum Mitmenschen aus: „Demut heißt sich nicht vergleichen", sagt Dag Hammarskjöld.[30] Damit passt Demut nicht zur Dynamik eines kapitalistischen Systems, das von der Ökonomisierung des Vergleichens lebt. Folglich ist Demut wichtig für ökologische Sensibilität. Hat die Demut mit der Erdung des eigenen Lebens und Verhaltens zu tun, nimmt sie die Grenzen des Wachstums draußen und drinnen ernst und findet zu Bescheidenheit:

> „Was es braucht, um sich der Ökologie zu nähern, ist Demut. Es gibt in der Spätmoderne wohl kein menschliches Gefühl oder Verhalten, das weniger verlockend klingt und so abschreckend erfolglos ist wie Demut. Den Lauten, den Panischen, den Auftrumpfenden gehört die Welt. Und genau das ist das Problem. Ihnen gehört die Welt, und die Erde geht dabei kaputt. Doch den Demütigen gehört die Zukunft, denn ohne sie wird es keine Zukunft geben."[31]

Die geistliche Überlieferung hob stets die überragende Bedeutung der Demut für den inneren Weg hervor. Wegweisend blieben etwa die „Stufen der Demut", wie sie die Regel des heiligen Benedikt (Kap. 7) zeichnet.

Benedikt von Nursia (480–547): das weise Maß (*discretio*)

Das Maß finden ist Sache der Lebenserfahrung, mehr noch aber Ergebnis geistlicher Unterscheidung. Ein Zuviel ist auf Dauer schädlich, ein Zuwenig auch. Schon die frühen Asketen wussten: „Alles Übermaß ist von den Dämonen."[32] Der Mönchsschriftsteller Johannes Cassian (360– um 435) erklärt den Zusammenhang von Demut und Maß so:

> „Die Gabe der Discretio, die allein uns vor aller Maßlosigkeit bewahren kann, müssen wir durch Demut erlangen suchen. Ein altes (griechisches) Sprichwort sagt nämlich: […] Extreme berühren sich. Letztendlich kommt es aufs selbe heraus: übermäßiges Fasten – maßloses Essen, unmäßiges Wachen – Langschläfrigkeit, Exzesse der Enthaltsamkeit – apathische Nachlässigkeit. So konnten wir oft beobachten,

wie die durch Gefräßigkeit nicht Verführbaren durch übermäßiges Fasten zu Fall kamen: Waren sie zu sehr geschwächt, dann fielen sie oft in die Leidenschaft, die sie gerade besiegt hatten. Darum muß man nach dem Apostel ‚mit den Waffen der Gerechtigkeit mitten zwischen rechts und links' [2 Kor 6,7] hindurchgehen, also den goldenen Mittelweg zwischen zwei Extremen. Führerin ist die Discretio."[33]

Darauf konnte Benedikt zurückgreifen. Der umbrische Heilige weiß unter dem Stichwort *discretio* – „das weise Maß" – viel über den Umgang mit eigenen und fremden Grenzen zu sagen. Die Ordnung des Lebens soll ausgewogen sein und dem Individuum Raum lassen. Der Abt des Kloster möge Folgendes beherzigen:

„Bei geistlichen wie bei weltlichen Aufträgen unterscheide er genau und halte Maß. Er denke an die maßvolle Unterscheidung des heiligen Jakob, der sprach: ‚Wenn ich meine Herden unterwegs überanstrenge, werden alle an einem Tag zugrundegehen' [vgl. Gen 33,13]. Diese und andere Zeugnisse maßvoller Unterscheidung, der Mutter aller Tugenden, beherzige er. So halte er in allem Maß, damit die Starken finden, wonach sie verlangen, und die Schwachen nicht davonlaufen." (RB 64,17–19)

Die Rede vom Maß hat es heute schwer, weil sie an langweilige Durchschnittlichkeit und Mittelmaß denken lässt. Aber ohne ein Gespür für das, was passt, ohne Sinn für Stimmigkeit lassen sich Situation und Handeln nicht zusammenbringen.

Friede deinen Grenzen (Ps 147,14)

Es braucht Geduld und geistliche Unterscheidung, um das eigene Maß auszuloten und Demut einzuüben. Teresa von Ávila ermutigt dazu, ganz schlicht: „Macht euererseits, was ihr könnt."[34] Und Franz von Sales (1567–1622), der „Lehrmeister des übernatürlichen Gleichgewichtes", rät:

„Verlassen Sie sich auf seine [Gottes] Fürsorge und seien Sie überzeugt, dass er nur das zulassen wird, was für Sie das Beste ist, vorausgesetzt, dass Sie Ihrerseits eine ruhige Anstrengung entgegenbringen."[35]

Davon ließ sich auch Pius Parsch (1884–1954), Klosterneuburger Chorherr und Proponent der Liturgischen Bewegung, leiten. Seine Korrespondenz pflegte er so abzuschließen, dass er nach seiner Unterschrift noch die Devise anfügte: „Mit sanfter Zähigkeit".

Grenzgebiet – ein Landstreifen, der sich diesseits und jenseits einer Grenze auftut. Abgrenzungen, bezogen auf Weltanschauungen und religiöse Sinndeutungen, sind nicht immer präzise fassbar. Das ist an Esoterik erkennbar – ein schillerndes Thema, das genaueres Hinsehen erfordert.

Esoterik

Es gibt keinen einheitlichen Begriff von Esoterik. Die Herkunft des Wortes (griech. *eiso*, „drinnen") lässt das ursprüngliche Anliegen erahnen: eine innerliche Form von Religion. Wo Religion stark veräußerlicht, in Dogmen, Riten, Gebetsformeln und Institutionen erstarrt ist, findet sich der Ruf nach Verinnerlichung auch bei den Propheten des Alten Testamentes, bei Jesus und nicht so selten in der Geschichte christlicher Spiritualität, etwa in der *Devotio moderna* des 14. und 15. Jh.

Die Philosophenschulen gebrauchten dieses Wort ab dem 3. Jh., um das Besondere der jeweiligen Schule zu markieren: Ihre Lehren kennen nur die Insider. Seit dem 16. Jh. spricht man von „okkulten [geheimen] Wissenschaften" (Alchemie, Astrologie, Mantik [Wahrsagen]), die ein bestimmtes Sonderwissen tradieren, zu dem es nur einen begrenzten Zugang gibt. Esoterische Praktiken und Anschauungen sind also nur einem Innenkreis von Aufgeschlossenen verständlich. Sie zielen auf intensive Erfahrungen meditativer, mystischer oder heilpraktischer Art. Dabei knüpfen sie an ein verbreitetes Unbehagen an den etablierten („exoterischen") Wissenschaften und Religionen an.

Was früher in kleinen Zirkeln als „Systemesoterik" in mitunter anspruchsvollen Formen lebte, findet sich heute stark verbreitet als „Gebrauchsesoterik" wieder. Damit ist eine konkret im Alltag angewandte, vereinfachte Esoterik gemeint. Sie hat hohen Gebrauchs- und Erlebniswert, ist marktorientiert[36] und bietet verschiedenste ‚Wohlfühl'-Produkte und Dienstleistungen an: Flüssigkeiten, Steine,

Kräuterprodukte, energetische Reiniger etc. Meditationen, Rituale, geführte Gedankenreisen, ‚Channelings' und andere Methoden sollen das Immunsystem stärken (etwa angesichts der Bedrohung durch COVID-19) und zur Entschleunigung beitragen.

Kennzeichen

Esoterik umfasst ein breites Spektrum. Esoterischen Weltanschauungen gemeinsam ist ein Konzept von Einheit: Mensch, Natur, Kosmos und Gott bzw. das Göttliche bilden eine Einheit. Mensch und Natur sind Formen ein und derselben Lebenskraft (Monismus).

Die Esoterik nimmt eine „Weltseele" an, einen geistigen Grund der Welt. Der seelisch-geistige Kern des Menschen ist nur eine Individualisierung, eine Erscheinungsform dieser all-einen Energie. Der Mensch (genauer: sein „feinstofflicher", seelisch-geistiger Kern) ist mit der unsterblichen feinstofflich-geistigen Energie des Kosmos über sieben Hauptzentren (Chakras) und Energiekanäle verbunden. Eine Kommunikation mit der feinstofflich-geistigen Sphäre ist möglich: über Visionen, mystische Einheitserlebnisse, Intuitionen, spiritistische Kundgaben, über das meditative, inspirierte Achten auf die „innere Stimme". Dabei empfängt der Mensch sittliche und psychosomatische Kraft. Die Annäherung erfolgt in jedem Fall nur durch je eigene Erfahrung, nicht auf dem Wege logischer Beweisführung.

Esoterik ist von Reinkarnation überzeugt: Der Mensch legt im Tod seinen grobstofflichen Leib wie eine verbrauchte Hülle ab, um in eine höhere Sphäre einzutreten. Es folgt, nach einer Zeit der Läuterung, eine neue Verkörperung auf der Erde. Diese unterliegt dem Karmagesetz.

Meditation im Sinne der Esoterik ist bestrebt, feinstoffliche Lebensenergien zu sammeln, um dadurch eine höhere Evolution des Bewusstseins und den Sprung zum „neuen Menschen" herbeizuführen. So wachse die Einheit mit dem kosmischen Selbst und eine höhere Erkenntnis; eine solche wäre über die etablierten Wissenschaften aus Sicht der Esoterik nicht zu erreichen.

Rechte Esoterik

Mit Ausbruch der COVID-19-Pandemie war ein Schulterschluss zwischen Esoterikern, Anhängern von Verschwörungsideologien und der rechtsextremen Szene zu beobachten. Querverbindungen der Szenen gab es bereits zuvor, zumal die Übergänge fließend sind.[37] Esoteriker wie Verschwörungsgläubige gehen von drei Grundannahmen aus: „Nichts passiert durch Zufall“, „Nichts ist, wie es scheint“, „Alles hängt mit allem zusammen“. Das Verhältnis zur Welt ist von tiefem Misstrauen geprägt. Mit dem Anspruch, über ein spezielles, geheimes oder höheres Wissen zu verfügen (Neo-Gnosis), hebt man sich von der unwissenden und „schlafenden“ Masse ab. Die Folge ist eine dualistische Weltsicht und Schwarz-Weiß-Denken. Dazu kommt ein hohes Interesse an parawissenschaftlichen, angeblich von Interessengruppen oder vom „Mainstream“ unterdrückten Wirklichkeitsdeutungen.[38]

Bereits bei historischen Ablegern der Systemesoterik gab es rassistische und antisemitische Tendenzen. Diese werden heute – teils in codierter Form – neu aufgegriffen. Man versucht, ein Klima gesamtgesellschaftlicher Verunsicherung zu erzeugen und das Vertrauen in die Institutionen zu untergraben. Rechte Esoterik liefert auf diesem Weg gedankliches Material für antidemokratisches und antipluralistisches Denken.

An dieser Stelle können nicht alle Verbindungen zwischen Esoterik, Verschwörungsmythen und Rechtsextremismus dargelegt werden. Matthias Pöhlmann rechnet mit einer zunehmenden Hybridisierung: „Im Zuge von vielfältigen Pluralisierungs- und Individualisierungsprozessen in der religiös-weltanschaulichen Gegenwartskultur kommt es seither zu einer wachsenden Vermischung von rechtsextremen, antisemitischen, ufologischen, apokalyptischen und esoterischen Weltanschauungen. Die Digitalisierung ermöglicht unbegrenzte sowie weiterreichende Kombinationsmöglichkeiten“.[39]

Unterscheidung

Heutige Esoterik ist nachchristliche Spiritualität. Ihr Anspruch, den zeitgenössischen Materialismus zu überwinden, kann zur Verinnerlichung anregen. Doch zentrale Inhalte des christlichen Glaubens und Spiritualität sind mit Esoterik nicht kompatibel:

- Die einmalige und einzigartige Bedeutung der biblischen Christusoffenbarung in der Geschichte spielt in der Esoterik keine Rolle.
- Esoterik will das Materielle überwinden und ist leibfeindlich. Im Christentum hingegen hat das Leibliche und Materielle, ausgehend von der Verleiblichung Gottes in der Schöpfung und der Fleischwerdung des Logos in Jesus von Nazaret, einen hohen Stellenwert. Das zeigt sich nicht zuletzt im Glauben an die „Auferstehung des Fleisches".
- Die christliche Schöpfungslehre steht gegen eine monistische Sicht der Welt. Esoterik kennt darum kein göttliches „Gegenüber" (Gott als „Person", als „Du"). Es gibt kein dialogisches Verhältnis zu Gott als Geschehen einer je neuen Begegnung.
- Esoterik ist auf das Individuum bezogen. Kirche als eine für den Weg des Glaubens notwendige Gemeinschaft ist nicht von Belang.
- Esoterische Systeme sind häufig gnostizistisch: Erlösung geschieht durch einen Akt der Erkenntnis (griech. *gnósis*), der vom Individuum zu leisten ist (Selbsterlösung).
- Systemesoterik ist elitär: Zugang zum Geheimnis haben nur einige Auserwählte. In christlicher Sicht vermittelt der in der Taufe geschenkte Heilige Geist allen Getauften den Zugang zur innersten Gemeinschaft mit Gott – nicht nur einigen Auserwählten.
- Esoterik verweigert die Prüfung ihrer „Erfahrungen" an philosophisch-theologischen Kriterien. Christliche Spiritualität ist bereit, Rechenschaft zu geben über das, was sie erfüllt und motiviert (1 Petr 3,15).
- Esoterische Systeme binden die Zukunft des Menschen an das Karmagesetz. Dieses kennt keine Gnade. Christliche Spiritualität hofft, dass die Gnade Gottes stärker ist als alle Taten, die dem Menschen „nachgehen".

Saskia Wendel fasst die Unvereinbarkeit von Christentum und Esoterik so zusammen:

> „Der christliche Glaube speist sich aus einem konkreten Gottesver-
> ständnis, das in der Bibel tradiert ist: kein anonymer, all-einer Energie-
> oder Bewusstseinsstrom noch eine kosmische All-Einheit, kein unper-
> sönliches ‚Etwas' als Grund der Welt offenbart sich da, sondern Gott,
> JHWH, der ‚ich bin der der ich für euch da sein werde'. Ein als Subjekt
> und Person bestimmtes Gegenüber also, ein von Welt und Mensch
> bleibend unterschiedener Gott, der die Welt nicht mit Notwendigkeit
> aus sich heraus gesetzt hat, sondern aus freiem Entschluss aus Nichts
> geschaffen hat. Ein Gott, der sich unwiderruflich an sein Geschöpf
> gebunden und ihm Heil zugesagt hat; ein Gott, der sich in der
> Geschichte selbst mitgeteilt hat und der in Jesus von Nazareth einer
> von uns geworden ist."[40]

Eine kurze Standort-Bestimmung am Schluss dieses II. Kapitels:

Der Weg des geistlichen Pascha-*transitus* führt an die Grenzen
der Geschöpflichkeit, von denen einige anzunehmen sind (Demut),
andere aber liebend überschritten werden wollen (Großmut). Das
weise Maß (*discretio*) hilft im Umgang mit eigenen und fremden
Grenzen.

Wer den begonnenen Weg voranschreitet, erfährt immer wieder
Situationen des Durchgangs („hindurch"): Sie zeigen sich als ret-
tend in höchster Not (Schilfmeer), bereiten den Menschen für die
Begegnung mit Gott (Wüste), entlassen ihn gezeichnet daraus (Jab-
bok) und erwecken seine Sehnsucht neu (Nebo). Das Hier und Jetzt
des irdischen Lebens (Welt) kann seinen Weg behindern, ist aber
zugleich der Ort, an dem der inkarnierte Gott sich erfahren lässt.
Die Erdverhaftung des Menschen bringt ihn an eigene und fremde
Grenzen (Grenzgebiet), die einen maßvollen und wahrhaftigen
Umgang verlangen.

III. „HINAUF" – AUFSTIEG

Erinnern wir uns, woran wir christliche Spiritualität festmachen: als Leben im Übergang, vorgezeichnet im Pascha-*transitus* des Gottesvolkes Israel ins verheißene Land und im Pascha-*transitus* Jesu Christi. Nach einigen markanten Stationen, die von einem *Aufbruch* und einem *Durchgang* handelten, ändern wir die Perspektive: nach dem „Heraus" und dem „Hindurch" nun das „Hinauf". Im *Aufstieg* treffen wir auf markante, für den spirituellen Weg bedeutsame, *typische* Orte. Sie sind alle „oben" angesiedelt. Für das Folgende gilt: *Auf dem Berg lässt sich der HERR sehen* (Gen 22,14).

1. Horeb

Die Geschichte der Berufung des Mose beginnt mit einem lokalen Hinweis: *Eines Tages trieb er das Vieh über die Steppe hinaus und kam zum Gottesberg Horeb* (Ex 3,1). *Horeb* bedeutet „Trockenheit, Dürre". Auf einem Berg, mitten in der Einöde, zeigt sich der HERR dem Mose und seinem Volk. Für unser Thema „Pascha-Spiritualität" bieten sich mehrere Anknüpfungspunkte an:

- Der Berg Horeb ist ein Ort der Offenbarung. Gott ist initiativ und lässt sich sehen. Der Mensch empfängt. Wir behandeln einige Aspekte christlicher Mystik.
- Der Horeb ist Ort des Bundes und Ort der Gesetzgebung: Der HERR schenkt dem Volk die Gabe des Gesetzes. Es soll sich die Weisung ein Leben lang *zu Herzen nehmen*. Welchen Stellenwert hat die Heilige Schrift in der christlichen Spiritualität?
- Als Stätte der Offenbarung ist der Berg ein Sehnsuchtsort, den der Mensch erreichen will. Das Bild vom Aufstieg diente häufig als Modell für den spirituellen Weg.

- Im Umfeld der Horeb-Texte kommt mehrfach das Wort *heilig* vor. Worin besteht Heiligkeit? Was ist mit „Heiligung" bzw. „Heiligung des Alltags" gemeint?

Ort der Offenbarung

Zwei markante Stellen des Alten Testaments nennen den Horeb als Ort der Offenbarung. In Ex 3,1–6 lässt bereits die Ortsangabe auf Außergewöhnliches schließen: Mose geht *über die Steppe hinaus* (V. 1). Im Überschreiten einer Grenze stößt er, ohne zu wissen, auf den Gottesberg. Der HERR erscheint Mose in einem Engel, sichtbar in einem brennenden und nicht verbrennenden Dornstrauch (V. 2). Der Ort der Begegnung ist *heiliger Boden* (V. 5), denn der HERR gibt sich zu erkennen. Moses Reaktion ist das Verbergen des Gesichts (V. 6).

Genauso reagiert Elija bei Gottes Erscheinen (1 Kön 19,7–13). Auch die zweite markante Horeb-Stelle handelt von einem Gott, der sich zeigt – und zwar „anders". Wir beschäftigen uns im Folgenden mit der Frage: Wie zeigt sich Gott im Leben des glaubenden Menschen und im Leben der Kirche? Wie soll man sich das „Sprechen Gottes" vorstellen? Es geht also um christliche Glaubenserfahrung und Mystik, in einer allgemeinen und in einer christlichen Binnenperspektive. Das Thema wird einigen Raum beanspruchen. Auf dem Berg Tabor werden wir übrigens auf das Thema christliche Mystik zurückkommen.

 Wie spricht Gott?

Diese Frage ist für das geistliche Leben, insbesondere für das Gebet, zentral. Um hier weiterzukommen, werfen wir einen Blick in die Theologie. Sie arbeitet mit dem Begriff „Sakramentalität", denn Offenbarung ist wesentlich sakramental: Gott teilt sich sakramental mit. Sakramentalität ist eine Art und Weise, mit den Augen des Glaubens die Wirklichkeit zu „lesen". Hier müssen wir etwas weiter ausholen. Denn es handelt sich um eine Lebens- und Denkform, die geeignet ist, das gesamte Leben gläubig zu bestimmen.

Sakramentalität

In der Sicht des Glaubens bedeutet Sakramentalität, dass zwei Bezugsgrößen zusammengehören: Zwischen einer äußerlich sichtbaren, bezeichnenden Wirklichkeit und einer bezeichneten, unsichtbaren Wirklichkeit besteht eine untrennbare Verbindung. Die Schöpfung ist nach biblischem Zeugnis (vgl. Gen 1–2) der erste Schritt der sog. Heilsgeschichte. Bereits hier, im Gedanken von Schöpfung, ist

> „die ‚Grammatik' der Beziehung Gottes zu den Menschen mitgegeben [...], eine Grammatik, die darauf beruht, daß Gott im Schöpfungsakt seine Transzendenz, ohne sie aufzuheben, in die Immanenz der Welt hinein öffnet".[1]

Gott brachte die Welt aus Freiheit und Liebe hervor – durch sein Wort: *Gott sprach* (Gen 1,3 und öfter). Daran erinnert Salomo in seinem Gebet um Weisheit: *Gott der Väter und Herr des Erbarmens, du hast das All durch dein Wort gemacht* (Weish 9,1). Ihre Hervorbringung durch das Wort und die geistgewirkte Ausrichtung auf ihre Vollendung in Gott ist gewissermaßen das Wasserzeichen der Schöpfung: *Alles ist durch das Wort geworden und ohne es wurde nichts, was geworden ist* (Joh 1,3). Der Schöpfer hat der Schöpfung sozusagen sein Siegel aufgeprägt. Die Theologie nennt das (in einem analogen Sinn) „Sakramentalität der Schöpfung".

Auch die Geschichte, beginnend mit der Geschichte Israels, hat in der Sicht des Glaubens sakramentalen Charakter. Der Weg Gottes mit den Menschen ist sichtbar und greifbar. Durch geschichtliche Ereignisse, Zeichen und Worte, die miteinander einen Zusammenhang bilden, ist Gott den Menschen nahe. Darin teilt er ihnen seinen Willen mit und zeigt ihnen den Weg in ein wahrhaft humanes Leben.

Trifft das zu, dann hat Sakramentalität spirituelle Konsequenzen. Sie beinhaltet persönliche Kommunikation und Gemeinschaft zwischen Gott und den Gläubigen durch geschichtlich greifbare, konkrete – eben: „sakramentale" –Vermittlungen. Ihr entspricht der Gehorsam – im biblischen Ursinn des Wortes: jene Haltung des Hörens, die aus der Zugehörigkeit zu Gott kommt. Darum hat sich das Volk Gottes zu bemühen,

„in den Ereignissen, Bedürfnissen und Wünschen, die es zusammen mit den übrigen Menschen unserer Zeit teilt, zu unterscheiden, was darin wahre Zeichen der Gegenwart oder der Absicht Gottes sind. Der Glaube erhellt nämlich alles mit einem neuen Licht, enthüllt den göttlichen Ratschluß hinsichtlich der integralen Berufung des Menschen und orientiert daher den Geist auf wirklich humane Lösungen hin". (II. Vaticanum, *Gaudium et spes* 11)

Diese Sichtweise hat konkrete Folgen, bis ins Gebet hinein. Das wollen wir im folgenden Gedankengang ‚durchspielen'. Er zeigt, nebenbei bemerkt, den engen Zusammenhang von Theologie und Spiritualität.

 Gott hören?

Machen wir uns nochmals bewusst: Das Christentum ist eine Offenbarungsreligion. Das setzt zweierlei voraus: (1) Gott geht auf seine Schöpfung zu, macht sich vernehmbar und „spricht" den Menschen an. (2) Der Mensch als Adressat kann Gott „hören". Welche Art von „Hören" kann hier gemeint sein? Bringt sich Gott in Erfahrung, oder der Mensch selbst, der solche Situationen auf Gott hin deutet?[2] Daraus muss man keinen Gegensatz konstruieren. Gott handelt in der Welt nicht unmittelbar, sondern durch sog. Zweitursachen. Gott befähigt das Geschaffene und macht es zum Instrument seines Wollens und Wirkens. Das Sprechen Gottes ereignet sich also immer „durch": durch die Schöpfung, durch Propheten, durch Jesus Christus (vgl. Hebr 1,2), durch die Heilige Schrift, die Kirche, durch Ereignisse in der Welt und in der Geschichte. Instrument der Selbstkundgabe Gottes ist aber auch unser „Ich", also die je eigene Einsicht, Neigung, Vorstellungskraft, Phantasie etc. Fazit: Der Mensch „hört" im Gebet und im Nachdenken sich selbst und die eigenen Gedanken, Einfälle, Ideen. Doch es darf gelten: Wo jemand ehrlich Gott sucht, ist dieses Ich vom Heiligen Geist geleitet. Es ist mehr als nur „es selbst". In dessen geistigen Vollzügen ist bereits Gottes Heiliger Geist am Werk.

Wir befinden uns in jenem Abschnitt des Pascha-*transitus*, den wir als Aufstieg bezeichnen. Es geht „hinauf". Vom Weg zum Gipfel und von dem, was oben, angekommen in der Nähe Gottes, passiert, davon handelt Mystik.

Mystik

Eines vorweg: Mystik meint hier nicht zuerst die außergewöhnlichen Phänomene (Visionen, Auditionen, Ekstasen etc.) oder (abwertend) das Unverständliche und Irrationale, sondern die einfache, allen Christen (bzw. spirituell ernsthaft Suchenden) zugängliche, ganz innerliche Erfahrung Gottes im eigenen Leben. Damit beschäftigen sich Theologie, Religions-, Kultur-, Geschichts- und Literaturwissenschaft, Medizin, Philosophie und Psychologie. Die Vielfalt der fachwissenschaftlichen Zugänge erschwert eine Begriffsbestimmung. Eine übergreifend akzeptierte gibt es nicht.

Einige Vorbemerkungen

Das Wort „Mystik" leitet sich vom griech. *mystikós* („mit den Geheimnissen verbunden") her. Dieses ist dem Verb *mýein* = „(Augen und Mund) schließen, schweigen, stille sein, um eines Geheimnisses inne zu werden" zugeordnet.[3] Auf diese Herleitung kommen wir noch zurück. Mystik bezeichnet jene religiöse Erfahrung, die auf eine Einheit zwischen Subjekt und Objekt dieser Erfahrung hin tendiert. Das kommt in allen Religionen vor – und darüber hinaus. Die Zugänge und die geschilderten Erfahrungen sind unterschiedlich. Aber es gibt gemeinsame Merkmale mystischer Erfahrung:[4]

- Passivität: Das Geheimnis „überfällt" den Menschen. Das mystische Erleben ist eine Sache der Ergebung, Frucht des Leerwerdens oder (christlich) Gabe des sich mitteilenden Gottes.
- Totalität: Der Mensch weiß sich intuitiv zur Gänze beansprucht.
- Intuitive Erkenntnis: Betroffene bezeugen, außerhalb der Verstandestätigkeit eine neue Sicht der Wirklichkeit gezeigt bekommen zu haben.
- Augenblickserfahrung: Mystische Erfahrungen lassen sich in Zeit und Raum einordnen, sind vorübergehend und gebunden an die Gunst des Augenblicks.
- Von der Erfahrung zum „Sein": Das in der mystischen Erfahrung geschenkte Erleben kann über den Moment hinaus dauerhafter Zustand werden.

Mystische Erfahrung begegnet in unterschiedlichen Formen und Typen. Sie ist immer eingebettet in Sprache und Kultur, in geschichtliche und soziale Zusammenhänge und, so es sich um religiöse Mystik handelt, in religiöse Traditionen und Glaubensformen. Darauf hat jüngst wieder Volker Leppin hingewiesen: „Eine reine Mystik unabhängig von einem begrifflichen und praktischen religiösen Kontext gibt es nicht. Mystik ist immer die konkrete Äußerungsform einer bestimmten Religion".[5] Außerdem besteht eine wechselseitige Abhängigkeit von Erfahrung und persönlich-sozialer Voraussetzung.

 Christliche Mystik

Im ersten Jahrtausend verstand man unter „mystisch" die „verhüllte" Christuswirklichkeit, die es „hinter" dem Text der Heiligen Schrift und den sakramentalen Zeichen zu entdecken gilt. Später wird diese Objektivität der (vor allem liturgischen) Spiritualität abgelöst durch einen Weg nach innen. Seit dem Mittelalter meint Mystik die spirituelle Selbsterfahrung des Individuums. Der gemeinsame Bezugspunkt christlicher Mystik ist der dreifaltige Gott und seine Offenbarung in Jesus Christus:

> „Das mystische Element im Christentum ist", so Bernard McGinn, „der Teil seiner Glaubensinhalte und Glaubensvollzüge, der das betrifft, was man unmittelbare bzw. direkte Gegenwart Gottes nennen kann, und dies in einem dreifachen Sinn: als Vorbereitung auf sie, als Bewußtsein von ihr und als Reaktion auf sie."[6]

Im Blick auf die Bibel und auf die Spirituelle Theologie weisen christliche Gotteserfahrung und Mystik folgende Merkmale auf[7]:

- Gotteserfahrung ist Geschenk. Sie ist kein Ergebnis einer spirituellen Technik oder Methodik. Die Initiative ist immer aufseiten Gottes: „Gott hat an allen Dingen genug, nur allein die Berührung der Seelen wird ihm nie genug" (Mechthild von Magdeburg, 1207–1282).[8]
- *Gott ist Liebe* (1 Joh 4,16). Von daher ist Gotteserfahrung liebende, personale Begegnung.
- Das christliche Verständnis von Einheit will hinter die biblische Unterscheidung (nicht Trennung!) zwischen Gott und Welt, Transzendenz und Immanenz einerseits und den Markierungen des Konzils von Chalkedon (die Non-Dualität von „unver-

mischt und ungetrennt") nicht zurück: innigste Einheit – in bleibender Unterschiedenheit. Einheit als Beziehung in Freiheit und Liebe schließt Symbiose oder Verschmelzung oder gar Vernichtung aller Unterschiede in dem All-Einen aus. Das eröffnet eine Dynamik der Differenzierung, Pluralisierung und Emanzipation.

- Gott teilt sich immer über geschöpfliche Vermittlung mit. Das gilt auch für die mystische Erfahrung. Die Unmittelbarkeit ist vermittelt, selbst wenn diese Vermittlung subjektiv nicht mehr erlebt wird.
- Die Fleischwerdung des Logos in Jesus von Nazaret und sein Sterben am Kreuz erlauben es christlicher Gotteserfahrung nicht, Welt und Geschichte hinter sich zu lassen. Das zeigt sich am gläubigen und meditativen Bezug zur Menschheit Jesu. Das ist keine anfängerhafte Vorstufe, sondern hat bleibende Bedeutung, bis in den Himmel hinein.
- Viele Zeugnisse christlicher Gotteserfahrung weisen einen biblischen und liturgischen Rahmen auf.
- Mystik betont die Ebene der Erfahrung, aber sie ersetzt nicht den Glauben. Für das irdische Leben gilt: *Als Glaubende gehen wir unseren Weg, nicht als Schauende* (2 Kor 5,7). Auch löst die mystische Begegnung das Geheimnis des göttlichen Gegenübers nicht auf. Viele mystische Strömungen verweisen eher auf die Nichterfahrbarkeit Gottes. Die Erkenntnis, auch die mystische, bleibt rätselhaft-fragmentarisch. Gott ist stets je größer und anders (vgl. 1 Kor 13,12).

Spirituelle Erfahrung steht hoch im Kurs. Gegen das zeitgenössische Pathos der Erfahrung ist zu erinnern, dass die Kirche die Vollkommenheit eines Menschen nie an dessen Erfahrung einer Einigung mit Gott abgelesen hat. Der Maßstab ist die Gottes- und Nächstenliebe, nicht die religiöse Erfahrung (vgl. Mt 25,31–46). Die großen Mystiker(innen) warnten stets vor einem Kult der Erfahrung; sie dürfe nicht um ihrer selbst willen gesucht werden.

Die mystische Erfahrung überschreitet Grenzen. Gipfelerlebnisse im Rahmen des Pascha gibt es. Aber sie müssen sich bewähren. Die geistliche Erfahrung unterliegt einer Qualitätskontrolle. Das ist der Alltag.

Mystik der offenen Augen

Christliche Spiritualität und Mystik sind nicht nur nach innen gerichtet und privat. Dem Weg nach innen entspricht ein Weg nach außen. Die gesamte Überlieferung christlicher Mystik kommt darin überein, dass christliche Glaubenserfahrung letztlich nie von den Menschen weg, sondern immer auf irgendeine Art zu ihnen wieder hinführt. Eine „Einheitsschau" darf nicht dazu führen, dass darin die Menschen und deren Verschiedenheit untergehen. Für die Echtheit einer geistlichen Erfahrung spricht, wenn sie jemanden beziehungswilliger macht und bereiter, sich auf die anstehende Arbeit einzulassen.

Mystik ist Gottesleidenschaft. Doch die „Augen schließen" – wir erinnern uns an die Herkunft des Wortes – ist nur der eine Teil. Der andere Teil ist eine „Mystik der schmerzlich geöffneten Augen", die aus der Begegnung mit Christus heraus das Antlitz der Leidenden nicht meidet, sondern sucht, um sich ihnen zuzuwenden. Das kann riskant sein: „Wer ‚Gott' sagt, nimmt die Verletzung der eigenen Gewissheiten durch das Unglück der Anderen in Kauf."[9] Das Antlitz der Leidenden und der Opfer ist in die Glaubenserfahrung zu integrieren. Gottesleidenschaft muss sich in Mitleidenschaft, als „praktische Mystik der Compassion" (Johann Baptist Metz, 1928–2019) erweisen. Der christliche Glaube verbindet sich so nicht nur mit dem Hören, sondern auch mit dem Sehen. Pointiert formuliert: Christentum ist nicht Innerlichkeit, sondern Praxis. Christliche Mystik ist nicht persönliche Selbstheiligung, sondern Sendung in die Welt.

 Maria von Magdala

Diese Zusammenhänge lassen sich gut an Maria von Magdala erläutern. Ihre Begegnung mit dem Auferstandenen (vgl. Joh 20,11–18) zeigt nicht nur, was Ostern bedeutet – also den *transitus* von Trauer in Freude –, sondern auch die Wechselbeziehung von Mystik und Sendung. Maria ist in Tränen aufgelöst. Nach dem Tod Jesu bleibt sie, auch wenn alle anderen Jünger längst geflohen sind. Als sich Maria angesprochen weiß und sie die Stimme Jesu hört: *Maria!* (Joh 20,16), wird für sie Ostern. Die persönliche Anrede wendet ihre Trauer: *Da wandte sie sich um und sagte auf Hebräisch zu ihm: Rab-*

buni!, das heißt: Meister (Joh 20,16). Mystik – das ist Angesprochen-werden und Begegnung. Der Pascha-*transitus* schenkt eine über-raschende Perspektive. Maria erhält eine neue Aufgabe: *Geh aber zu meinen Brüdern und sag ihnen: Ich gehe hinauf zu meinem Vater und eurem Vater, zu meinem Gott und eurem Gott* (Joh 20,17). Schon im 3. Jh. wurde Maria aus Magdala „Apostelin der Apostel" genannt. Papst Franziskus stellte sie liturgisch den Aposteln gleich; ihr Fest ist am 22. Juli.

Stille und Schweigen

Kehren wir noch einmal zur Herkunft des Wortes *Mystik* vom grie-chischen *mýein* zurück, das ja auch „schweigen, stille sein" bedeutet. Alle Religionen erachten Stille und Schweigen als notwendig, um das Göttliche zu erfahren. Die Stille des Kosmos und die Weite der Schöpfung künden vom Geheimnis Gottes. Überhaupt spielt das Schweigen in der Geschichte zwischen Gott und seiner Schöpfung eine nicht unbedeutende Rolle.[10]

Auch der Horeb ist Ort des Schweigens – eines besonderen Schweigens: Das erfährt der Prophet Elija (vgl. 1 Kön 19,1–18). Nach seiner Depression (V. 4), wunderbar durch den Engel gestärkt (V. 5–7), gelangt er zum Horeb. Der Berg wird für ihn zu einem Ort der Gottesbegegnung. Allerdings: Der HERR zeigt sich nicht in den Gewalten von Sturm, Erdbeben oder Feuer, sondern in einer „Stim-me verschwebenden Schweigens" (so übersetzt Martin Buber V. 12).

Die Haltung des Schweigens

Schweigen ist mehr als nicht reden. Schweigen ist eine Haltung. Sich schweigend einzufinden, erinnert an den Himmel: *Als das Lamm das siebte Siegel öffnete, trat im Himmel Stille ein* (Offb 8,1). Die Haltung des Schweigens einzuüben geht u. a. über das Sitzen in Stille. Solche Entschleunigung fordert heraus und tut wohl. Die Zu-rücknahme körperlicher Aktivität ermöglicht genauere Selbstwahr-nehmung. Darauf macht eine Übungsanleitung aufmerksam:

> „Nehmen Sie wahr, wie Sie vom Boden getragen werden, wie durch das
> ruhige Sitzen innere Ruhe einkehrt. Achten Sie auf den inneren Raum,

der sich dadurch zu öffnen beginnt. Vielleicht wird beim stillen Sitzen auch eine innere Unruhe bewusst, die sich hinter körperlichen Aktivitäten verborgen hat. Die Sammlung macht die Fliehkräfte spürbar, die wir in uns tragen. Nehmen Sie auch diese Unruhe genau wahr. Sie darf sich im sicheren Raum der Ruhe zeigen.“[11]

Offenbarung am Horeb – Gott zeigt sich: Er lässt sich von Menschen subjektiv-unmittelbar „mystisch“ erfahren. Im christlichen Verständnis führt ein solches inneres Berührtsein von Gott in je größere Zuwendung zu den Mitmenschen und zur Welt. Gott offenbart sich auch als einer, der die Gemeinschaft mit den Menschen will: *Der HERR, unser Gott, hat am Horeb einen Bund mit uns geschlossen* (Dtn 5,2). Es geht immer um den „Bund“, um die Liebe zwischen Gott und diesem Volk. Sie zeigt sich im „Gesetz“.

Ort der Gesetzgebung

Israel ist befreit. Es ist am Gottesberg angekommen, hat eine versklavende Welt im Rücken und vor sich die Freiheit (vgl. Dtn 4,11–14). Aber wie die Freiheit gestalten? Die Zukunft im verheißenen Land benötigt eine neue Lebensform. Das Leben der Einzelnen und der Gesellschaft soll glücken. Diese Lebensform ist formuliert im „Gesetz“. Das ist umfassender als Wort Gottes, als Evangelium zu verstehen. Der Dekalog ist das Kompendium (Dtn 6,4–9). Er beginnt mit dem *Höre, Israel* (Dtn 6,4). Israel (der glaubende Mensch, die Kirche) soll sich stets als hörend (und d.i. zunächst empfangend) verstehen. Das Wort Gottes ist zu betrachten, immer von neuem, bis es *auf deinem Herzen geschrieben* steht (Dtn 6,6).

Die Theologie der Offenbarung, wie sie das II. Vaticanum vertiefte, ermöglicht es, die spirituelle Dimension des Wortes Gottes auszuloten (vgl. *Dei Verbum* 21). Vom Geheimnis der Menschwerdung her erhält das Wort Gottes sakramentalen Charakter. Das unterstreicht Papst Benedikt XVI.: „Die Sakramentalität des Wortes läßt sich so in Analogie zur Realpräsenz Christi unter den Gestalten des konsekrierten Brotes und Weines verstehen“.[12] Er empfiehlt eine „Vertiefung des Empfindens für die Sakramentalität des Wortes“.

Dazu eignet sich die Gebetsform der *lectio divina* („göttliche Lesung", geistliche Schriftlesung).[13]

Lectio divina

Das betende Lesen der Bibel ist in der Frühzeit des Christentums *der* Weg der unmittelbaren Begegnung mit Gott. Im synagogalen Gottesdienst und in der entstehenden christlichen Liturgie wird das Wort Gottes vorgetragen und verkündet. Aber auch außerhalb der Liturgie blieb die *Lectio divina* als Begegnung mit dem Wort Gottes eng mit dem Gebet verbunden. Cyprian (um 200–258) ermahnt: „Deine beständige Beschäftigung sei das Gebet oder das Lesen [der Heiligen Schrift]! Rede du bald selbst mit Gott, bald lass Gott zu dir reden." Und Gregor der Große (um 540–604) ermutigt: „Entdecke das Herz Gottes im Wort Gottes."

Die *ruminatio* (lat. „Wiederkäuen") eines Bibelverses war im frühen Mönchtum geistliche Praxis, in Verbindung mit Handarbeit. Man betete vor allem die Psalmen und lernte sie auswendig. Als Klöster entstanden, widmeten die Mönchsregeln der Alten Kirche der Lesung im täglichen Tagesablauf einen breiten Raum. Tatsächlich wurde dann die *lectio divina* bald nur mehr in den Klöstern gepflegt. Allerdings erweiterte bereits die Benediktregel den Stoff für die *lectio* über die Heilige Schrift hinaus. Später fügten die Autoren der Bettelorden noch andere Texte hinzu. Der unmittelbare Bezug zur Heiligen Schrift wurde also schwächer.

Ein klassischer Brief

Ab dem 12. Jh. ist das Studium der Heiligen Schrift nicht mehr Ort unmittelbarer Gottesbegegnung, sondern ein Mittel, um ins Gebet zu führen. Das ist am „Brief über das kontemplative Leben" (*Scala claustralium*) ablesbar, verfasst um 1150 von dem Kartäuser Guigo II. Er unterscheidet vier Stufen der einen Erfahrung:

> „Sucht also in der Lesung und ihr werdet in der Meditation finden, klopft an im Gebet und euch wird in der Kontemplation aufgetan. Die Lesung führt gleichsam die feste Speise zum Mund, die Meditation zerkleinert und zerkaut sie, das Gebet schmeckt sie und die Kontemplation erlangt die Freude des Genusses."[14]

Die Lesung (*lectio*) bietet die Grundlage, den Stoff. Die Meditation (*meditatio*) vertieft den gelesenen Text und sucht nach innerer Erkenntnis der Wahrheit, die im Text verborgen ist. Das Gebet (*oratio*) bittet, Gott selber möge den Text erschließen und die wahre Erkenntnis des Wortes schenken. Die Kontemplation (*contemplatio*) schließlich, von Gott selbst bewirkt, schmeckt die „Süße" des Textes und seine Wahrheit. Derartige Stufenfolgen dienten der Übersicht. Man wusste, dass die Schritte ineinander verschränkt sind.

Die Heilige Schrift „verstehen"
Das II. Vaticanum unterstrich den Stellenwert der Bibel für die Theologie und das geistliche Leben (vgl. *Dei Verbum*). Die Konzilsväter nennen das Wort Gottes Brot des Lebens, höchste Richtschnur des kirchlichen Glaubens, Nahrung, Halt, Kraft, reiner unversieglicher Quell des geistlichen Lebens, Glaubensstärke, Seele der Theologie. Geistliche Schriftauslegung ist keine Konkurrenz zur wissenschaftlichen Exegese und deren Perspektivenvielfalt (historisch-kritisch, feministisch, tiefenpsychologisch, kanonisch etc.), sondern Ergänzung. Die *Lectio divina* hat einige Verstehensvoraussetzungen:

- Dialogischer Kontext: Bibel ist nicht primär Schrift oder Text, sondern Anrede. *Lectio* sieht Gott und Mensch im Gespräch. Gott gibt sich in seinem Wort preis.
- Für die *Lectio divina* ist die Bibel ein einziges Buch. Alles ist von Gottes Geist inspiriert. Daher hängt alles mit allem zusammen. Eines erklärt das andere.
- Die *Lectio divina* sieht in der Bibel ein Buch, das ganz von Christus her und auf ihn hin gelesen sein will, und zwar, um darin Christus zu suchen und ihm darin zu begegnen: „Es gibt keine Stelle in der Heiligen Schrift, die nicht von Christus spricht" (Augustinus). Hieronymus gibt zu bedenken: „Die Schrift nicht kennen, heißt Christus nicht kennen". Christus ist die Lupe, durch welche die Kirche die Bibel liest.
- In Jesus Christus ist das Wort Gottes zugänglich geworden – für jeden Menschen. Die *lectio divina* ist keine Sache der Fachleute, sondern aller Getauften. Der in der Taufe geschenkte Anteil am

dreifachen Amt Jesu Christi ermöglicht Verstehen und fruchtbare Weitergabe des Gotteswortes.

- Verstehen ist ein Prozess. Es wächst und geht in die Tiefe: „Gottes Worte wachsen mit dem Lesenden" (Gregor der Große).
- Lesen, Leben und Verstehen gehören zusammen und bilden einen Zirkel des Verstehens: Die Wahrheit des Gotteswortes erschließt sich eher im Bemühen, das eigene Leben darauf abzustimmen.

Die Psalmen als Buch von Christus

Das Buch der Psalmen nahm im Frühchristentum einen besonderen Stellenwert ein. Im Psalter ist die gesamte Hl. Schrift enthalten. Wer die Psalmen kennt, weiß im Kern um die biblische Verkündigung. Die frühen Christen fanden in den Psalmen vor allem die Person und das Schicksal Christi ins Wort gebracht. Frühchristliche Psalmenexegese zeigt bei jedem Psalm, wie er mit Christus in Beziehung steht und von Christus her verstanden werden kann: Die Psalmen reden entweder (1) von Christus oder (2) zu Christus oder (3) Christus spricht darin.

Dietrich Bonhoeffer (1906–1945): die tägliche Schriftbetrachtung

Der lutherische Theologe D. Bonhoeffer leitete 1935–1937 in Finkenwalde (Vorort von Stettin, heute Polen) das Predigerseminar der „Bekennenden Kirche". Die Erfahrungen, die er als Verantwortlicher für die Ausbildung angehender Pfarrer machte, schrieb er im Herbst 1938 – ein knappes Jahr nachdem die Gestapo das „Bruderhaus" Finkenwalde aufgelöst hatte – nieder. Das Buch „Gemeinsames Leben" erzählt von der kommunitären Lebensweise. Zur täglichen Schriftbetrachtung („Meditationszeit") schreibt Bonhoeffer:

> „Wir lesen in der Meditation den uns gegebenen Text auf die Verheißung hin, daß er uns ganz persönlich für den heutigen Tag und für unsern Christenstand etwas zu sagen habe, daß es nicht nur Gottes Wort für die Gemeinde, sondern auch Gottes Wort für mich persönlich ist. Wir setzen uns dem einzelnen Satz und Wort so lange aus, bis wir persönlich von ihm getroffen sind. [...] Wir lesen Gottes Wort als

Gottes Wort für uns. Wir fragen also nicht, was dieser Text andern Menschen zu sagen hat [...], sondern was er uns selbst ganz persönlich zu sagen hat. [...] Es ist nicht nötig, daß wir in der Meditation durch den ganzen Text hindurch kommen. Oft werden wir bei einem einzigen Satz oder gar bei einem Wort stehen bleiben müssen, weil wir von ihm festgehalten werden. [...] Es ist nicht nötig, daß wir in der Meditation neue Gedanken finden. Das lenkt uns oft nur ab und befriedigt unsere Eitelkeiten. Es genügt vollkommen, wenn das Wort, wie wir es lesen und verstehen, in uns eindringt und bei uns Wohnung macht. [...] Es ist vor allem nicht nötig, daß wir bei der Meditation irgendwelche unerwarteten, außergewöhnlichen Erfahrungen machen. Das kann so sein, ist es aber nicht so, so ist das kein Zeichen einer vergeblichen Meditationszeit."[15]

Lectio divina heute

Die Katholischen Bibelwerke bieten Hilfen, das betrachtende Lesen der Heiligen Schrift allein oder in Gemeinschaft einzuüben. Elemente des Übungsweges sind:

- Gründliches Lesen: „Was sagt der Text?"
  Der erste Schritt beschreibt die Art des Textes (Brief, Gleichnis, Prophetie etc.), seine Eigenschaften, Wortwahl, Dramatik, Personengruppen etc. Wie spricht der Text von Gott? Die Distanz und der Blick für die Details verhindern, vorschnell etwas in den Text hineinzulesen.

- Besinnung: „Was sagt der Text mir?"
  Was sagt Gott uns Menschen im westlichen Europa durch dieses Wort? Es geht um Aktualisierung mit Blick auf das persönliche oder gesellschaftliche Leben.

- Beten: „Was lässt der Text mich sagen? Was lässt er uns zu Gott sprechen?"
  War zuvor das Wort Gottes im Fokus, so jetzt die Antwort des Menschen: Die Reaktion auf das gehörte und meditierte Wort vor Gott aussprechen.

- Kontemplation: in Stille vor Gott da sein
  Die Stille ermöglicht einen intensiven Kontakt mit Gott.

- Lebensweise: „Was sagt der Text für mein zukünftiges Handeln?"

Fassen wir zusammen: Die betend-meditierende Lektüre der Heiligen Schrift (*Lectio divina*) ermöglicht Begegnung mit Gott in seinem Wort. Sie erschließt dem Suchenden die Lebensordnung, die Gott darin offenbart und lässt den Menschen ihre „Süße" verkosten (Kontemplation). Die Psalmen nehmen eine besondere Stellung ein, denn in ihnen ist der Kern der biblischen Verkündigung enthalten. Die christliche-liturgische Tradition versteht sie zudem von Christus her und auf ihn hin. Lesen, Leben und Verstehen gehören zusammen.

„Aufstieg": Modell eines Glaubensweges

Erinnern wir uns: „Pascha" ist ein Bewegungswort. Leben im Übergang folgt einer Dynamik. *Mose stieg den Gottesberg hinauf* (Ex 24,13): Vorankommen auf dem geistlichen Weg wurde häufig mit dem Bild des Aufstiegs verbunden. Dabei spielte die Erzählung vom Traum Jakobs, in der die Himmelsleiter vorkommt (Gen 28,12), eine besondere Rolle.

Auch der Apostel Paulus spricht von einem Wachstumsweg im Glauben. Er betont die Diskontinuität von „einst" und „jetzt" und von „alt" und „neu". Wer in Christus neugeboren ist, verträgt noch keine „feste Nahrung", ist noch „irdisch eingestellt". Es braucht Zeit, im Guten Stand zu finden und im Widerstreit der Meinungen kein *Spiel der Wellen* mehr zu sein (Eph 4,14; vgl. 1 Kor 3,1–3; Hebr 5,11–14). Christen sollten *Verständige* (Röm 16,19) und *Vollkommene* (1 Kor 2,6; 14,20) sein. Aber wer ist das schon von Beginn an? Es kommt darauf an, sich von einem *irdisch gesinnten* zu einem *geisterfüllten Menschen* (1 Kor 2,10–16) wandeln zu lassen. Zunahme an *Erkenntnis Gottes* (Kol 1,10) ist also möglich – so Paulus.

Spirituelle Itinerarien, besonders herkömmliche Aufstiegs- und Stufenmodelle, verleiten dazu, sich die Abfolge der Stufen allzu schematisch vorzustellen. Es handelt sich jedoch um idealtypische Bilder. Sie haben mystagogische Funktion. Die Abfolge ist nicht als zeitliches Nacheinander zu verstehen. Die anfänglichen Stufen sind nie einfach passé. Deren Themen stehen auf einer anderen Ebene erneut zur Disposition.

 Der dreifache Weg

Schon Origenes und Evagrius Ponticus (345–399) legten Drei-Stufen-Wege vor, beide stark von platonischem Denken beeinflusst. Auf (Pseudo-)Dionysius Areopagites (frühes 6. Jh.) geht die klassische Trias Weg der Läuterung, Erleuchtung und Einigung (*via purgativa, illuminativa, unitiva*) zurück. Er ordnete den Dreischritt den Initiationssakramenten Taufe, Eucharistie und Myronweihe zu und verknüpfte damit die kirchlich-sakramentale Ordnung mit dem geistlichen Wegmodell.

Bonaventura (1221–1274) lässt bereits im Titel seines Werkes *De triplici via* („Der dreifache Weg") erkennen, dass der christliche Weg immer die Momente von Läuterung, Erleuchtung und Vereinigung enthält. Als Biograph des hl. Franziskus verbindet er in seinem Werk *Itinerarium mentis in Deum* („Pilgerweg der Seele zu Gott") die augustinische Tradition mit franziskanischer Mystik. Er spricht der „Gesamtheit der Dinge" eine sakramentale Funktion zu: „Für uns Menschen im Pilgerstande ist nämlich die Gesamtheit der Dinge eine Leiter, die uns zu Gott emporführt."[16] Der Stufenweg begegnet vielfach in der spirituellen Literatur, etwa bei Johannes Ruusbroec (1293–1381) oder bei Walter Hilton (um 1340–1396).

Die christliche Überlieferung dekliniert den dreifachen Weg auch mit dem Wort *Umformung*. Umformung zählt zu einem breiten semantischen Feld, das geeignet schien, um „die innere Logik des spirituellen Weges zu verdeutlichen".[17] Wird im Zuge der Metanoia die eigene Gleichförmigkeit mit der Welt (*conformatio mundi*) erkannt und als Verformung (*deformitas*) erfahren, löst dies einen Prozess der Reform aus (*reformatio*). Im Zuge der Umformung in die Gleichförmigkeit – jetzt in die Gleichförmigkeit mit Christus! – zeigt sich das Bild Gottes wieder. Darum findet sich in der sog. Deutschen Mystik das Konzept Einbilden – Entbilden – Überbilden: „Ein gelassener Mensch muss dem Geschöpflichen entbildet, in Christus gebildet, in der Gottheit überbildet werden."[18] Was Heinrich Seuse (1295–1366) hier skizziert, ist die Verdichtung eines lebenslangen Vorhabens.

Wachstum in der Liebe

Die Überlieferung liebte das Dreier-Schema, etwa wenn sie Anfänger (*incipientes*) von Fortgeschrittenen (*proficientes*) und Vollkommenen (*perfecti*) unterschied. Da nach Augustinus (354–430) die Liebe den Kern des geistlichen Lebens ausmacht, besteht Aufstieg folgerichtig darin, in der Liebe voranzuschreiten: „Je mehr also du liebst, umso höher steigst du".[19] Aus einer anfangenden und fortschreitenden soll eine große und vollkommene Liebe werden. Stehenbleiben hieße, die Dynamik der Liebe verleugnen, wäre demnach Rückschritt. Bernhard von Clairvaux (1090–1153) nahm diese Sichtweise auf. Er fand in der Bibel Beispiele irdisch gesinnter Liebe (*amor carnalis*) und „knechtische", noch von der Furcht motivierte (*a. servilis*). Sie sollte sich ausstrecken, zur Liebe eines Sohnes bzw. Kindes (*a. filialis*) oder gar zu bräutlicher Liebe (*a. sponsalis*) werden.

Der karmelitische Weg zur Vollkommenheit

Bei Teresa von Ávila (1515–1582) ist der Weg „hinauf" ein Weg nach innen. In ihrem Werk „Die innere Burg" entwirft sie den geistlichen Weg als Durchschreiten von sieben „Wohnungen". Den Wohnungen entsprechen Stufen des Gebets. Im „Buch meines Lebens" unterscheidet Teresa betrachtendes Gebet (Meditation), Gebet der Ruhe, „Trunkenheit der Liebe" und Gebet der Vereinigung als Gebetsstufen.

Wie bereits der Titel seines Werkes „Aufstieg zum Berge Karmel" sagt, bleibt Johannes vom Kreuz (1542–1591) diesem Bild treu. Hochpoetisch beschreibt er in „Die dunkle Nacht" die notwendige Reinigung und Läuterung als Etappen des geistlichen Lebens. Darauf kommen wir an einer anderen Stelle zurück. Passend zur Bildwelt des Aufstiegs spricht Therese von Lisieux (1873–1897) vom „Lift": Kein mühsames Steigen über Treppen, sondern ein Emporgehobenwerden – das ist der „kleine Weg", der „Weg der geistigen Kindheit", der „Weg des Vertrauens und der vollkommen Hingabe". „Klein" nennt sie diesen Weg, weil er nicht bei Heldentaten, sondern bei der Hingabe in den alltäglichsten und geringsten Dingen ansetzt.

Ergänzende Sichtweisen

Der Exeget Heinz Schürmann (1913–1999) kritisierte an herkömmlichen Aufstiegskonzepten, dass viele zu neuplatonisch eingefärbt und zu wenig biblisch wären. Nimmt man die Menschwerdung Gottes in Jesus von Nazaret und den Weg Jesu wirklich ernst, ist dann nicht „Abstieg" das viel angemessenere Paradigma als Aufstieg? Im Gesamt sei der geistliche Weg, so H. Schürmann, eine „Karriere nach unten". Josef Sudbrack SJ (1925–2010) fragte, ob ein in Etappen gegliederter Weg zur christlichen Vollkommenheit überhaupt der Dynamik geistlichen Lebens entspricht. Geistliches Leben hat dialogischen Charakter. Darum sei die „je neue Begegnung" das Entscheidende.

Der Trappist André Louf (1929–2010) hielt am klassischen dreifachen Weg fest, formulierte aber mit Paulus die Schwerpunkte neu. Unglaube, Umkehr und Gnade (Heiligung) – das wären die zentralen Größen. Außerdem zeige die Erfahrung vieler, dass sie nicht nacheinander, sondern gleichzeitig Geltung haben: „Wir bleiben immer Sünder, wir sind unablässig dabei, uns zu bekehren, und in dieser Umkehrbewegung werden wir ständig geheiligt durch den Heiligen Geist".[20]

Was der Methodist John William Fletcher (1729–1785) „Geisttaufe" nannte, sollte als persönliches Pfingstereignis den Durchbruch zur völligen Heiligung (*entire sanctification*) bezeichnen.[21] Die Geisttaufe ist ein entscheidendes Ereignis im Bemühen um geistlichen Fortschritt. Sie äußert sich in besonderen Charismen, vor allem in der sog. Zungenrede. Die katholische charismatische Bewegung spricht heute eher von „Geisterneuerung". Das Stichwort „Durchbruch" nehmen wir andernorts auf, nämlich am Jordan. Dort verlinken wir es mit dem Begriff „Natalität" und denken über die zahlreichen spirituellen Geburten nach, die auf dem Weg ins Gelobte Land durchzustehen sind.

 Psychologische Entwicklungsmodelle

Die genannten Aufstiegs- und Entwicklungsmodelle beschreiben den Glaubensweg aus der gläubigen Innenperspektive. Sie sind zu ergänzen durch psychologische Konzepte.[22] Der Schweizer Psychiater und Begründer der analytischen Psychologie Carl Gustav Jung (1875–1961) verstand spirituelle Reifung als Individuation. Es geht um Selbstwerdung. Zur Erreichung dieses Zieles dienen auch die Medien der religiösen Symbole. Die zweite Lebenshälfte sei entscheidend, um dem Unbewussten „Ehrfurcht zu erweisen" und sich von ihm leiten zu lassen. Nach C. G. Jung ist „Christus" ein Symbol für das Selbst; Selbst und göttliche Wirklichkeit verschmelzen. Diese Sichtweise bietet vielfältige Anregungen. Dennoch kritisiert Martin Buber das Ergebnis als eine „Religion der reinen psychischen Immanenz".

Das Stufenmodell der psychosozialen Entwicklung, das der deutsch-amerikanische Psychoanalytiker Erik H. Erikson (1902–1994) schuf, besteht aus acht Phasen, die sich über das ganze Leben verteilen. Wachstumskrisen und Reifungsaufgaben bestünden vor allem in den Übergangsphasen. Dabei ist die frühkindliche Verlässlichkeitserfahrung entscheidend für die religiöse Entwicklung. Was aber – so wird man fragen dürfen –, wenn diese fehlt?

Der US-amerikanische Theologe James W. Fowler (1940–2015) unterscheidet sechs „Stufen des Glaubens", wobei jeweils die kognitive und die affektive Dimension berücksichtigt werden. Es handelt sich um ein optimistisches Fortschrittsmodell. Kritische Stimmen werfen ein, dass dieses wenig Raum bietet für die vielfältige Gebrochenheit der Entwicklung, die nun einmal Teil jedes Lebens ist.

Der Blick der Psychologie auf die Glaubensentwicklung („von außen") bietet wichtige Ergänzungen und Anfragen, von denen die Innenansicht viel profitieren kann. Sie haben Ich-Stärke und geerdete Identität im Blick und benennen psychodynamisch bedingte Deformationen. Aber kann nicht auch die Erfahrung von Schwachheit zu spirituellen Entwicklungsschüben verhelfen? Wurde das nicht bereits am Jabbok deutlich, als es um den Kampf, die Verwundbarkeit und die Wunden ging? Geistliche Entfaltung hat nicht nur Ich-Stärke und ein abgerundetes Leben im Blick, sondern auch Compassio und Empathie für die Wunden des eigenen und fremden Lebens. Das stellt Simon Peng-Keller heraus: Christlicher Fortschritt

„erkennt im Fragment des Gewordenen den Anfang des neuen Lebens … Wir sind Werkstätten des Heiligen Geistes, der in uns wirkt und uns auf eine noch verborgene Integrität hin wandelt, ohne dass wir dessen gewahr werden. Denn wer wir sein werden, ist nach 1 Joh 3,2 noch nicht offenbar geworden."[23]

 Dorothee Sölle (1929–2003): „Mystische Reise für heute"

Ein zeitgemäßer Entwurf des spirituellen Weges sollte, so die evangelische Theologin Dorothee Sölle, nicht wie herkömmlich bei der Läuterung beginnen. Ausgangspunkt sei nicht die Verdorbenheit (Gen 3: *original sin*), sondern vielmehr die Güte der Schöpfung und der Segen des Anfangs (Gen 1–2: *original blessing*). Der erste Schritt ist somit eine *via positiva*: das Staunen angesichts dessen, was dem Menschen in der Natur und in den Befreiungserfahrungen der Geschichte begegnet. „Wir beginnen den Weg nicht als Suchende, sondern als Gefundene". Damit orientiert sich D. Sölle am Weg Jesu. Seine in der Taufe erfahrene Erleuchtung durch den Geist und die Erkenntnis des Einsseins mit Gott („Du bist mein geliebter Sohn") steht vor der Läuterung in der Wüste. Auch der Dominikaner Johannes Tauler (1300–1361) kennt diese Reihenfolge. Er lässt den geistlichen Weg mit der *jubilatio* beginnen, dem geistlichen Frühling, mit der überschwänglichen Freude an Gottes guter Schöpfung.[24] Vor allen anderen Schritten braucht es Begeisterung, Freude an der Güte des Lebens und eine Ahnung von der Fülle, die Gott schenken will.

Das hebt auch D. Sölle hervor. Wer staunen lernt, beginnt, sich zu verlassen und betritt die *via negativa*, den Weg der Läuterung. Falsche Wünsche und Bedürfnisse werden bewusst, ein Abschiednehmen von kulturellen Gewohnheiten und Selbstverständlichkeiten eingeübt. Das Verhältnis zu Besitz, Gewalt und Ego steht auf dem Prüfstand, und: Gott wird als entzogener erfahren und vermisst.

Das Gotteslob, aber auch das Gott-Vermissen führen zu einem ‚In-Gott-Leben', in die *via unitiva*, in das Einswerden. Es bewirkt echtes Mitgefühl mit Schöpfung und Mitmensch und wird konkret im Einsatz für Gerechtigkeit und Veränderung der todorientierten Realität. Aus dem Geschenk der Gottesbegegnung lernt der Mensch neu sehen und die „Sinne Gottes" gebrauchen. Gott ist „keine Privatangelegenheit für einige". Darum ist das mystische Projekt

„einzubetten in den Zusammenhang unseres Lebens, das von den Katastrophen wirtschaftlicher und ökologischer Ausplünderung bestimmt ist. […] Ohne wirtschaftliche und ökologische Gerechtigkeit, kurz ‚ecojustice' genannt, oder Gottes besondere Vorliebe für die Armen und für diesen Planeten – scheint mir die Gottesliebe und die Sehnsucht nach dem Einswerden eine atomistische Illusion. Der im privaten Erlebnis angeeignete Seelenfunke kann zwar die Suche nach Gnosis[25] im weiten Sinn des Wortes bedienen, aber auch nicht mehr. Die wirkliche mystische Reise hat ein größeres Ziel als das, uns ‚positiv denken' zu lehren und sowohl unsere Kritik- wie unsere Leidensfähigkeit einzuschläfern."[26]

Die Elemente des dreifachen Weges, wie D. Sölle ihn sieht, heißen demnach *Staunen – Loslassen – Widerstehen*.

Rekapitulieren wir: Ein Leben lang ermöglicht Gott das Pascha – das Überschreiten. Die geistliche Überlieferung hat dafür Modelle entwickelt. Der „Aufstieg" war und ist wohl der bedeutendste. Andere Entwürfe sehen den „Abstieg" als angemessenes Muster christlicher Vervollkommnung und verweisen auf die Gleichzeitigkeit von Unglaube, Umkehr und Gnade. Geistlicher Fortschritt inkludiert Verwundbarkeit und Mit-Leiden. Rückfragen „von außen", etwa vonseiten der Psychologie, sind eine Hilfe, um Stärken und Deformationen auszumachen. Der Weg führt auch durch alle Selbst- und Gottesbilder hindurch, um zur Wahrheit der Gottunmittelbarkeit zu gelangen.

Heiligung

Der Horeb ist *heiliger Boden* (Ex 3,5). Um den Berg ist eine „Grenze" gezogen und er *ist für heilig erklärt* (Ex 19,23). Im Hebräischen geht das Wort „heilig" (*qadosh*) auf die Sprachwurzel „scheiden" zurück. Heilig ist, was zu Gott gehört. Es ist weniger eine Eigenschaft als ein Verhältnisbegriff. Ihm steht das Profane gegenüber. Gott ist der allein Heilige (vgl. Hos 11,9), *der Heilige Israels* (Jes 12,6). Heiligkeit bezeichnet also die Wirklichkeit Gottes selbst. Sie ist für den Menschen unzugänglich: Mose soll Distanz wahren (Ex 3,5), Elija verbirgt sein Gesicht (1 Kön 19,13).

Zu den Aufgaben Moses zählt die „Heiligung" des Volkes (Ex 19,14). Heiligung meint, abstrakt gesprochen, einen Akt der Übereignung von Menschen, Gegenständen oder Zeiten aus dem Bereich des Profanen in den Bereich Gottes. In christlicher Sicht schenkt das Sakrament der Taufe Heiligung und Rechtfertigung. Gläubige haben Anteil am Leben des Auferstandenen. Durch die *Salbung von dem, der heilig ist*, sind sie heilig geworden (Eph 5,26; 1 Joh 2,20), *Geheiligte in Christus* (vgl. 1 Kor 1,2; Phil 1,1), und zwar durch die Gegenwart des Heiligen Geistes in ihnen (1 Kor 3,16–17; Eph 2,22). In weiterer Folge meint heilig eine Lebensgestaltung, die zur Gemeinschaft mit Gott passt und die das Heilige als das Unverfügbare zu integrieren versucht.

 Berufen zur Heiligkeit

Der Apostel Paulus beschreibt das Wirken des Heiligen Geistes so: Er schenkt die gnädige Zuwendung Gottes, und zwar zuinnerst: *Die Liebe Gottes ist ausgegossen in unsere Herzen durch den Heiligen Geist, der uns gegeben ist* (Röm 5,5). Alle christliche Spiritualität kommt aus dieser Gabe. Durch sie haben wir am Leben Gottes, an seiner Herrlichkeit und Heiligkeit schon teil. Aus der Gabe die Aufgabe: Sie besteht in der Entfaltung der empfangenen Heiligung. Die Väter des II. Vaticanums formulierten die Berufung zur Heiligkeit so:

> „Die Anhänger Christi sind von Gott nicht kraft ihrer Werke, sondern aufgrund seines gnädigen Ratschlusses berufen und in Jesus dem Herrn gerechtfertigt, in der Taufe des Glaubens wahrhaft Kinder Gottes und der göttlichen Natur teilhaftig und so wirklich heilig geworden. Sie müssen daher die Heiligung, die sie empfangen haben, mit Gottes Gnade im Leben bewahren und zur vollen Entfaltung bringen."
> (*Lumen gentium* 40,1)

„Werdet, was ihr seid" – so lässt sich diese Berufung umschreiben. Für die Entfaltung der bereits geschenkten Heiligung und die Intensivierung der Christusverbundenheit spielen neben den Sakramenten die Sakramentalien eine wichtige Rolle.

Das Leben heiligen

Der spirituelle Weg des Christentums strebt Heiligkeit durch Heiligung an. Das beinhaltet einen lebenslangen Prozess der Erneuerung und Reinigung von allem, was von Gott trennt, um sich immer mehr die „Lebensart" Jesu Christi anzueignen. Neben den Sakramenten sind die sog. Sakramentalien eine Stütze, denn durch solche „heilige Zeichen" wird „das Leben in seinen verschiedenen Gegebenheiten geheiligt" (II. Vaticanum, *Sacrosanctum concilium* 60). Sie sind „hingeordnet auf die Heiligung der Menschen, den Aufbau des Leibes Christi und schließlich auf die Gott geschuldete Verehrung" (ebd. 59). Sakramente und Sakramentalien helfen, das eigene Leben mit dem Pascha-Mysterium in Verbindung zu bringen. Im Blick auf Tod und Auferstehung Jesu können Ereignisse „einen neuen Sinn annehmen":

> „Indem Er für uns litt, hat Er nicht nur ein Beispiel gegeben, damit wir seinen Spuren folgen, sondern Er hat auch den Weg gebahnt, dem wir folgen müssen, damit Leben und Tod geheiligt werden und einen neuen Sinn annehmen" (II. Vaticanum, *Gaudium et spes* 22,3).

Mithilfe der Gnade lässt sich „nahezu jedes Ereignis" des Lebens heiligen. Sakramente und Sakramentalien verhelfen darüber hinaus zum „rechten Gebrauch der materiellen Dinge". Diese sind ja dazu da, „den Menschen zu heiligen und Gott zu loben" (*Sacrosanctum concilium* 61).

Wir finden hier einen Ansatz, die alltägliche Lebenswirklichkeit mit Gott in Berührung zu bringen, oder genauer: sich erinnern zu lassen, dass diese Verbindung im Pascha-Mysterium bereits besteht: *Der Ort, wo du stehst, ist heiliger Boden* (Ex 3,5). Darum ist, wie der jüdische Schriftgelehrte und Religionsphilosoph Abraham J. Heschel ausführt, Heiligkeit eine

> „Haltung, die zu allen Handlungen gehört, mit allen Taten verbunden ist, alles Leben begleitet und formt – kein Ausflug in Spiritualität. Ein Heiliger ist ein Mensch, der nicht weiß, wie es möglich sein kann, nicht zu lieben, nicht mitzuleiden und mitzuhelfen, kein Gefühl zu haben für die Freuden und Ängste anderer – ein Weg, der Quelle des Seins treu zu sein".[27]

Abraham Josua Heschel (1907–1972): Heiligung der Zeit

Abraham J. Heschel beschrieb das Judentum als „Religion der Zeit", weil sie die „Heiligung der Zeit" im Sinn hat. Das erste Vorkommen der Wortes „heilig" in der Bibel bezieht sich auf die Zeit: *Und Gott segnete den siebten Tag und machte ihn heilig* (Gen 2,3). Gemessen an herkömmlicher Religionsgeschichte wäre zu erwarten, dass Gott nach der Erschaffung von Himmel und Erde einen heiligen Ort schafft. Die Bibel setzt einen anderen Akzent. Der Sabbat dient der Feier der Zeit. Hier herein gehört auch die Verwandlung alter Ackerbaufeste in Gedenktage für historische Ereignisse: Pesach war ein Frühlingsfest und wurde zum Gedenktag des Exodus aus Ägypten.

Auf der Tradition des Judentums fußt die christliche Liturgie der Tagzeiten. Sie bezweckt die „Heiligung des Tages" (II. Vaticanum, *Sacrosanctum concilium* 88) und ist „so aufgebaut, daß der gesamte Ablauf des Tages und der Nacht durch Gotteslob geweiht wird" (ebd. 84). Jeder Augenblick des Tages soll Gott gehören und wird ihm als Lobopfer dargebracht.

Heiligung des Alltags

Im Leben des Glaubens gibt es einen entscheidenden „Ort": Es ist der Alltag. Er birgt in seiner Alltäglichkeit immer einen richtigen Moment (*kairós*): eine Chance zum Guten, die im Hier und Jetzt und Heute zu ergreifen ist. Die täglichen Pflichten in Liebe zu erfüllen ist ein Weg der Heiligung. Darauf weist John Henry Newman (1801–1890) hin:

> „Nach den Worten Heiliger brauchen wir, um vollkommen zu sein, nichts weiter zu tun, als die gewöhnlichen Pflichten des Tages gut zu erfüllen. […] Wir müssen im Auge behalten, was unter Vollkommenheit zu verstehen ist. Sie bedeutet nicht etwas Außerordentliches, etwas Ungewöhnliches oder besonders Heldenhaftes […] Der also ist vollkommen, der sein Tagewerk vollkommen vollbringt, mehr brauchen wir nicht zu tun, um nach Vollkommenheit zu streben. Wir brauchen über den Kreis der täglichen Pflichten nicht hinauszugehen."[28]

Um gläubig zu leben, braucht der Mensch heilige Zeiten und heilige Räume. Sie sind eine Hilfe, sich der Gegenwart Gottes zu vergewissern und die alltägliche Lebenswirklichkeit als *heiligen Boden* zu betrachten (vgl. Ex 3,5): „Überall, wo Gottes Geist einwohnt aufgrund des Glaubens an ihn, oder einfach weil man Gottes Angesicht von ganzem Herzen sucht, ist ‚Heiligtum'" (Heinrich Spaemann).[29]

Heiligen Boden betreten

Hier geht es um eine geistliche Übung der besonderen Art. Sie ist inspiriert vom Wort des Herrn an Mose: *Der Ort, wo du stehst, ist heiliger Boden* (Ex 3,5). Was macht „heiligen Boden" aus? Das lässt mehrere Deutungen zu. Die folgende entspringt christlicher Erinnerungs-Kultur. Der Zusammenhang: Der italienische Partisan Marcello Martini (1930–2019) kam mit 14 Jahren als einer der jüngsten italienischen politischen Häftlinge ins KZ Mauthausen (Oberösterreich).[30] Er überlebte einen schweren Arbeitsunfall, die Zwangsarbeit im Außenlager Hinterbrühl (Niederösterreich) und den Todesmarsch zurück nach Mauthausen am Ostersonntag 1945. Gegen Ende seines Lebens setzte er sich mit seiner Biographie auseinander. Er suchte den Kontakt zur Ortspfarrei und politischen Gemeinde Hinterbrühl. Er verfügte, dass ein Teil seiner Asche in der KZ-Gedenkstätte Hinterbrühl ruhen soll und nannte diesen Ort *sacrario* (Heiligtum).

Die geistliche Übung besteht nun darin, eine Gedenkstätte zu besuchen, an welcher der Opfer politischer oder religiöser Verfolgung gedacht wird. Denn das KZ ist *sacrario* – Heiligtum, heiliger Boden, Tabernakel. Wo Menschen gefoltert und zu Tode gepeinigt wurden, litt Christus. Sinn dieser Übung ist, sich dem Verlust des geschichtlichen Gedächtnisses zu widersetzen. Sich an erschütternde Orte zu begeben, wo das vergessene Blut der Brüder und Schwestern zum Himmel schreit, ist eine Zu-Mutung. Sie bedeutet, die Frage Gottes an Adam *Wo bist du?* (Gen 3,9) an sich heranzulassen. Das Gedenken an die, deren Lebens- und Leidensgeschichten oft von niemandem mehr erzählt werden können, ist ein Beitrag, dem Bösen zu widerstehen und der Liebe zum Durchbruch zu verhelfen. Denn wir „Christen kommen niemals hinter Auschwitz zurück;

über Auschwitz hinaus aber kommen wir … nicht mehr allein, sondern nur noch mit den Opfern von Auschwitz".[31]

Fassen wir zusammen: Gott allein ist der Heilige; alles Geschaffene ist „heilig", weil es ihm gehört. „Geheiligt" werden Zeiten, Orte, Dinge in der bewussten Übereignung an Gott – und Menschen in der Taufe. Heiligung ist ein Alltags-Projekt: überall und immer „auf heiligem Boden" zu stehen und so zu leben.

2. Berg der Versuchung

Wieder nahm ihn der Teufel mit sich und führte ihn auf einen sehr hohen Berg (Mt 4,8). Wenige Kilometer außerhalb der Stadt Jericho im Westjordanland steht der „Berg der Versuchung". Nach christlicher Überlieferung war Jesus hier im Zuge seines 40-tägigen Fastens der Versuchung ausgesetzt, den Teufel anzubeten (Mt 4,9–10).

Der Versuchung begegnen

Der Mensch ist „Kampfplatz". Die Versuchung – auch: „Anfechtung" (lat. *tentatio*) – bedrängt ihn. Die Verlockung, aus diversen Gründen (Bequemlichkeit, Angst, Selbstgefälligkeit, Egoismus) das im Gewissen hier und jetzt als gefordert Erkannte zu unterlassen, aufzuschieben oder sogar gegensätzlich das Schlechte zu wählen, ist eine urmenschliche Erfahrung. Der Mensch bleibt zeitlebens dafür anfällig.

Was passiert da? Die Versuchung stellt dem Menschen eine unüberlegte Bindung an das Endliche vor Augen – statt an das Letzte und Absolute, also an Gott. Sie suggeriert, dass dort die letzte Erfüllung zu finden ist. Der Mensch erhofft von Geschaffenem das, was allein Gott schenken kann. Problematisch ist also nicht das Objekt des Begehrens an sich, sondern die an das Geschöpf gerichtete überhöhte Erwartung. Das Geschöpf ist damit überfordert. Herkömmlich handelt es sich um Besitz, Ruhm und Macht. Sie sind nicht in sich schlecht. Es liegt am Menschen, ob sie der „größeren Ehre Gottes" dienen oder menschlicher Eitelkeit.

Seit dem Sündenfall – so das christliche Menschenbild – sind im Menschen Kräfte am Werk, die ihn von Gott wegführen wollen. Christus hat in seinem Pascha diese Kräfte besiegt: Glaubende haben kraft der Taufe bereits Anteil am neuen Leben. Aber in den Getauften bleibt, trotz grundsätzlicher Versöhnung mit Gott, eine „Hinneigung" zum Bösen (Konkupiszenzlehre). Daher findet im Menschen ständig ein Kampf statt zwischen den Antrieben des Heiligen Geistes und den Neigungen zum Bösen. Der Mensch findet sich auf beiden Seiten wieder: Er kämpft für das Gute und, obwohl er das nicht will, gegen das Gute (vgl. Röm 7,18–21).

Sich in der Versuchung für das Gute zu entscheiden: Ist hier mehr der menschliche Wille oder mehr die göttliche Gnade wirksam? Je nachdem, worauf mehr Gewicht gelegt wird, entstehen unterschiedlich akzentuierte Spiritualitäten. Als Extreme stehen einander Asketismus (= Überbetonung der menschlichen Willensleistung, Gefahr der Selbsterlösung) und der sog. Quietismus (= Überbetonung des „Lassens", Unterschätzen der täglichen Mühe)[32] gegenüber.

Antonius der Große

Antonius gilt als Begründer des christlichen Mönchtums. Diese Zuschreibung beruht auf dem „Leben des heiligen Antonius", einer von Bischof Athanasius von Alexandrien (um 300–373) verfassten Hagiographie. Darin nehmen die Versuchungen des Antonius breiten Raum ein: Der Teufel erscheint ihm in unterschiedlichen Gestalten, um ihn zu verführen und zu quälen. Dieses Thema wurde in der abendländischen Kunst und Literatur vielfach aufgegriffen. Besonders das vom niederländischen Maler Hieronymus Bosch (um 1450–1516) um 1500 gemalte Bild „Die Versuchung des heiligen Antonius" hatte zur Folge, dass Antonius seither als Prototyp des von vielen Seiten angefochtenen Menschen gilt.

Anbetung

… wenn du dich vor mir niederwirfst und mich anbetest (Mt 4,9): ein wahrhaft teuflisches Angebot! Verschiebt sich nämlich die Relation von Gott und Mensch, von Schöpfer und Geschöpf, verliert der Mensch alles: sich, Mitmensch, Welt, Gott. Die Frage nach der Anbetung berührt den Kern des Bundes von Gott und Mensch. Es geht um das rechte Verhältnis zu Gott und – vielleicht noch mehr – um das, was der Mensch von sich denkt.

In der Anbetung ist der Mensch gewissermaßen ganz beim Du Gottes, um – interesselos! – die göttliche Wirklichkeit um ihrer selbst willen zu würdigen. Anbetung bedeutet, dass der Mensch als vernunftbegabtes Geschöpf mit der absoluten Erhabenheit und Einzigkeit Gottes zugleich die eigene Abhängigkeit von ihm erkennt – und diese bejaht. Es kann sich nicht um einen anbefohlenen, sondern nur um einen freien Akt handeln.

Hinzuzufügen ist: Je mehr jemand sich als Gottes bedürftig versteht, umso freier ist und wird dieser Mensch! Mit der Zustimmung zur Abhängigkeit von Gott wächst die Freiheit des Menschen. Kurz vor seiner Hinrichtung durch die Nazis am 2. Februar 1945 schrieb Alfred Delp SJ – mit gefesselten Händen:

> „Das gebeugte Knie und die hingehaltenen leeren Hände sind die beiden Urgebärden des freien Menschen […] Brot ist wichtig, die Freiheit ist wichtiger, am wichtigsten aber ist die ungebrochene Treue und die unverratene Anbetung."[33]

3. Tabor

Der im Neuen Testament nicht lokalisierte Berg der Verklärung wird seit frühchristlicher Zeit (Origenes, Eusebius von Cäsarea, Cyrill von Jerusalem) mit dem Berg Tabor am Ostrand der Jesreelebene in Galiläa identifiziert. Die von den Synoptikern erzählte sog. Verklärung Jesu (vgl. Mt 17,1–9; Mk 9,2–10; Lk 9,28–36) meint ein Offenbarungsereignis. Drei Apostel werden von Jesus *auf einen hohen Berg* mitgenommen und sehen Jesus Christus, ganz durchlichtet, neben ihm Mose und Elija. Sie werden *Augenzeugen seiner*

Macht und Größe (2 Petr 1,16). Zur Vision kommt eine Audition: *Es erscholl eine Stimme aus der Wolke: Dieser ist mein geliebter Sohn; auf ihn sollt ihr hören* (Mk 9,7). Wir gehen auf folgende Gesichtspunkte ein:

- Taborlicht: Den Pascha-*transitus* Jesu Christi mitgehen kann bedeuten, „auf den Berg" geführt zu werden und Überwältigendes schauen zu dürfen: Momente, in denen die göttliche Herrlichkeit Jesu Christi als die Wahrheit durchscheint und eine Ahnung von der Ewigkeit vermittelt wird. Wir erörtern erneut Themen christlicher Mystik: Dafür ziehen wir eine Offenbarungsszene des Alten Testaments in Betracht, in der Mose den *Vorübergang des HERRN* erlebt (Ex 33,18–23).
- Vergöttlichung: Das Evangelium spricht von einer „Verwandlung" Christi. Auch über den Moment hinaus bewirkt der spirituelle Weg Umgestaltung, sogar „Vergöttlichung" (griech. *théosis*). Wie ist das zu verstehen?
- Tabor und Pascha: Mose und Elija *sprachen von seinem Ende, das er in Jerusalem erfüllen sollte* (Lk 9,31). Bald darauf folgt die zweite Ankündigung von Leiden und Auferstehung Jesu (vgl. Lk 9,43b-45). Die Taborerfahrung ist nicht zu trennen vom übrigen Weg Jesu.
- Das Gebet Jesu: Die Metamorphose Jesu ereignet sich, während er betet (Lk 9,28–29). Wie betete Jesus?

Das „Taborlicht"

Der Begriff „Taborlicht" entstammt ostkirchlicher Frömmigkeit und spielt seit dem 14. Jh. im sog. Hesychasmus eine Rolle, einer byzantinischen, vornehmlich auf dem Berg Athos beheimateten, später in der gesamten Welt der Orthodoxie verbreiteten Form von Spiritualität. Der Hesychasmus ist überzeugt, dass das Taborlicht kein Privileg der Apostel war, sondern allen zugänglich ist, die in rechter Weise beten und sich um die Reinigung ihrer Seele bemühen. Die Voraussetzung für das Erleben einer besonderen göttlichen Gnade ist ein Zustand gänzlicher äußerer und innerer Ruhe (griech. *hesychía*). Der Weg zur Hesychia ist das „Jesus-Gebet" oder

„Herzens-Gebet", über lange Zeiträume praktiziert. Das „Tabor-licht" wirft Fragen auf: Welche Rolle spielt die Erleuchtung im Christentum? Welchen Stellenwert haben die „Schau", die Vision und andere, außerordentliche Phänomene (Ekstase, Entrückung, Verzückung usw.) auf dem Weg des Glaubens?

 Erleuchtung

Die Erfahrung von Licht ist elementar. Sie eignet sich, die Gottes-begegnung oder die Selbst- und Welterfahrung im Licht des Glau-bens metaphorisch zu bestimmen: *Denn bei dir ist die Quelle des Lebens, in deinem Licht schauen wir das Licht* (Ps 36,10). Als mysti-sches Phänomen im engeren Sinn zeigt sie einen Durchbruch an. Dem oder der Betroffenen wird klar, dass etwas Grundlegendes ge-schehen ist. Der US-amerikanische Philosoph und Psychologe Wil-liam James (1842–1910) nannte das „Erleuchtungsbewusstsein". Kennzeichen ist eine spezifische Passivität. Nach (Pseudo-)Diony-sius Areopagites (um 500 nC.) wird „das Göttliche erlitten" (lat. *pati divina*).[34]

Für die frühe Kirche war klar: Die Erleuchtung (griech. *photis-mós*) ereignet sich in der Taufe. Sie öffnet und reinigt die Augen des Herzens. Erst die Taufgnade lässt den „Glanz des Evangeliums von der Herrlichkeit Christi, der Gottes Bild ist", aufstrahlen und als die Wahrheit Gottes unter den Menschen christusförmig sehen:

> *Denn Gott, der sprach: Aus Finsternis soll Licht aufleuchten!, er ist in unseren Herzen aufgeleuchtet, damit aufstrahlt die Erkenntnis des gött-lichen Glanzes auf dem Antlitz Christi. (2 Kor 4,6)*

Christliche Mystik ist Begegnungsmystik. Um eine „Erleuchtung" einzuordnen, sollte sie – auf irgendeine Art – den Verweis auf Christus in sich tragen und das Dialogische nicht ausschließen. Sie ist Geschenk und manipulativ nicht zu erreichen. Die Erleuchtung kommt vom Angesicht des Anderen, besonders des Armen und Fernsten, her. Und sie hängt am Tun der Gebote: *Das Gebot des HERRN ist rein, es erleuchtet die Augen* (Ps 19,9). Die Orte, wo *die Augen aufgetan* werden (Lk 24,31), sind das Hören des Wortes, das Brechen des Brotes und der Dienst an den Bedürftigen.

Schau

Der Weg mit Jesus führt auf den Tabor, und der Sinn des Weges in und auf die Höhe ist ein Schauen. Er gipfelt in der Gottesschau (lat. *visio beatifica*): „Die Herrlichkeit Gottes ist der lebende Mensch, das Leben des Menschen die Schau Gottes" (Irenäus von Lyon, um 135– um 200). Der Glaube nimmt den gesamten Menschen verwandelnd in Anspruch, also auch seine Vorstellungs- und Einbildungskraft. Die Bibel und die Glaubensgeschichte kennen die visionäre Dimension, die sich in der Begegnung oder in der Einung von Gott und Mensch begeben kann. Das Phänomen des Visionären ist jedoch ein eher zufälliger Begleitumstand und nichts Wesentliches oder etwas, worauf es vor Gott und vor den Menschen ankäme. Das gilt auch für andere Phänomene psychophysischer Art (wie z. B. Ekstase, Entrückung, Verzückung), die eine überaus intensive Erfahrung begleiten können. Für Teresa von Ávila und Johannes vom Kreuz sind sie ein „Sold" der menschlichen Schwäche angesichts der überwältigenden Begegnung mit dem lebendigen Gott.

An dieser Stelle ist an die kontemplative Schau zu erinnern – das stille, meist wortlose Verweilen vor Gott, das Sich-Einlassen auf die Nähe Gottes, ein „Aufgehobensein der Seelenkräfte" (Teresa von Ávila). Darin wird nichts erzielt noch ist etwas verlangt. Der Betende schaut und erfährt das „lichte Dunkel Gottes", aber weiß nicht wie. Wie die Erleuchtung muss sich auch das Geschenk dieser Erfahrung im Dienst an den Menschen ausweisen. Ziel christlicher Beschauung kann nie Entweltlichung sein, sondern „heilende Verklärung der Welt".

Offenbarung und Geheimnis

Die Sehnsucht nach der Schau Gottes als der Gotteserfahrung war und ist stets ein Antrieb christlicher Spiritualität und Mystik. Dabei gilt es, die zwei Seiten christlicher Erfahrung in Schwebe zu halten: Offenbarung und Geheimnis, Enthüllung und Verhüllung, Wissen und Nichtwissen. Das lässt sich an Ex 33,18 – 34,6 verdeutlichen. Hier kommen wichtige Elemente christlicher Glaubenserfahrung zur Sprache. Darüber hinaus lässt das *Vorüberziehen des HERRN* aufhorchen, weil es an Pascha erinnert.

- Offenbarung – „Erfahrung": *Lass mich doch deine Herrlichkeit schauen* (Ex 33,18) – so bittet Mose den Herrn. Sein Wunsch wird gewährt: *Ich will meine ganze Güte vor dir vorüberziehen lassen* (33,19), auf dem Gipfel des Berges, in einem *Vorübergang des HERRN* (34,6). Gott gibt sich zu erkennen – das ist der Kern des Christentums: Gott hat sich gezeigt, restlos. Der Logos Gottes hat sich im Menschen Jesus von Nazaret zugänglich und erfahrbar gemacht.
- Geheimnis – „mehr als Erfahrung": Mose darf nur die Rückseite Gottes sehen (Ex 33,23). Gott ist immer auch jenseits menschlicher Erfahrung von ihm. Das christliche Verständnis von Gott erinnert: Gott ist größer als alles Wissen von Gott. Das Letzte von Gott kann nicht erfahren werden. Es übersteigt grundsätzlich jede Erfahrung sowie jede begriffliche oder bildliche Festlegung.

Das Jesusgebet oder Herzensgebet

Das Jesusgebet (auch „immerwährendes Gebet") geht auf das frühe orientalische Mönchtum zurück. Man rezitierte viele Male laut, halblaut oder innerlich den Namen „Jesus". Die Anrufung *Herr Jesus Christus, erbarme dich meiner* (vgl. Mk 10,47) ist seit dem 6. Jh. belegt. Seither wird es im christlichen Osten und ab der Neuzeit auch im Westen praktiziert. Zu seiner Verbreitung trug das bereits erwähnte Buch „Aufrichtige Erzählungen eines russischen Pilgers" bei. Die Überlieferung kennt mehrere Varianten des genannten Bibelverses. Aber stets wird der Name Jesu angerufen.

Hildegard von Bingen (1098–1179): die „Schau"

Hildegard von Bingen wird gerne als „Frau im Kräutergarten" gesehen. Diese Zuschreibung verkennt die Größe dieser universalgelehrten Benediktinerin, die seit 2012 als Heilige und Kirchenlehrerin verehrt wird. Sie war Äbtissin, Theologin, Dichterin, Komponistin, Beraterin vieler Persönlichkeiten. Doch wenn es einen Schlüssel gibt, um das Leben und die Werke Hildegards zu verstehen, ist es „die Schau". Nach eigenen Angaben empfing Hildegard bereits im frühen Kindesalter diese Gabe. Jutta von Sponheim, eine Reklusin, führte sie in das geistliche Leben ein. Etwa 1114 legte sie die Gelübde nach der Regel des hl. Benedikt ab, gründete zwei Klöster und stand ihnen als Äbtissin vor. Sie unternahm weite Seelsorgereisen und predigte öffentlich; darin wird Hildegard mit den Propheten des Alten Testaments verglichen.

Hildegards Visionen kreisen um ein Thema: die Einheit der Schöpfung. Die Welt der Engel, der Sinne, Seele, das Wirken der Gnade, die Natur von Pflanzen und Tieren stellen einen Kosmos dar. Nach 1141 schreibt Hildegard das auf, was sie über viele Jahre erfuhr. Das Ergebnis ist eine visionäre Trilogie: „Wisse die Wege" (Glaubenslehre), das „Buch der Lebensverdienste" (Ethik), die „Gotteswerke" (Welt- und Menschenkunde). Auch in ihren Briefen, Liedern sowie in ihrer Natur- und Heilkunde steht der Mensch als die leibhaftige Mitte des Kosmos da. Zur Hildegard-Renaissance der letzten Jahrzehnte haben Symbolforschung, allgemeine Wissenschaftsgeschichte, Medizin und Kunstgeschichte beigetragen, noch mehr allerdings ihre Banalisierung durch die gegenwärtige Gebrauchsesoterik.

Halten wir fest: Christliche Glaubenserfahrung weiß, ‚Gott ist stets mehr und größer als alles, was ich von ihm erfahre'. Die Spannung von „Erfahrung" und „mehr als Erfahrung" ist auszuhalten. Wird Erfahrung zu sehr betont, läuft der Mensch Gefahr, die Wirklichkeit des je größeren Gottes zu missachten, Bescheid zu wissen (Gnosis) und Gott für eigene Zwecke einzusetzen. Die geistliche Tradition nennt dies „geistliche Genusssucht" (lat. *gula spiritualis*). Werden ständig das Dunkel Gottes und seine Nicht-Erfahrung unterstrichen, gleitet Gott ins völlige Dunkel ab (verschleierter Agnostizismus[35]).

Methoden der Meditation

Dies im Blick zu behalten, hilft bei der Beurteilung von Meditationsmethoden, die dem außerchristlichen Bereich entstammen. Je stärker ein Weg eine bestimmte Erfahrung vermittelt, desto mehr besteht die Möglichkeit, dort stehen zu bleiben. Die Testfrage lautet: Ist der Raum des „Erfahrbaren" noch offen auf das „Mehr-als-Erfahrbare" hin? Andernfalls wäre es möglich, dass die Erfahrung immanent bliebe. Anders gesagt: Es ist ein Reifeschritt auf dem geistlichen Weg, die letzte Unbegreifbarkeit des Göttlichen anzuerkennen. Dies ist immer wieder gefordert und führt in die Haltung der Demut.

Theosis – vergöttlichtes Menschsein

Kommen wir auf die Verklärungsperikope zurück. Die Apostel wurden „Augenzeugen" einer Verwandlung (Metamorphose) der Gestalt Jesu. Später ist *eine leuchtende Wolke, die ihren Schatten auf sie warf* erwähnt (Mt 17,5). Die frühe Kirche sah darin einen Hinweis auf den Heiligen Geist. So wie er Maria vor der Geburt des Erlösers *überschattete* (Lk 1,35), führt er die Jünger und, so ist zu ergänzen, Glaubende aller Zeiten, in die tiefere Erkenntnis des Herrn und in die Gottähnlichkeit. Die Berufung des Menschen ist ja, *Anteil an der göttlichen Natur* [zu] *erhalten* (2 Petr 1,4; Eph 2,18). Dies ist nichts, was der Mensch durch eigene Anstrengung herbeiführt, sondern ein Vorgang der Umgestaltung, von göttlicher Gnade bewirkt und allen zugesagt. „Gott wurde Mensch, damit der Mensch Gott werde" – so lautet die Erlösungslehre der Kirchenväter. Dieser Gedanke spielt eine wichtige Rolle in der christlichen Frömmigkeitsgeschichte, etwa bei Johannes vom Kreuz: „Das, was Gott beansprucht, ist, uns zu Göttern durch Teilhabe zu machen, wie er es von Natur aus ist, wie das Feuer alle Dinge in Feuer verwandelt."[36]

Wenn Gnade die *Selbst*mitteilung Gottes ist, ist sie vergöttlichende, eine Gott gleichgestaltende Gnade. Wie „vergöttlichtes Menschsein" zu verstehen ist, hat das Konzil von Chalkedon (451) erläutert. Vergöttlichung geschieht in der „Annahme an Kindes statt", d. h. in der Gleichgestaltung mit Christus. Der Weg der Vergöttlichung ist also Christus selber. Solche geistgewirkte Metamorphose in das Bild Christi (2 Kor 3,18) ist zugleich die wahre Vermenschlichung. Damit stellt sie das Kontrastprogramm zur Selbstvergöttlichung als der menschlichen Urversuchung (vgl. Gen 3,5) dar.

Dem Pascha-*transitus* Christi im eigenen Leben einen Ort geben bedeutet, dieser göttlichen Seinsdynamik Raum zu verschaffen. Alle sind zur mystischen Innigkeit berufen, wie sie in der Taborerfahrung aufleuchtet:

„Der geistliche Fortschritt strebt nach immer innigerer Vereinigung mit Christus. Diese Vereinigung wird ‚mystisch' genannt, weil sie durch die Sakramente – die heiligen ‚Mysterien' – an dem Mysterium Christi teilhat und in Christus am Mysterium der Heiligsten Dreifaltigkeit. Gott beruft uns alle zu dieser innigen Vereinigung mit ihm." (KKK 2014, mit Verweis auf *Lumen gentium* 40)

Die „innige Vereinigung" ist in der Tiefenschicht des Menschen angesiedelt. Ausdruck und Auswirkung können sehr unterschiedlich und müssen keineswegs spektakulär sein. Der Vorübergang des Herrn kann mitten in der beruflichen Tätigkeit geschehen: *Als Jesus am See von Galiläa entlangging, sah er zwei Brüder, Simon, genannt Petrus, und seinen Bruder Andreas; sie warfen gerade ihr Netz in den See, denn sie waren Fischer.* (Mt 4,18) Der Anblick, die Anrede, das Erkennen im Erkannt werden und das Tun in der Nachfolge (vgl. Mt 4,19–20) – es gibt auch eine Mystik, die im Alltäglichen verborgen bleiben will.

Theosis im Alltag

Der Glaube an die Vergöttlichung bezieht sich keineswegs nur auf das Ende und auf die „letzten Dinge". Er prägt den Zugang zur Wirklichkeit überhaupt. Der Paläontologe und Priester Pierre Teilhard de Chardin SJ (1991–1955) schrieb 1946 an einen Freund: „Die Verklärung [ist] vielleicht das schönste Geheimnis des Christentums, wenn man es zu Ende denkt: Das Göttliche, das im Grunde in Zukunft aus allen Dingen hindurchscheint."[37] Theosis bedeutet keine Sakralisierung der Wirklichkeit. Erinnern wir uns: Einheit in bleibender Differenz – das „unvermischt und ungetrennt" (Konzil von Chalkedon 451) bleibt immer gültig. Wenn Gott in allen und in allem „durchscheint", ist ein neuer Lebens- und Arbeitsstil möglich, charakterisiert durch Einfachheit und durch Verbundenheit. Der glaubende Mensch weiß, selbst ein Teil des göttlichen Welt-Gewebes zu sein: „Wenn wir uns allem, was existiert, innerlich verbunden fühlen, werden Genügsamkeit und Fürsorge von selbst aufkommen" (Papst Franziskus, Enzyklika *Laudato si'* 11). Eine derartige

„Spiritualität der globalen Solidarität" entspringt aus dem Geheimnis der Dreifaltigkeit:

> „Denn die menschliche Person wächst, reift und heiligt sich zunehmend in dem Maß, in dem sie in Beziehung tritt, wenn sie aus sich selbst herausgeht, um in Gemeinschaft mit Gott, mit den anderen und mit allen Geschöpfen zu leben. So übernimmt sie in ihr eigenes Dasein jene trinitarische Dynamik, die Gott dem Menschen seit seiner Erschaffung eingeprägt hat. Alles ist miteinander verbunden, und das lädt uns ein, eine Spiritualität der globalen Solidarität heranreifen zu lassen, die aus dem Geheimnis der Dreifaltigkeit entspringt." (*Laudato si'* 240)

Das Wissen, zum göttlichen Leben berufen zu sein, erleichtert den Schritt, aus der Konsumhaltung auszusteigen und mit weniger zufrieden zu sein. Die innere Freiheit wächst. Verzichten und neues Genießen werden möglich. So kann der Glaube an die Vergöttlichung den alltäglichen Umgang mit Menschen und Dingen prägen.

Was ist uns am Berg Tabor bisher klar geworden? Die Erfahrung am Berg der Verklärung (Tabor) ist von Licht, Erleuchtung und einer visionären Schau der göttlichen Wahrheit gekennzeichnet. Das Geschaute aber bleibt verhüllte Offenbarung, denn Gott ist stets mehr und größer als jede menschliche Erfahrung von ihm. Christliche Gottesschau kommt vom Angesicht des Anderen (Christus) her. In der Sicht der Frühen Kirche ereignen sich „Erleuchtung" (griech. *photismós*) und „Überschattung von Heiligem Geist" bei der Taufe und bewirken durch Christusgleichgestaltung („Annahme an Kindes statt") die Vergöttlichung (*théosis*) des Menschen.

Tabor und Pascha

Die Rahmung der Taborperikope ist zu beachten. Davor ist die erste Ankündigung von Leiden und Auferstehung Jesu (Mt 16,21–23), der in VV. 24–26 ein Abschnitt über Nachfolge und Selbstverleugnung folgt. Nach der Verklärung (Mt 17,1–9) kündigt Jesus das zweite Mal sein Leiden und die Auferstehung an (17,22–23). Dieser Kontext ist bedeutsam. Die Taborerfahrung ist ein Vorausblick auf jene göttliche Herrlichkeit, aus der Jesus in die Welt gekommen ist und in die er wieder zurückkehren wird. Der Weg dorthin geht aber durch Tod und Auferstehung hindurch. Bereits während des Geschehens sprachen Mose und Elija *von seinem Ende, das er in Jerusalem erfüllen sollte* (Lk 9,31).

Das Vorzeichen bleibt also das Pascha. Die Metamorphose Jesu wird berichtet, um die Jünger auf die Karfreitagskrise und auf das kommende Ärgernis vorzubereiten. Die indirekt vermittelte Botschaft lautet: In der Verklärung wird das Leiden nicht abgespalten. Der Kreuzestod Jesu ist kein störender Durchgang zur Herrlichkeit, sondern ein bleibendes Merkmal bis in den Glanz Gottes hinein. Der Auferstandene trägt die Wundmale; sie weisen seine Identität aus.

Für ein Leben im Modus des Pascha-*transitus* heißt dies: Das Mitgehen mit Jesus zum Berg der Verklärung ist nicht zu isolieren vom Standhalten mit Jesus auf dem Berg der Versuchung (Mt 4,8–10) und vom Mitaushalten seiner Anfechtungen am Ölberg (Mt 26,36–46). Die dort empfangenen Wunden zeigen die Zugehörigkeit zu Jesus und geben Anteil an seinem Ostersieg.

Das Gebet Jesu

Jesus nahm *Petrus, Johannes und Jakobus mit sich und stieg auf einen Berg, um zu beten* (Lk 9,28). Diese Einleitung passt zu Lukas. Er beschreibt den betenden Jesus. Jesus zieht sich immer wieder zurück, um in der Stille zu seinem Vater zu beten (vgl. Lk 3,21; 5,16; 6,12). Lukas hebt hervor, dass entscheidende Momente im Leben Jesu von Gebet umrahmt und durchzogen sind.

Jesus war Jude. Er war mit dem Gebet Israels vertraut. Israel wollte sich als betendes Gottesvolk verstehen, das seine Beziehung zu Gott in elementaren Vollzügen realisierte, im Hören, Loben, Klagen und Ringen mit Gott. Jesus orientierte sich an der jüdischen Gebetsordnung. Er *ging, wie gewohnt, am Sabbat in die Synagoge* (Lk 4,16). Den Tempel nennt er *Haus des Gebetes* (Mk 11,17). Auch die Gebetslehre Jesu steht in jüdischer Tradition. Jesus ergänzt sie jedoch mit Ausdrücken, die zum Kern seiner Verkündigung gehören. Das Vaterunser enthält den wichtigsten Bestand der vorösterlichen Verkündigung Jesu.

Das ganze Leben Jesu ist von Gebet geprägt.[38] Es ist jene Quelle, aus der Jesus lebt, wirkt, leidet und stirbt. Jesus betet allein (vgl. Mk 1,35; 6,46; 14,32–39). Das darf so gelesen werden, dass er als der Sohn in einer einmaligen Beziehung zum Vater steht. Das Besondere des Betens Jesu ist das Vertrauen: Es ist durchgängig da; sogar im Angesicht des Todes wird es erbeten und gefunden. Dieses Vertrauen ist zu finden in der Gebetsanrede *Abba* (vgl. Mk 14,36), im sog. Jubelruf Jesu (Mt 11,25–26; Lk 10,21–22) oder am Grab des Lazarus (Joh 11,41–42) und in der Stunde der Entscheidung beim Einzug in Jerusalem (Joh 12,27–28).

4. Berg der Seligpreisungen

Unweit vom Tabor, am Nordrand des Sees Gennesaret in Nordisrael befindet sich der Berg der Seligpreisungen. Gemäß christlicher Überlieferung handelt es sich um den Ort, an dem Jesus die Bergpredigt hielt (vgl. Mt 5–7), die mit den Seligpreisungen (Mt 5,3–12) beginnt. Nach Lukas fand hier außerdem die „Wahl der Zwölf" statt (Lk 6,12–16), die Jesus *Apostel* nannte. Dieser Ort inspiriert uns, den Blick auf einige Themen zu richten:

- Die Bergpredigt und ihr voran die Seligpreisungen sind „Evangelium im Evangelium". Ohne eine Fühlungnahme mit dem Geist, der aus den Seligpreisungen atmet, lässt sich Einiges, was christliche Spiritualität vorlegt, nicht nachvollziehen.
- Das betrifft etwa die sog. Evangelischen Räte, die eine Lebensperspektive für alle Getauften sind. In ihrer Radikalität erinnern sie an den Wurzelgrund des Christseins (lat. *radix*, „Wurzel").
- Die Leseordnung der röm.-kath. Liturgie sieht die Seligpreisungen für das Hochfest „Allerheiligen" (1. Nov.) vor. Damit schlagen wir das Kapitel der sog. Communio-Spiritualität auf.
- Jesus betet vor der Wahl der Apostel. In der Bergpredigt (bzw. „Feldrede" bei Lukas) sagt Jesus, wie wir beten sollen. Wir wenden uns also erneut dem Thema Gebet zu.

Der Geist der Seligpreisungen

Die Seligpreisungen (Mt 5,3–12; Lk 6,20–26) üben geradezu unwiderstehliche Faszination aus. Es handelt sich um einen Text, der über das Christentum hinaus in Bann zieht (z. B. Mahatma Gandhi). Er ist das „Manifest der Alternative" schlechthin.

Im Text sind neben dem Wort *selig* die Begriffe *Himmelreich* und *Gerechtigkeit* wichtig. Die *Herrschaft Gottes* (griech. *basileía*) ist das Kommen Gottes, um die Menschen in ihren Nöten und Leiden aufzufangen. Die Basileia Gottes beginnt mit dem Auftreten Jesu, seinem Wirken und seiner Predigt. Der Anspruch Jesu ist, die Gottesherrschaft auszurufen als jenes Ereignis, in dem Gott allem und jedem den richtigen Platz gibt. Die Gerechtigkeit Gottes kommt zum Zuge: Alles findet seine Erfüllung. In allem und in allen Menschen wird Gottes Wille wirksam.

Wo Menschen sich darauf einlassen, werden sie *selig*, glücklich. Die Seligpreisungen handeln von einer bestimmten Art, zu sein und vor Gott zu stehen. Sie sind eine Proklamation des Jünger-Jesu-Seins und umreißen das christliche Lebensprogramm. Zugleich skizzieren sie wahrhaftiges, authentisches Menschsein, beinhalten also eine Anthropologie.

Evangelische Räte: Lebensperspektiven für alle

Die Gottesherrschaft und der Geist der Seligpreisungen kennzeichnen die Atmosphäre eines Lebens, das von den „evangelischen Räten" (lat. *consilia evangelica*) inspiriert ist; „evangelisch" bezeichnet hier keine Konfession, sondern die Herkunft aus dem Evangelium.[39] Es handelt sich um Armut, evangelische Ehelosigkeit und Gehorsam. Sie haben ein Woher und ein Wohin: Gottes „Herrschaft". Danach zu leben und dabei auf elementare Vollzüge des Menschseins zu verzichten, ist Antwort auf das, was Gott durch Jesus Christus im Heiligen Geist an uns getan hat, und zwar: „gratis". Die Räte atmen „Dankbarkeit und Unentgeltlichkeit":

> „Dankbarkeit und Unentgeltlichkeit [ital.: *gratitudine e gratuità*] […], das heißt ein Erkennen der Welt als ein von der Liebe des Vaters

erhaltenes Geschenk, das als Konsequenz die Bereitschaft eines freien Verzichts hervorruft, der keine Gegenleistung erwartet, und Handlungen aus Großzügigkeit, auch wenn niemand sie sieht und anerkennt." (Papst Franziskus, *Laudato si'* 220)

Die Weisungen (Räte) haben somit ein Woher – aber auch ein Wohin. Die Werte des Gottesreiches sollen im Hier und Heute unserer Welt real werden. Insofern ist das Himmelreich eine politische Größe. Die Weisungen des Evangeliums – und eben auch die klassischen Räte – zielen nicht nur und nicht in erster Linie das rechte Leben des Einzelnen, sondern den Aufbau von heilsamen Strukturen des Zusammenlebens und des Lebens mit Gott an. Sie stehen im Dienst am Schwachen.

 Lebenskultur nach dem Evangelium

Consilium ist das lateinische Wort für Rat. Es bedeutet auch Überlegung, Klugheit, Einsicht, Entschluss, Plan, Absicht. Evangelische Räte sind Entschlüsse, gefasst aus der Betroffenheit durch das Evangelium. In ihnen verdichtet sich die Option, nach dem Evangelium zu leben. Dabei geht es nicht darum, einzelne Weisungen oder Räte „zu befolgen" (und andere nicht). Das Ziel ist eine Lebensform, das Gesamt einer Lebensgestalt nach dem Evangelium. Das inkludiert Gemeinschaft. „Kultur" ist stets etwas, das mit anderen geteilt wird.

Die „vielfachen Räte des Evangeliums" (II. Vaticanum, *Lumen gentium* 42) haben sich in den drei herkömmlichen verdichtet. Das war das Ergebnis einer geschichtlichen Entwicklung. Wofür steht die Trias von Armut, Ehelosigkeit und Gehorsam?

 Begründungen

Die evangelischen Räte lassen sich „von oben" (christologisch, eschatologisch) und „von unten" (anthropologisch) erschließen. In ihnen konkretisiert sich der Wunsch, Christi *Spuren zu folgen* (1 Petr 2,21; vgl. *Vita consecrata* 22)[40] und „seine Erfahrung der Keuschheit, der Armut und des Gehorsams zu teilen" (VC 19). Besonders die Ehelosigkeit ist Ausdruck einer exklusiven personalen Hingabe an Christus („geistliche Vermählung", vgl. 2 Kor 11,2b)

und des Ausschauens nach seiner Wiederkunft (vgl. Mt 25,1–12). Sie gilt aber auch als Mittel, um im Vorletzten an das Letzte zu erinnern. Simon Peng-Keller plädiert für den Begriff „evangelische Ehelosigkeit", weil die Alternativen missverständlich sind: Keuschheit (lat. *castitas*) fokussiere den genitalen Aspekt der Geschlechtlichkeit, bedeute nicht unbedingt dauerhafte sexuelle Enthaltsamkeit und werde als Tugend auch Eheleuten zugesprochen. Jungfräulichkeit (lat. *virginitas*) sei zwar biblisch fundiert und spiritualitätsgeschichtlich wirksam, aber die primäre Bedeutung (sexuelle Unberührtheit einer Frau) sowie eine belastete Geschichte erschwere ein Verständnis im kulturellen Kontext der Gegenwart. Zölibat (von lat. *caelebs*, „allein, unvermählt lebend") kann auch eheloses Leben ohne religiöse Motivation bedeuten.[41]

Der anthropologische Zugang sieht in den drei Räten christliche Antworten auf menschliche Urwünsche. Besitz, Sexualität und Selbstbestimmung umfassen miteinander das Ganze des Menschseins. Jeder Mensch strebt nach Ansehen und Zuwendung, Freiheit und Macht, Heimat und Besitz. Armut, Ehelosigkeit und Gehorsam sind Ausdruck des Willens, das Leben zur Gänze Gott zu überantworten. Sie zielen auf ein Leben, das „einfach" (Armut), „gemeinsam" (Keuschheit) und „wach" (Gehorsam) sein will.

Inklusive Interpretation

Bis zum II. Vaticanum galt ein klares Gegenüber: Das „Gesetz" der Zehn Gebote richtet sich an alle. Die „Räte" sind nur für jene, die sich freiwillig daran binden (Ordensstand). Nach der Lehre des Konzils gelten die Räte als die Grundform jeder christlichen Existenz (vgl. *Lumen gentium*, Kap. V), da ja auch „alle Christgläubigen jeglichen Standes oder Ranges zur Fülle des christlichen Lebens und zur vollkommenen Liebe berufen sind" (ebd. 40). Einige in der Kirche übernehmen in einer institutionalisierten Weise das Leben nach den drei evangelischen Räten. Dies darf jedoch die anderen nicht davon dispensieren, sich von den evangelischen Räten in Frage stellen zu lassen und sie auf ihr Leben hin zu interpretieren. Es handelt sich um Haltungen, die angesichts des Reiches Gottes auf dem Weg menschlicher Selbstwerdung, aber auch für die Gesellschaft als ganze entscheidend sind. Die Räte sind ein Gegenkonzept: statt der

Dominanz des Habens Armut und Solidarität, statt der Vergötzung von Macht und Selbstverherrlichung Demut und Gottesgehorsam, statt Potenzgehabe Reinheit und schöpferische Liebe.

Evangelische Räte für heute

Für alle Reformulierungen der Räte, die über die klassischen Drei hinausgehen, gelten die gleichen Vorzeichen: Sie wollen dem Evangelium Jesu Christi ein Gesicht geben. Und: Die Räte sind eine „gratis"-Antwort auf „gratis" Empfangenes. Sie sind zuerst auf das gemeinschaftliche Leben bezogen, danach auf das individuelle. Sie wollen über Haltungen Strukturen schaffen, die zur Gottesherrschaft passen.[42]

- Gewaltlosigkeit (vgl. Mt 5,38–39) nimmt nicht unterschiedslos Angriffe hin, sondern ist kreativ und sucht die Gestaltung von Unterschiedlichkeit, des Gefälles von Macht und Ohnmacht, der Reaktion auf Ablehnung; ist gefragt in alltäglichen Situationen (z. B. Art der Kommunikation, Achtung von Kompetenzbereichen).
- Vergebung (vgl. 1 Thess 5,15; Kol 3,13; Eph 4,32) ist als Haltung das Bemühen, sich Situationen der Schuld, des Täter- oder Opfer-Seins zu stellen und die Vergangenheit zu reflektieren. Das ermöglicht Zukunft. Ziel ist, das Geschehene zu integrieren, als Teil meines/unseres Geworden-Seins zu sehen und in Frieden zu lassen.
- Entschleunigung (vgl. Lk 19,5; Joh 4,6) will im weiten Horizont Gottes ein neues Verhältnis zur Zeit gewinnen; mehr Gelassenheit statt ständiges Streben nach Vorwärtskommen; Innehalten, um einen klareren Blick auf die Wirklichkeit zu bekommen.
- Dankbarkeit (1 Thess 5,18; Kol 1,12; Eph 5,20): Ohne sie wird alles selbstverständlich, die Ansprüche wachsen unkontrolliert. Sie gestaltet Beziehungen (sieht das Empfangene, fordert nicht nur ein), erkennt geschenkte Lebensmöglichkeiten und gebietet dem ständigen „aber …" Einhalt.
- Gastfreundschaft (Röm 12,13; Hebr 13,2) handelt von der Begegnung mit dem Fremden, Unbekannten, Anderen; von den

Grenzen einer Gruppe: offen oder verschlossen? Dazu muss man Zeit mitbringen und zu Hause, ansprechbar und antreffbar sein.

- Freiheit des Geistes (vgl. 2 Kor 3,17) ist nicht „Freizügigkeit" oder Beliebigkeit, sondern aus der Bindung an Jesus Christus mit Einflüssen anderer, mit Strukturen der Macht und Abhängigkeit, mit der Angst vor Zurücksetzung und Verlust umgehen, freimütig auftreten (Eph 6,20).

Im Blick auf zeitgenössische Entwicklungen ließen sich noch andere Räte benennen. Sollen die Schöpfung und die Menschheit eine Zukunft haben, werden der Geist der Räte und eine daraus entwickelte asketische Kultur (Hören, Ehrfurcht, Demut, Rücksichtnahme, Verzicht, Solidarität) unerlässlich sein.

Gemeinschaft der Heiligen

Unser Leitbegriff ist „Leben im Übergang", und zwar im Blick auf den Weg des Gottesvolkes Israel und in der Nachfolge des Pascha-*transitus* Jesu Christi. Beginnend mit Abraham sind unzählige Männer und Frauen auf diesen Weg gerufen worden. Der Geist Jesu Christi – der Geist der Seligpreisungen – hat sie inspiriert, schöpferische Vorbilder zu sein. Heilige sind weder religiöse Helden noch primär Vorbilder an Moral oder Leistung. Helden verweisen auf sich selbst. Bei Heiligen trifft das Gegenteil zu: Es sind Männer und Frauen, die über die Erfahrung ihrer Schwäche für die Gnade und Barmherzigkeit Gottes empfänglich wurden. Sie ließen sich verwandeln und verwiesen auf Gott, den Schöpfer und auf die Gnade Jesu Christi.

Ihre Kanonisierung (Aufnahme in das Verzeichnis der Heiligen) bedeutet: Es gibt zu jeder Zeit Menschen, die unter den Bedingungen ihrer Zeit Heiligkeit vorbildhaft verwirklichen. Denn jede Epoche verlangt nach einem bestimmten Typ von Heiligkeit. Heilige schaffen somit einen neuen Stil des österlichen Übergangs, einen, der jetzt dran ist. Ihre Bedeutung hatten sie schon zu Lebzeiten, nämlich den Geist der Seligpreisungen für ihre Zeit und an ihrem Ort zu übersetzen. Die Heiligen – und die Seligen, deren Verehrung ortskirchlich begrenzt ist – zeigen: Ein Leben nach der Bergpredigt ist möglich. Die Heiligen sind das „fünfte Evangelium".

Die Gebetsweisung Jesu

Die Evangelien zeichnen Jesus als Lehrer des Gebets. Besonders die Bergpredigt enthält Hinweise, wie das Gebet sein soll. Dieses elementare Rüstzeug bleibt Richtschnur, gerade angesichts einer jahrtausendealten Gebetstradition.

Das Vaterunser ist das Leitgebet (vgl. Mt 6,9–13; Lk 11,2–4).[43] Die Kirchenväter sahen darin das Kompendium christlichen Betens (Origenes, Cyprian von Karthago), ja sogar eine „Kurzformel des ganzen Evangeliums" (Tertullian). Mit den Du-Bitten spricht das Vaterunser eine vertikale und mit den Wir-Bitten eine horizontale Dimension an. Gottesliebe und Nächstenliebe sind nicht zu trennen. Beten muss mit mitmenschlicher Versöhnung einhergehen (Mt 6,14–15).

Wer betet, soll seine Motive prüfen. Es gilt, nur Gott im Auge zu haben (Mt 6,1–6.16–18). Der Rückzug in die „Kammer" relativiert den Wunsch nach öffentlicher Anerkennung. Es richtet sich nicht gegen Gebet in Gemeinschaft oder in der Öffentlichkeit. Betende wenden sich an den liebenden Vater und an den wissenden Gott (Mt 6,8; Lk 11,5–8 u. ö.). Wer bittet, darf vertrauen, gehört zu werden. Entscheidend ist der Glaube an den allmächtigen und liebenden Vater (Mk 9,23; 11,23–24; Joh 14,13).

Halten wir fest: Das Anliegen der evangelischen Räte ist ein Leben, das sich Gott gänzlich überantwortet. Solche Lebenskultur aus dem Evangelium ist nicht dem Ordensstand vorbehalten (Stichwort: Gelübde), sondern allen Getauften anempfohlen. Neben der klassischen Trias Armut, Keuschheit und Gehorsam ist der Geist der Räte auch in anderen Formen für die Zukunft der Schöpfung und Menschheit unentbehrlich.

5. Zion – Jerusalem

Zion heißt der Name jenes Berges in Jerusalem, auf dem der Tempel Jahwes gebaut wurde. „Berg Zion" ist der Tempelberg (z. B. 2 Kön 19,31; Ps 2,6; Jes 10,12). Zion ist aber auch ein Synonym für die ganze Stadt, in der sich der Tempel befindet: „Zion" ist „Jerusalem" (z. B. Ps 48,13; Jes 1,27; 52,1; Am 6,1), die „Stadt Gottes" (Ps 46,5; 48,2.9; 87,3), als solche die „heilige Stadt" (Neh 11,1.18; Jes 48,2; 52,1). Seit David um das Jahr 1000 vC. Jerusalem zum Königssitz machte, ist es nicht nur Stätte des Tempels und Sitz des Königs, sondern auch Ort der Krise und des Streites – bis in die Gegenwart. Zugleich ist der Berg Zion-Jerusalem „überragender" (Jes 2,2) Kristallisationspunkt menschlicher Sehnsucht nach endgültigem Ankommen und Frieden zwischen Völkern und Religionen (vgl. Jes 2,2–5).

Den Berg Zion im Blick, wenden wir uns im Folgenden diesen Themen christlicher Spiritualität zu:

- Das Pascha des Glaubenden und der Kirche hat das „himmlische Jerusalem" vor Augen. Diese eschatologische Ausrichtung beinhaltet mitunter sehr reale Vorentwürfe im Hier und Jetzt.
- Jerusalem ist der Ort des Pfingstereignisses. Wir vergewissern uns der Taufe als Geistgabe, fragen, worin geistliches Leben besteht und was christliches Beten ausmacht (Theologie des Gebets).
- „Tochter Zion" wurde in christlicher Zeit schon bald auf Maria hin gedeutet. Wir skizzieren in aller Kürze marianische Spiritualität.
- Jerusalem war und ist Kernzone ebenso für das Judentum und den Islam. Worin besteht ökumenische Spiritualität?

Himmlisches Jerusalem

Die Apostelgeschichte bietet eine neue Sicht von Zion-Jerusalem. Pfingsten ereignet sich in Jerusalem. Die Gabe des Heiligen Geistes hat universalisierende Wirkung. Dadurch verliert der irdische Zion an Bedeutung. Für das Heidenchristentum tun sich neue Glaubensräume auf: Athen und Rom. Dazu kommt die Situation der Verfolgung: Das „neue Jerusalem" wird eine politische Vision, um christliche Gemeinden in ihrer Bedrängnis zu stärken. Das *himmlische Jerusalem* (Gal 4,26; Hebr 12,22; Offb 3,12; 21,2.10) ist eine Realität, die schon im Jetzt den Glauben prägt. Das betrifft die Anbetung Gottes (*Gott ist Geist und alle, die ihn anbeten, müssen im Geist und in der Wahrheit anbeten*, vgl. Joh 4,24) und den Tempel. Im neuen Jerusalem gibt es keinen Tempel, *der Herr ist ihr Tempel* (Offb 21,22). Die Grenze von sakral und profan ist aufgehoben (Offb 22,3–4), die Stadt selbst ist die offene Stätte des Gottesdienstes. Gott hat keine irdische Wohnung; sein einziger Wohnsitz ist im Himmel (Apg 7,48). Paulus definiert den Tempel neu, und zwar communial, auf die Gemeinde hin:

> *Wisst ihr nicht, dass ihr Gottes Tempel seid und der Geist Gottes in euch wohnt? Wer den Tempel Gottes zerstört, den wird Gott zerstören. Denn Gottes Tempel ist heilig und der seid ihr.* (1 Kor 3,16–17)

Gleichsam als Gegengewicht hielt die inkarnatorische Struktur des Christentums den Wunsch wach, das himmlische Jerusalem sinnlich wahrnehmbar zu machen und es zu konkretisieren. Dazu zählt das seit dem 4. Jh. bestehende Wallfahrtswesen sowie die – vor allem im monastischen Milieu verbreitete – Architektur.[44] Das Kloster ist die „Stadt auf dem Berg", Abbild des himmlischen Jerusalem auf Erden, nach innen und nach außen. Hier ist ein Raum, der – soweit auf Erden möglich – Heimat und Halt bietet. Der ersehnte Himmel ragt in die irdische Zeit und in den irdischen Raum. Kontemplation und Liturgie halten diese Schau aufrecht.

Pfingsten – die Gabe des Geistes

Die Apostelgeschichte schildert das sog. Pfingstereignis (vgl. 2,1–13). Es zeigt die Jünger, wie sie, vom Heiligen Geist geleitet, Jerusalem gleichsam in Besitz nehmen. Aber dies geschieht gänzlich ohne Gewalt, nur in der Kraft der Sprache. Die Völkerwallfahrt zum Berg Zion (vgl. Jes 60: Zion als Licht der Völker) wird als Gegenstück zum alten Babel (vgl. Gen 11) real.

Communio

Pfingsten gilt als die Geburt der Kirche. Warum ist das so? Der Pfingstgeist kommt vom Pascha-*transitus* Jesu Christi her. Aufgrund dieser Herkunft ist er einer, der Übergänge möglich macht: den „Übergang" von Gott zu Mensch, von Mensch zu Gott, von Mensch zu Mensch. Denn der Heilige Geist ist die verwandelnde Nähe Gottes und führt aus Verschlossenheit und Verworrenheit ins geordnete Verstehen. Es ist eine Gegenwart, die Gemeinschaft stiftet.

Gemeinschaft ist dem Christentum eingeschrieben: Nachfolge Jesu geschah ja von Anfang an in zeichenhafter Communio. Die persönliche Jüngerschaft der Apostel stand im Dienst der endgültigen Sammlung des Volkes Gottes. Diese communiale Dimension zieht sich durch: Der Heilige Geist als die Gabe der Endzeit wird allen gemeinsam gegeben (und nicht einzelnen prophetischen oder amtlichen Gestalten). Nur von dorther kann ihn das Individuum empfangen. Paulus wird dafür den Ausdruck *Leib Christi* gebrauchen. Die eucharistische Teilhabe am lebenspendenden Leib des auferstandenen Gekreuzigten formt Kirche und ist zugleich ihr Ausdruck. Teilhabe an der Gemeinschaft des Leibes Christi und personaler Glaubensvollzug bedingen sich gegenseitig. Anders gesagt: Christliche Spiritualität beinhaltet den Vorrang des Wir vor dem Ich; sie ist kirchliche Spiritualität.

Viele Sprachen, viele Stile

Am Ursprung christlicher Spiritualität steht der Heilige Geist. Nicht der Mensch „macht" Spiritualität, sie ist vielmehr Gabe und Gnade Gottes. Der eine Heilige Geist erweckt eine Vielzahl von Gestalten, Haltungen und Formen. Bereits die Bibel birgt eine Vielzahl an Spiritualitäten. Es gibt verschiedene Weisen, die Gestalt Jesu Christi zu sehen und in der Nachfolge darzustellen. So sind etwa im Neuen Testament Maria, Johannes (der Evangelist), Petrus und Paulus jeweils Symbolfiguren eines spezifischen Typs von Spiritualität. Dazu kommen je persönliche Berufung und andere, oft geschichtlich gewachsene Faktoren. Das alles führt zu Varianten, den Glauben zu leben. Niemand kann und braucht das Ganze des Glaubens zu verwirklichen. Aber keine spezifische Spiritualität darf sich für die einzig mögliche und legitime Darstellung des Pascha-*transitus* Jesu Christi im Heute halten. Das ist nur gemeinsam möglich.

Christliche Spiritualität gibt es also nie an sich, sondern immer als einen spezifischen Typ, der durch viele Umstände bedingt ist. Ein solcher entsteht häufig durch eine begnadete Gründerfigur, eine spezielle Konzeption, Struktur und Begrifflichkeit, eine damit verbundene Pädagogik (Mystagogie) sowie „eine ‚dahinterliegende‘ spezifische theologische, manchmal auch anthropologische und philosophische Vision".[45] Von daher gibt es „Familien" von Spiritualitäten, die auf einen gemeinsamen geistlichen Grundimpuls rückführbar sind: benediktinische, franziskanische, dominikanische, karmelitische, ignatianische, salesianische usw. Spiritualität, um nur einige zu nennen.

Alle Spiritualitäten, gleich welcher Prägung, setzen geistliche Praxis voraus. Man kann diese umfassend „geistliches Leben" oder „Leben im Geist" nennen.

 Geistliches Leben

Der Heilige Geist ist Gott in seiner persönlichen Nähe. Er weckt die Freiheit des Menschen und achtet sie immer. Gott hofft, dass sich der Mensch öffnet, antwortet und seine Nähe wiederum von sich aus sucht. Geistliches Leben ist also das Geschehen einer Begegnung, und zwar über das Ereignishafte hinaus. Es meint einen Gesamtzusammenhang, der im Spannungsfeld von Spontaneität und Rhythmus, von Einsamkeit und Communio nach und nach entsteht. Dazu braucht es die Entscheidung, das gesamte Leben vom Pneuma Gottes prägen zu lassen. Diese Entscheidung ist zeitlebens zu erneuern – als tägliches Taufgedächtnis.

Leben muss erlernt und eingeübt werden, nicht anders das „Leben im Geist" (Stichwort „Askese"). Weil es um Begegnung geht, „hat" man geistliches Leben nicht einfach als Besitz in der Tasche. Sind Menschen mit einem gewissen Erfahrungsvorsprung in der Nähe, die in den Raum der Begegnung mit Gott hineingeleiten, kann das eine große Hilfe sein (Stichwort „Geistliche Führung bzw. Begleitung"). Unmittelbarster Akt des Lebens ist der Atem. Das geistliche Leben atmet im und durch das Gebet. So darf das Gebet als „der elementarste Akt des Glaubens" gelten.[46]

Kleine Theologie des christlichen Gebetes

Gebet ist nicht nur atmender Glaube, sondern auch sprechender Glaube. Aber wie ist es möglich (in christlich-theologischer Perspektive gefragt), dass sich der Mensch in einem Sprechakt an Gott wendet? Die zeitgenössischen Infragestellungen, die verschiedenen Formen des Gebets und andere Themen, die streng genommen im Rahmen einer Theologie des Gebets zu erörtern sind, bleiben hier ausgeklammert.[47]

Im Vollzug des Betens hat das aktive Moment den Vorrang: Ich brauche zumindest einen Entschluss. In nachgehender Reflexion kommt das passive Moment stärker zum Tragen: „Dass ich Gott anrufen *kann*, verdanke ich seiner Selbstmitteilung in Christus, dass ich ihn anbeten *möchte*, dem Wirken des Heiligen Geistes in mir."[48] Gebet ist also Antwort, zuvor ist ein Hören. Der Mensch könnte ja als Geschöpf von sich aus die Öffnung auf Gott hin nicht leisten. Die Kluft zwischen Schöpfer und Geschöpf, zwischen Gott und Mensch kann nur von Gott her überwunden werden.

Um Beten theologisch einzuordnen, gehen wir vom Beten Jesu aus. In seiner markanten *Abba*-Anrede an den Vater sprechen sich sein Sohn-Sein, seine Sendung und Berufung aus. Der springende Punkt ist Partizipation: Wer betet, darf am Gespräch Jesu mit dem Vater teilhaben und im Heiligen Geist ebenfalls zu Gott *Abba* sagen:

> *Denn ihr habt nicht einen Geist der Knechtschaft empfangen, sodass ihr immer noch Furcht haben müsstet, sondern ihr habt den Geist der Kindschaft empfangen, in dem wir rufen: Abba, Vater!* (Röm 8,15; s. auch Gal 4,6)

Christliches Beten bedeutet, als Sohn Gottes bzw. Tochter Gottes (der bzw. die ich seit der Taufe bereits bin) sich das Gebet Jesu zu eigen zu machen und der Begegnung von Vater und Sohn im eigenen Herzen Raum zu geben. Die Hineinnahme in die Begegnung von Vater und Sohn setzt voraus, dass der Inhalt des Gespräches uns nicht fremd ist – das bzw. bewirkt der Heilige Geist: *Die Liebe Gottes ist ausgegossen in unsere Herzen durch den Heiligen Geist, der uns gegeben ist* (Röm 5,5). Wohlgemerkt: Das bezieht sich nicht auf das Artikulieren eines konkreten Gebetsanliegens, sondern auf den trinitarischen „Kommunikationsraum":

> „Wir stehen beim Gebet dem himmlischen Vater nicht mehr bloß wie das Geschöpf dem Schöpfer gegenüber, sondern nehmen an dem teil, was der Vater dem Sohn und der Sohn dem Vater zu sagen hat. Der Inhalt dieses Gesprächs ist der Heilige Geist. [...] Dieser gegenseitige Liebesaustausch *ist* der Heilige Geist."[49]

Die klassische, auf Paulus zurückgehende Formel für diesen Zusammenhang lautet: Wir beten „durch Christus im Heiligen Geist zum Vater".

 Schritte ins Beten

Wer meint, Gebet müsse ganz von innen herkommen, es müsse erfüllend sein, ein ganz besonderes Erlebnis, überfordert sich. Beten ist eher ein Handwerk als eine Kunst. So geht es am Anfang und längere Zeit darum, eine Körperhaltung, eine äußere Form, eine Ordnung zu finden. Dann geht es um regelmäßige Übung[50]:

- Zu große Vorsätze sind kontraproduktiv, eher klein und bescheiden anfangen.
- Gebet braucht eine feste Zeit und einen festen Ort.
- Treue ist wichtiger als „Erfüllung". Wer nach Lust und Laune betet, findet nicht hinein.
- Beten lernen kann langweilig sein, weil es mit Lernen zu tun hat.
- Eine feste Form entlastet – Gesten, Formeln und kurze Sätze, die man in- und auswendig kann.
- Wenn man heute nicht beten kann (weil es heute „einfach nicht geht"), dann den Raum und die Zeit dafür frei lassen und mit keiner anderen Tätigkeit füllen.
- Wer eine inhaltliche Struktur sucht, kann sich an das liturgische Gebet der Kirche anlehnen: Anrede – Dank – Bitte – Schluss.

Tochter Zion: Marianische Spiritualität

Im Lukasevangelium verkörpert Maria die *Tochter Zion* (vgl. Sach 9,9). Mit Josef stellt sie den heiligen Rest Israels dar, der bereit ist, zum Messias Ja zu sagen (vgl. Lk 2,22–24.39.41). In ihr ist das neue Jerusalem verwirklicht. Als Mutter des Gottessohnes ist sie der neue „Tempel" und Mutter der Kirche. Am 21. November feiert die römisch-katholische Liturgie den Gedenktag „Unserer Lieben Frau in Jerusalem".

Das II. Vaticanum ordnet – wie die frühchristliche Theologie – die Marienverehrung der Meditation und Reflexion über die Kirche zu.[51] In seiner Folge definierte Paul VI. im Apostolischen Schreiben *Marialis Cultus* (1974) Grundlinien einer zeitgemäßen Marienverehrung. Maria ist Typos der Kirche und Typos des Glaubenden. Was lässt sich an der Gestalt und am Typos Maria für den Pascha-*transitus* der Glaubenden ablesen?

- Vertrauen: Maria vertraut ganz auf Gott. Sie lässt erkennen, was alles an Neuem möglich wird, wo sich ein Mensch oder eine Gemeinschaft ganz für Gott öffnet.
- Antwort: Christliche Spiritualität lebt aus der freien Antwort. Gott ist initiativ und spricht den Menschen als das freie Gegenüber an. Das „Ja" Marias bedeutet: Menschsein heißt antworten. Dialog und Begegnung ist ein Grundmuster, das in der gesamten Schöpfung und Geschichte wirksam ist.
- Vorrang der Gabe: Maria zeigt, dass Glauben nicht Leistung, sondern Empfangen ist. Geschöpfliches Wirken ist Mit-Wirken mit Gottes Heiligem Geist.
- Mutter Gottes: „Gottesgebärerin" ist ein Bekenntnis zur Göttlichkeit Christi und eine Aussage der Christologie (Konzil von Ephesus 431). Maria ist dies, weil sie von Gott erwählt und begnadet wurde. Die Sinnspitze ist: Der erlösende Neuanfang passiert allein von Gott her. Christus ist aus der Geschichte nicht ableitbar. Im übertragenen Sinn ist Mutterschaft die Sendung aller Getauften: Sie sollen der Welt Christus geben.
- Die „neue Eva": Die Kirchenväter bezeichneten Maria als die „neue Eva", die „Mutter aller Lebendigen" (vgl. Gen 3,20). Sie

brachte den Ursprung des Lebens zur Welt und trug zur Überwindung des Todes bei.

- Kirche: Maria ist Typos der Kirche. An Maria ist ablesbar, wie Kirche sein soll und wozu allein sie da ist: den Sohn Gottes zur Welt zu bringen.
- Mit-Tun: Gott will das Werk der Erlösung nicht ohne Menschen tun. Dass der ewige Sohn Mensch wurde, war auch das Werk des Willens und des Glaubens der Jungfrau Maria. An Marias Mit-Tun lassen sich die Würde und Sendung des Geschöpfes ablesen: Gott gibt – zu tun.
- Fürsprecherin: Maria ist auf einmalige Weise „in Christus". Als solche ist sie auch heute noch wirksam an der Geschichte des Heils, entgrenzt in der Herrlichkeit Gottes.

Ökumenische Spiritualität

Der „Jerusalemer Pfingstgeist" überwindet Sprachbarrieren und Grenzen des Verstehens (vgl. Apg 2,4.8). Der Heilige Geist sammelt aus der Zerstreuung und stiftet eine organische Einheit, indem er „mit den Unterschieden spielt" (Christian de Chergé OCSO). Christlicher Spiritualität muss das Miteinander der Konfessionen und Religionen ein Anliegen sein. Theologische Grundlage ist die Erklärung *Nostra aetate* des II. Vaticanums über die Haltung der Kirche zu den nichtchristlichen Religionen (1965). Marksteine ökumenischer Spiritualität in jüngster Vergangenheit waren die Weltgebetstreffen für den Frieden 1986, 1993, 2002 und 2011 („Pilgertreffen" mit „Friedenszeugnissen"), als in Assisi hochrangige Vertreter verschiedener Religionen zusammenkamen. Die Zusammenkünfte standen unter der Devise: „Man kann nicht zusammen beten, aber man kann zugegen sein, wenn die anderen beten."

Neben der interkulturellen Begegnung und dem interreligiösen Dialog nimmt gegenwärtig die gemeinsame spirituelle Praxis an Bedeutung zu: gemeinsame Ausrichtung und schweigendes Hören auf das (göttliche) Geheimnis, ohne die Unterschiede zu nivellieren. Die andere oder fremde Perspektive auf die göttliche Realität kann den eigenen Glauben und das eigene Beten stärken. Daraus könnte eine gewisse „Pluralismusfreude" (Felix Körner SJ) entstehen.

Paolo Dall'Oglio SJ (1954–2013?) und das Kloster Mar Musa

Das Kloster *Deir Mar Musa al-Habaschi* (Kloster des Heiligen Mose), gegründet im 6. Jh., liegt 80 km von Damaskus entfernt in der syrischen Steinwüste. Anfang der 1980er Jahre begann Paolo Dall'Oglio SJ, das Kloster mit anderen Christen aus der Umgebung zu renovieren, um dort 1992 die gemischte klösterliche und ökumenische Gemeinschaft *al-Khalil* zu gründen – das Taizé des Orients.[52] *Al-Khalil* bedeutet „Freund Gottes" und steht im Islam synonym für Abraham.

Das Experiment, ein Miteinander der Religionen (hier: Christentum und Islam) auszuloten, ist auf eine Eingebung zurückzuführen, die der junge Jesuit während Exerzitien erfuhr. Er studierte Arabistik und Islamwissenschaft in Beirut und Damaskus, ferner Missionswissenschaft und katholische Theologie. Paolo Dall'Oglio sah seine Berufung in Syrien.[53] Er ging ganz in diesem und für dieses Land auf. Aber die Wirren des Bürgerkriegs holten ihn ein: Nachdem er am 29. Juli 2013 im Norden Syriens entführt wurde, gibt es kein Lebenszeichen mehr von ihm.

Dall'Oglios Vision war eine kulturelle, sprachliche und symbolische Verwurzelung des christlichen Glaubens in den islamisch geprägten Kontext als Grundlage für einen christlich-islamischen Dialog auf spiritueller Basis. Im Klosteralltag bedeutete dies z. B. die Feier der Liturgie in der Sprache des Korans oder Fasten im Ramadan gemeinsam mit den Muslimen. In der kleinen Kapelle des Klosters können Muslime in Richtung Mekka ihr Gebet verrichten. Auf kahler Wand stehen die ersten Worte des Korans: „Im Namen Gottes, des Erbarmers, des Barmherzigen." Die Regel des Ordens wurde 2006 approbiert. Nach und nach wurde Mar Musa zu einem lebendigen Ort interreligiöser Begegnung und zog Christen wie auch syrische Muslime an. Pater Paolo ließ sich von einer „Hermeneutik der Liebe" leiten: „Das christliche Herz besitzt Argumente, die die menschliche Logik nicht kennt und sieht Veränderungen voraus, welche die Historiker und Exegeten nicht vorhersagen können."[54]

6. Ölberg – Getsemani

Der „Öl(baum)berg" bezeichnet in der Bibel jene Erhebung, die im Osten, jenseits des Kidrontales, der historischen Altstadt von Jerusalem *gegenüberliegt* (Sach 14,4; Mk 13,3). Für unsere topologische Sichtweise ist diese Lage ergiebig. Sie macht den Ölberg zu einem Ort des Übergangs. Hier sind Ankunftsjubel, Abschiedsschmerz und Entscheidung. Der Ölberg ist relevant in Sach 14 und in Ezechiels Visionen von Auszug und Wiederkunft der *Herrlichkeit des HERRN* (Ez 8–11; 43,2). Dadurch ist er mit eschatologisch-messianischen Erwartungen aufgeladen: An diesem Ort erwarten Christen die Wiederkunft des „Menschensohnes" und Juden die Auferstehung der Toten.

Der Ölberg spielt in der Endphase der Jesusüberlieferung eine wichtige Rolle. Hier beginnt der Einzug nach Jerusalem (Mk 11,1 par.), hier predigt Jesus über die Endzeit (Mk 13,3), hier ist der Ort der Himmelfahrt Jesu (Apg 1,12). Hierher kommen Jesus und seine Schüler nach ihrem letzten Mahl. Und: Hier spielt sich der nächtliche Gebetskampf Jesu ab, denn Getsemani liegt am Ölberg (Mt 26,36; Mk 14,32). Das Innehalten auf dieser Station des Pascha-*transitus* lässt erneut über die Anfechtung nachdenken und was es bedeutet, Gott zu bitten.

Anfechtung

Die synoptischen Evangelien stimmen darin überein, dass der letzten, einsamen Entscheidung Jesu in Getsemani eine schwere emotionale Erschütterung vorausging. Das gewaltsame Ende zeichnet sich deutlich ab. Jesus ringt voller Angst mit sich, mit seiner Sendung und mit dem Vater. Seine Bitte um Verschonung zeigt, dass ihm ein anderer Weg vor Augen stand. Jesus schlägt die Chance zur Flucht aus und geht bewusst und im Vertrauen auf den *Vater/Abba* seinem Geschick entgegen.

Jesus kannte also (Gebets-)Kampf, Ringen um Entscheidung, Anfechtung und die Suche nach dem Willen Gottes. Sie sind Bestandteil des Pascha-*transitus,* gehören zur Nachfolge und zum Leben im Übergang. Das II. Vaticanum bringt diese Situation ausdrücklich mit dem „österlichen Geheimnis" in Verbindung. Wir zitieren erneut diesen Text:

> „Auch auf dem Christen liegen ganz gewiß die Notwendigkeit und auch Pflicht, gegen das Böse durch viele Anfechtungen hindurch anzukämpfen und auch den Tod zu ertragen; aber dem österlichen Geheimnis verbunden und dem Tod Christi gleichgestaltet, geht er, durch Hoffnung gestärkt, der Auferstehung entgegen." (*Gaudium et spes* 22)

Eine Resonanz auf Getsemani bietet der Brief an die Hebräer: Christus hat *in den Tagen seines irdischen Lebens mit lautem Schreien und unter Tränen Gebete und Bitten vor den gebracht, der ihn aus dem Tod retten konnte, und er ist erhört worden aufgrund seiner Gottesfurcht* (Hebr 5,7). Diversen Fragen rund um das Bittgebet widmen wir uns gleich im folgenden Abschnitt.

Das Bittgebet

Nicht erst seit der Neuzeit ist das Bittgebet ein Problemfeld.[55] Bereits die frühchristlichen Theologen (Origenes, Augustinus) fragten: Geht es um einen Eingriff Gottes in das Weltgeschehen? Wenn Gott allwissend ist, warum ihm die Bitten dann noch sagen? Ist Bittgebet nicht Flucht vor dem Tun und eigentlich kindisch? Manchmal wird das (für-)bittende Gebet funktionalisiert: Sich über die eigenen Wünsche klar zu werden und das Gewissen zu prüfen, hat therapeutischen und pädagogischen Wert. Das Gebet sei also mehr Rede *vor* Gott als Rede *zu* Gott. Damit bleiben aber die Kernfragen unbeantwortet.

Die Ermöglichung des Bittens

Wir erinnern uns: Christliche Spiritualität ist Antwort. Gott und sein Geist sind zuvor initiativ. Christliches Beten und Bitten darf davon ausgehen, dass sich Gott gar nicht erst von seiner Schöpfung entfernt (hat), sondern sie immer zu sich ruft und mit ihr Gemeinschaft haben will. Im *Ausgießen* des Heiligen Geistes (vgl. Röm 5,5) ermöglicht Gott, dass das Geschöpf seinen (Gottes) Ruf auch wahrnehmen kann. Gott ist also immer mit und in seiner Schöpfung, ohne in sie „von außen" eingreifen zu müssen.

Was bedeutet das für das Bitten vor Gott? Gott ist bereits in den (Für-)Bitten, die jemand gläubig an ihn richtet, präsent und wirksam. Allein die Tatsache, dass ein Mensch dies tut, ist bereits Gottes Antwort (vgl. Jes 65,24; Mk 11,24; 1 Joh 5,15). Die Antwort Gottes ist ja Christus: Christen bitten in Jesu Namen und „im Blick auf die göttliche Verheißung, das in ihm den Menschen ein für alle Mal gegebene Wort zu bewahrheiten. Die in Christus gegebene göttliche Antwort auf die Not des Menschen geht dem christlichen Bittgebet voraus und formt es".[56] Das unterstreicht dessen kommunikativen Sinn: Gott will sich nicht ungebeten mitteilen. Er will Mit-Liebende und achtet dabei immer die menschliche Freiheit.

 Hingabe, die überschreitet

Das Bittgebet hat Ausdrucks- und Beziehungscharakter. Wer Gott bittet, erlaubt es sich, vor Gott ganz Mensch zu sein, mit allem, was dazu gehört. „Das Bittgebet", so führt Veronika Hoffmann aus, „hält in allem und trotz allem an einer Gottesbeziehung fest, in der wir nicht distanziert-abgeklärt ein allwissendes und allmächtiges höchstes Wesen verehren, sondern unsere ganze Menschlichkeit vor Gott tragen".[57] Der Hinweis auf die kommunikative Bedeutung des Bittgebets ist angebracht, um dem allgegenwärtigen Zwang zur Nützlichkeit und nachweisbarer Effizienz etwas entgegenzusetzen. Zu sehr kann der Blick fokussiert sein auf das, was ein Gebet erreichen soll. Der Sinn des Bittens besteht – auch, nicht nur! – in der kommunikativen Anrede Gottes und im Ausdruck dessen, was das Leben im Moment gerade ausmacht oder schwermacht. So gesehen hat Bittgebet die Dimension der Hingabe: Darin übereignet sich ein notleidender und hilfsbedürftiger Mensch an Gott, und zwar in einer konkreten Situation. Subjektiv wird darin die belastende Situation „überschritten" – vielleicht noch nicht während des Betens, aber in nachgehender Reflexion. Es ist eine „Pascha-Gebetserfahrung", heraus aus erdrückender Ausweglosigkeit, hinüber in eine Spur von Zuversicht.

Wie wirkt das Bittgebet?

Dennoch bleibt die Frage nach der Wirksamkeit von Fürbitten.[58] Bei Blaise Pascal (1623–1662) ist zu lesen: „Gott hat die Fürbitte angeordnet, um uns die Würde der Ursächlichkeit zu verleihen". Gott, der Schöpfer, spricht dem Menschen, dem Geschöpf, die Würde des Ursache-Seins zu. Bezogen auf unser Thema bedeutet dies: Das Bittgebet ist „Ermöglichungsbedingung göttlichen Handelns". Es zielt nicht auf ein unmittelbares Eingreifen Gottes in Welt und Geschichte, sondern auf den Geist Gottes, „auf dass sich der Mensch diesem Geist öffnet und Gott durch dessen Tun indirekt wirken kann" (Christoph Böttigheimer).[59] Im bittenden Gebet wird der Mensch für Gottes Geist und Gaben aufnahmebereit. Anders gesagt: Gott gibt – zu tun. Gott will durch die Fürbitte die Welt verändern: „Jeder Mensch ist in dieser Welt so etwas wie eine Öffnung, durch die der in Christus inkarnierte Gott all das realisieren kann, was seine unbedingte Liebe will" (Karl-Heinz Menke).[60]

Erhörung und Erfüllung

Glaubende vertrauen darauf, dass Gott alle Bitten des Menschen hört. Dies gilt auch dort, wo die konkrete Bitte nicht erfüllt wird. Es ist demnach keine sprachliche Spitzfindigkeit, zwischen Erhörung und Erfüllung zu unterscheiden. Gott erhört die an ihn gerichteten Gebete, unabhängig davon, ob sich die darin geäußerten Wünsche für den Menschen erfüllen oder nicht, wie Hans Schaller ausführt:

> „Mit Erhörung soll die ursprüngliche Zusicherung Gottes, das Gebet jedenfalls in Betracht zu ziehen, gemeint sein. Mit Erfüllung bzw. Nicht-Erfüllung soll all das bezeichnet werden, was die geschichtliche Manifestation der göttlichen Antwort, das konkrete Ja oder Nein betrifft. Deshalb gibt es nach dieser Sprachregelung zwar nicht-erfüllte, aber nicht nicht-erhörte Gebete."[61]

In diesem Sinn darf das Bittgebet Jesu am Ölberg (Mk 14,36) als eine erhörte Bitte gelten, wenngleich sich deren Erfüllung nicht in der Abwendung des Leidenskelches zeigte; die Bereitschaft für den Willen Gottes ist das Entscheidende.

7. Golgota

Golgota ist der Name eines Hügels vor der Stadtmauer Jerusalems, der als Hinrichtungsstätte fungierte: *Und sie brachten Jesus an einen Ort namens Golgota, das heißt übersetzt: Schädelhöhe* (Mk 15,22; Mt 27,33; Joh 19,17; s. auch Lk 23,33). In allen Evangelien ist Golgota der Ort der Passion Jesu und somit ein zentraler Ort des *Paschatransitus*. Uns interessiert im Folgenden dies:

- Das Leiden Jesu kann Glaubenden eine Hilfe sein, eigenes Leid durchzustehen. Wir werfen einen Blick auf einige Antwortversuche, welche die Heilige Schrift auf die – unlösbare – Frage nach dem Leid gefunden hat.
- *Mein Gott, mein Gott, warum hast du mich verlassen?* (Mt 27,46): Der Schrei des Gekreuzigten findet sein Echo in einer Mystik der Gottesferne. Bis herauf in die Gegenwart gaben Männer und Frauen des Glaubens davon Zeugnis. Welch Paradoxie des Glaubens: Die Erfahrung tiefster Gottverlassenheit – und dies auf einem Berg, also an einem Ort, der, wie wir sahen, häufig mit einer Gottesoffenbarung in Verbindung gebracht wurde.
- Der christliche Glaube kennt nur das eine Opfer Christi. Er hat sich selbst ein für alle Mal am Kreuz „dargebracht". Welche Bedeutung für die spirituelle Praxis kann dann noch die Rede vom Opfer haben?

Die Frage nach dem Leid

Die Bibel zählt Leid zu den Bedingungen des Menschseins. Der ursprüngliche Zustand der Schöpfung war *sehr gut* (Gen 1,31). Erst als der Mensch aufgrund seines freien Willens das Einvernehmen mit Gott von sich aus in Frage stellte, kam Leid in die Schöpfung (Gen 3,14–17). Leid lässt sich nicht „erklären". Es gibt dafür keine hinreichenden Worte. Dennoch rätselt der Mensch im Leid nach Verstehen, nach einer Deutung.

Altes Testament

Das Alte Testament kennt unterschiedliche Sichtweisen: Leid kann Folge von Schuld des Einzelnen (z. B. Spr 10,30; 26,27; Sir 27,25–27) oder des Volkes sein – so stellt es das sog. deuteronomistische Geschichtswerk dar. Leid gilt als „pädagogische" Maßnahme Gottes: Gott weist den Menschen zurecht, um ihn zu erziehen (z. B. Ps 119,71; 2 Makk 6,12–17). In der Josefsgeschichte ist Leid Teil eines göttlichen Plans (vgl. Gen 50,20). Angesichts der verheerenden Zerstörung Jerusalems ist aber auch die Anklage Gottes möglich (Klgl 2,20–22).

Besonders das Buch Ijob thematisiert das Leid. Hier zählt es zu jenen Anfeindungen, denen Gerechte üblicherweise ausgesetzt sind. Leid gilt als Prüfung Gottes, auch wenn keine persönliche Schuld vorliegt (z. B. Ijob 1,9–11). Denn von Leid auf Sünde zu schließen, ist problematisch (vgl. 22,4–11).

Warum muss ein Gerechter leiden? In der Auseinandersetzung mit dieser Frage kommt der Gedanke der Stellvertretung ins Spiel. Dahinter steht die kultische Vorstellung, dass ein Opfertier stellvertretend für den Sünder stirbt und diesem damit Leben ermöglicht („Sühne"). Nach Jes 53 trifft dies auf das Leid des Gottesknechts zu. Das Neue Testament wird diese Sicht aufnehmen, um Jesu Tod zu deuten.

Die Klagepsalmen des Einzelnen bieten sprachliche Vorlagen (vgl. Ps 22). Sie sind so allgemein gehalten, dass sich ein leidender Mensch damit identifizieren und die eigene Sprachlosigkeit überwinden kann. Einige Klagepsalmen weisen am Ende einen Stimmungsumschwung auf: Der Beter findet neu Zuversicht, um Leid zu ertragen (z. B. Ps 13,6).

Das Alte Testament nimmt also das Leid und den leidenden Menschen ernst. Aber eine umfassende Antwort auf alle damit zusammenhängenden Fragen ist nicht das Ziel der Texte. Sie wollen ermutigen, die Begegnung mit dem mitleidenden und erbarmenden Gott zu suchen.

Der leidende Christus

Aus der Sicht des Neuen Testaments hat der mitleidende Gott ein Antlitz: der Christus der Passion. *Seht, der Mensch!* (Joh 19,5) – so bezeichnet Pilatus den mit Dornen gekrönten Jesus. In Jesus von Nazaret nimmt Gott selbst die Ohnmacht menschlichen Leidens und Sterbens auf sich. Um seiner Sendung und dem Willen des Vaters treu zu bleiben, geht Jesus in seiner Liebe bis zum Äußersten (vgl. Joh 13,1). Das entspricht ganz dem Lebensentwurf Jesu. Seine Art zu leben kam aus einer Liebe, die sich selbst entäußerte. Mit „Entäußerung" (griech. *kénosis*) fasst der Philipper-Hymnus das Selbstverständnis Jesu zusammen (vgl. Phil 2,6–11). Im Garten Getsemani betet Jesus: *Aber nicht mein, sondern dein Wille soll geschehen* (Lk 22,42). Dem Weg der Entäußerung bleibt Jesus treu. Er gibt sich und lässt alles, wofür er steht (Reich-Gottes-Botschaft, Beziehung zu seinem Vater als *ábba*). Das endet – oder: gipfelt – im Aufschrei *Mein Gott, mein Gott, warum hast du mich verlassen?* (Mt 27,46). Aus christlicher Sicht geschieht dort, wo Jesus verzweifelt, von Gott entfremdet nackt am Pfahl hängt (vgl. Dtn 21,22–23; Apg 10,39), die alles entscheidende Wendung – die Erlösung. Jesus Christus hat durch die Annahme menschlicher Verfasstheit bis zum Tod und in der durchgehaltenen Erfahrung absoluter Gottverlassenheit die menschliche Bedingtheit verwandelt. Er ist den *transitus*, den Übergang zur Gänze gegangen und hat uns alle mitgenommen – hinüber ins bleibende Licht.

Darin besteht das oben genannte Paradox des Glaubens. Diese *Torheit* ist in der Sicht der *Welt* nicht nachvollziehbar. In der Sicht des Glaubens hingegen zeigt sich darin Gottes Kraft (1 Kor 1,18). Im Pascha-*transitus* Jesu Christi wird die Tür zur endgültigen Gemeinschaft mit dem himmlischen Vater geöffnet, für immer. Dadurch hat Christus die Enge und das Bedrückende menschlichen Leidens aufgebrochen. Seither besteht das Angebot, eigenes Leiden als Weg zu einer neuen Gemeinschaft mit Gott, als Teilhabe am Mit-Leiden Gottes zu sehen.

Nachfolge Jesu und Leid

Das „Kreuz" ist nach den Worten Jesu ein Element der Nachfolge: *Wenn einer hinter mir hergehen will, verleugne er sich selbst, nehme sein Kreuz auf sich und folge mir nach* (Mk 8,34; vgl. Mt 16,24; Lk 9,23). Was mit „Kreuz" gemeint ist, steht mehreren Deutungen offen. Aber Nachfolge Jesu beinhaltet die Möglichkeit, unvermeidbares Leid als „Kreuz" zu verstehen. Leid kann Läuterung bewirken und intensiver in die Gemeinschaft mit Christus einführen. Der Hebräerbrief sagt, dass Jesus durch Leiden Gehorsam lernte und dadurch zur Vollendung gelangte (Hebr 5,8). Im Kontext des Glaubens lässt sich eigenes Leid mit dem (mit-)leidenden Gott in Verbindung bringen und, darüber hinaus, als freiwillige Anteilhabe am Leiden anderer Erniedrigter und Beleidigter verstehen.

Das Evangelium sieht einen Zusammenhang zwischen Kreuz und Fruchtbarkeit: *Wenn das Weizenkorn nicht in die Erde fällt und stirbt, bleibt es allein; wenn es aber stirbt, bringt es reiche Frucht* (Joh 12,24). In der Gemeinschaft mit Christus angenommenes Leid, mag es von Menschen verschuldet sein oder aus der Schöpfung kommen, ist Weg zum Leben. Es kann fruchtbar werden für die Welt. Für Paulus ist das eine Hilfe, um das, was er in Ausübung des Apostelamtes an Schwierigem auszuhalten hat, zu ertragen und zu verstehen: Es ist eine Art Offenbarungsgeschehen, weil der Apostel das Sterben Jesu an seinem Leib sichtbar macht (vgl. 2 Kor 4,7–15). An die Stelle des nicht mehr leidensfähigen, erhöhten Christus ist der leidende Apostel getreten. Seine Leiden kommen der Kirche, dem Leib Christi zugute (vgl. Kol 1,24).

Der Blick auf Jesus, den Gekreuzigten, löst nicht alle Fragen rund um das Leid. Aber das Pascha Jesu Christi – sein Leben, Leiden, Sterben und Hinübergehen zum Sein beim Vater – öffnet eine Hoffnungsperspektive. Das Scheitern Jesu, seine Ohnmacht am Kreuz ist in der Sicht des Glaubens eine Wende. Sie begründet die Hoffnung auf die neue Welt Gottes, in der es keinen Schmerz und kein Leid mehr geben wird (Offb 21,4). Es ist ein Deutungsangebot, das Leid und die eigene Betroffenheit in den Horizont der Begegnung mit Gott zu stellen.

Gottesentzug

Bereits die Glaubenden des Alten Bundes sprachen von einem Leiden an Gott, wenn sie das Gefühl hatten, dass Gott sich verbirgt (z. B. Ps 13,2) oder schweigt (Ijob 30,20). Ijob oder Jeremia erlebten das Verhalten ihres Gottes als mehrdeutig (Ijob 9,16–18; Jer 15,18). Sie mussten einen fernen Gott erfahren: *Bin ich nur ein Gott aus der Nähe – Spruch des HERRN – und nicht auch ein Gott aus der Ferne?* (Jer 23,23). Im Verlassenheitsschrei des Gekreuzigten (Mk 15,34) verschafft sich diese Erfahrung erschreckenden Ausdruck. Seither teilten und teilen viele Glaubende diese Erfahrung Jesu. Einige suchten ihr Gott-Vermissen literarisch zu verarbeiten.

Johannes Tauler (1300–1361): „Winter der Entbehrung Gottes"

Der in Straßburg geborene Dominikaner war Prediger und Seelsorger in ordenseigenen Frauenklöstern. In einer Predigt widmet er sich den „zwei Wintern der Entbehrung Gottes": Was soll ein gottsuchender Mensch davon halten, wenn sich sein Herz im „Winter" vorfindet? Wenn „das Herz erkaltet und verhärtet ist, so daß weder Gnade noch Gott, noch göttliche Dinge in ihm sind, sondern nur kalter Schnee und Reif"? Eine mögliche Erklärung lag seit Pseudo-Dionysius Areopagites (5. Jh.) vor:[62] Solche „Verdüsterung" (griech. *skótos*) ist Folge einer persönlichen Abkehr von Gott und einer übermäßigen Bindung an das Geschöpfliche. Aber neben der Erfahrung der Gottverlassenheit aufgrund eigenen schuldhaften Versagens „gibt es noch einen anderen Winter". Der Mensch ist da völlig „sich selbst überlassen […], ohne allen göttlichen Trost und ohne göttliche Güte". Tauler bringt diesen Gottesentzug mit der Verlassenheit Jesu in Getsemani in Verbindung: So „gänzlich von Gott und allen Geschöpfen verlassen wäre Gott Jesus ihnen wahrhafter und nützlicher gegenwärtig als in den Sommern fröhlichen Gottgenießens". Die Zumutung besteht darin, den Gottesentzug inmitten der Gottesbeziehung „in gelassener Verlassenheit von innen und außen"[63] zu bestehen. Es wäre die Nachfolge ihres Hirten in diesem besonderen Winter.

Therese von Lisieux (1873–1897): „dichteste Finsternis"

Ende des 19. Jh. erfuhr die Karmelitin Therese von Lisieux radikalen Glaubenszweifel und tiefste Gottesferne. Sie berichtet von einer Anfechtung in der Osternacht 1896:

> „Damals besaß ich einen so lebendigen und klaren *Glauben*, dass mein ganzes Glück im Gedanken an den Himmel bestand. Ich konnte es mir gar nicht vorstellen, dass es gottlose Menschen ohne Glauben gibt. […] In den so freudigen Tagen der Osterzeit ließ Jesus mich begreifen, dass es wirklich Seelen ohne Glauben gibt […] Er ließ es zu, dass dichteste Finsternis in meine Seele einzog und dass der Gedanke an den Himmel, so süß für mich, nur noch ein Gegenstand des Kampfes und der Qual ist […] Diese Prüfung sollte nicht einige Tage oder Wochen dauern, nein, sie sollte erst in jener Stunde aufhören, die der liebe Gott festgelegt hat, und … diese Stunde ist noch nicht gekommen […] Ich möchte begreiflich machen können, was ich fühle, aber ich fürchte, das ist leider unmöglich. Man muss auf seiner Reise diesen dunklen Tunnel kennengelernt haben, um diese Finsternis zu begreifen."[64]

Therese verbindet ihr Glaubensdunkel mit jenen Menschen, „die den Glauben nicht haben". Sie hält gegen ihre Erfahrung an der Liebe fest und fühlt sich solidarisch mit denen, die gleichfalls von der Nacht des Glaubens umgeben sind. In einer Zeit der Wissenschaftsgläubigkeit, atheistischer Religionskritik und des Materialismus versteht Therese dieses Mit-Sein als Anteil an der Sendung Jesu.

Mutter Teresa (1910–1997): „nichts berührt"

Mutter Teresa (Anjezë Gonxhe Bojaxhiu) verehrte Therese von Lisieux. Irgendwann ahnte sie wohl, dass ihr geistlicher Weg ähnlich verlaufen würde wie der ihrer Namenspatronin. 2007 wurden die privaten Aufzeichnungen von Mutter Teresa veröffentlicht. Sie haben das Bild von ihr in der Öffentlichkeit verändert. Die Texte zeigen eine Christin und Ordensfrau, die unter tiefsten Glaubenszweifeln litt und Jahrzehnte lang in großer innerer Not lebte, in Dunkelheit, Kälte und Gottesferne:

> „Ich rufe, ich klammere [mich an Dich], ich will – und da ist Niemand, der mir antwortet – Niemand, an den ich mich klammern kann – nein,

Niemand. – Allein. Die Dunkelheit ist so dunkel – und ich bin allein. – Unerwünscht, im Stich gelassen. – Die Einsamkeit des Herzens, das nach Liebe verlangt, ist unerträglich. – Wo ist mein Glaube? – Selbst tief drinnen in meinem Innersten ist nichts als Leere & Dunkelheit. – Mein Gott – wie schmerzhaft ist dieser unbekannte Schmerz. Es schmerzt ohne Unterlass. – Ich habe keinen Glauben. (…) Wenn ich versuche, meine Gedanken zum Himmel zu erheben – erlebe ich eine solch überzeugende Leere, dass diese Gedanken wie scharfe Messer zurückkehren & meine innerste Seele verletzen. – Liebe – das Wort – es bringt nichts. – Man erzählt mir, dass Gott mich liebt – jedoch ist die Realität von Dunkelheit & Kälte & Leere so überwältigend, dass nichts meine Seele berührt."[65]

Mutter Teresa, die lächelnde Botschafterin der Liebe, erlebte beinahe 50 Jahre lang Gottverlassenheit. Doch bis zuletzt hielt sie an einer Jesus-Innigkeit fest. Diese Bindung führt bei ihr zum Vermissen Gottes in der Welt von heute, sie selbst eingeschlossen. Je schmerzlicher sie Gott vermisst, umso mehr engagiert sie sich für die Ärmsten der Armen.[66] Der Einsatz für die Parias der Gesellschaft lässt sie die Passion, ja die Agonie Jesu unmittelbar mitvollziehen.

Im Blick auf Mutter Teresas Lebenswerk ist zweierlei festzuhalten: Christlich an Gott glauben geht nicht ohne Mit-Leidenschaft mit den Ärmsten der Armen. Und: Glaube ist nicht Besitz-Erfahrung im Sinne von Erlebnis und Gefühl. Mystik? Ja, aber eine Mystik der Anteilnahme und Compassion. Glaube ist Leidenschaft, bis zur Bereitschaft, sich selbst genommen zu werden, sowohl in der diakonischen Praxis als auch in der Gottesferne Jesu in Getsemani.

 Johannes vom Kreuz (1542–1591): „Dunkle Nacht"

Um die Erfahrung der Verborgenheit, des Schweigens oder der Abwesenheit Gottes zu beschreiben, benutzte die geistliche Überlieferung das Bild der Nacht. Heute wird der totale Ausfall von Transzendenz in der säkularisierten Welt gelegentlich als die Gottesferne unserer Zeit, als Tod Gottes, Gottesfinsternis oder Gottesentzug bezeichnet. Davon zu unterscheiden ist das, was Johannes vom Kreuz mit der „dunklen Nacht" meint.[67] In seinen beiden Hauptwerken beschreibt der spanische Mystiker die passiv erfahrene („Dunkle Nacht") und die aktiv gelebte Nacht („Aufstieg auf den Berg Karmel"). Die „Dunkle Nacht" meint eine spezifische Glaubenserfahrung. Sie ist nicht mit Depression und anderen „Dunkelheits"-Erfahrungen identisch. Es handelt sich um kein rein psychologisches oder gar psychopathologisches, sondern um ein religiös-spirituelles Phänomen. Es sollte angenommen und aktiv gestaltet – und nicht „wegtherapiert" werden.

Bei Johannes vom Kreuz ist die Nacht der „Dunklen Nacht" kein negatives Symbol. Anders als eine Dunkelheit, die durch persönliche Abkehr von Gott, also Sünde, selbstverschuldete Finsternis geworden ist, ist die „Dunkle Nacht" Gottesbeziehung: Durch die Lichtfülle Gottes geblendet, ist der Mensch ins Dunkel gestellt – eine Entzugserfahrung nach Nähe, von einem liebevollen Gott verantwortet, um den Menschen in die Weite zu führen. Sich lösen von der bisher gewohnten Weise, mit Gott umzugehen; alte Gottesbilder hergeben; einverstanden sein mit der Situation eines „liebswund Wartenden" – das sind Weisen, die „passive Nacht" auszuhalten und zur „aktiven Nacht" zu gestalten.

Osterglaube als Teilhabe an der Gottesferne

Wir erinnern uns: Pascha-*transitus* ist der Weg des Gottesvolkes Israel und der Weg Jesu. Darin ist der Glaubensweg aller vorgestaltet. Ein Element dieses Weges ist die Erfahrung der Frauen am Grab Jesu. Sie können Jesus dort nicht finden: *Ihr sucht Jesus, den Gekreuzigten. Er ist nicht hier* (Mt 28,5–6). Das *Er ist nicht hier* ist (nach Mt) die erste Osterbotschaft. Ihr folgt die zweite: *Er ist auferstanden* (V. 6). Die Auferstehungsgeschichten bieten diese Facetten: Nähe zum Herrn – und „nur" eine Ahnung davon, geisterfüllten Glauben – und Zweifel, ja Unglaube. Der Auferstandene erscheint im Verschwinden. Im Jetzt, also in der Zeit der Kirche zwischen Auferstehung und Wiederkunft Christi, ist das Schauen und Erkennen nur unvollkommen (1 Kor 13,12).

Im Blick auf die drei österlichen Tage bedeutet das: Zum Leben im Übergang zählt der Karsamstag. Es ist ein Tag, an dem Gott vermisst wird. Das meint u. U. nicht nur einen begrenzten Zeitrahmen, sondern das Gott-Vermissen als Modus der Gotteserfahrung überhaupt. Österliche Glaubenserfahrung ist mit Vermissen, Tasten, Suchen und Zweifel kompatibel. In diesen Glaubensräumen bewegen sich mehr Menschen als vermutet.

Dass wir den Gottesentzug im Aufstiegs-Kapitel thematisieren, gibt nochmals Aufschluss über den inneren Weg des Christentums. Hier geht es nicht darum, sich geistlich zur erleuchtenden Erkenntnis hoch zu trainieren (das wäre Gnostizismus), sondern das Herz zu öffnen und mehr und mehr Gott zu überlassen, wie er sich zeigen will. Darauf weist Johannes Tauler hin: „Keine Vernunft vermag das zu begreifen, was in dieser rechten wahren Verlassenheit verborgen liegt".[68]

 Den „Winter" durchstehen

Das Dranbleiben und Aushalten der Abwesenheit Gottes, ohne an seinem Kommen zu zweifeln – das kann unendlich schwer werden. Johannes Tauler, Therese von Lisieux oder Mutter Teresa: Ihr Beispiel kann jenen helfen, die Ähnliches durchmachen. Sie zeigen, dass die Erfahrung von Gottesferne Bestandteil geistlichen Lebens sein kann. Diese Sichtweise muss allerdings mit gesellschaftlich bedingten Widerständen rechnen. Denn Krisen, Krisenerfahrungen, Misserfolg und Scheitern sind heutzutage besonders negativ konnotiert. Sie rufen meist den Reflex hervor, derartige Zeiten auszublenden oder zu umgehen oder so schnell wie möglich hinter sich zu lassen.

Die geistliche Überlieferung des Christentums sieht das anders. Geistliche Trockenheit ist in deren Sicht nichts, was aus dem „Schambereich" des scheinbaren Versagens oder der Schwäche und Schuld herauszuholen wäre. Ja, sie kann ein Krisenphänomen sein. Sie ist aber nicht einfach ein Versagen, das der Pathologie zuzuordnen ist. Sie ist eine Passage – Übergang (von vielleicht langer Dauer) – auf dem geistlichen Weg und als solche wahr- und anzunehmen. Die winterliche Erfahrung des Gottesentzugs ließe sich auch als Einladung verstehen, im Glauben erwachsen zu werden und Gott nicht länger nur als Lebenshilfe oder Erklärungsinstanz zu missbrauchen.

Wie bereits angedeutet, besteht auch die Möglichkeit, dass die Dunkelheit nicht aus Gott stammt. Es gibt auch eine Finsternis, die von daher rührt, dass sich der Mensch von Gott abgewandt hat. Dann ist Umkehr angebracht, nicht geduldiges Ertragen. Es ist also eine kundige Unterscheidung der Geister vonnöten, um zu erspüren, ob hinter einer geistlichen Dunkelheit lebensverneinende Mächte stehen.

Opfer

Vom „Opfer" zu reden, kann im Deutschen leicht zu Missverständnissen führen. Im christlichen Kontext ist damit ein Dankopfer der Hingabe (engl. *sacrifice*) gemeint, kein Opfer von Gewalt, Unfällen und Schlachtopfer (engl. *victime*). Der christliche Glaube kennt nur das eine Opfer Jesu Christi. Es kam nicht zustande, weil Gott auf blutige Opfer angewiesen oder Jesus leidverliebt wäre. Es war Folge der Lebensart Jesu. Er konnte sich großzügig verschwenden und ging darin bis zum *Äußersten* (vgl. Joh 13,1), um dem Tod die letzte Macht zu nehmen. So ist die Liebe die stärkere Macht, nicht der Tod. Darauf weist auch die Wortbedeutung hin: Hinter dem Wort Opfer steht das lat. *operari*, „handeln, sich einsetzen" oder das lat. *offerre*, „darbringen, schenken, sich verausgaben".

Nach dem Zeugnis des Neuen Testaments hat Jesus Christus sich selbst ein für alle Mal am Kreuz Gott dargebracht zur Vergebung der Sünden (vgl. Hebr 7,27; Eph 5,2; Mk 14,24). Seither kann nur mehr in übertragener Weise von Opfer die Rede sein. Das Opfer Jesu ist unvergleichbar: Gott selbst handelt. Im Tod Jesu wendet Gott-Vater die Zurückweisung seines Sohnes durch die Menschen im Kreuz um und nimmt ihn als Sühneopfer für die Menschen an. Die Zuwendung und Liebe Gottes ist in der Hingabe Jesu am Kreuz ein für alle Mal, allen und bleibend geschenkt. Nochmals: Das Opfer Jesu war Ausdruck seiner Liebe und freien Selbsthingabe.

Christliche „Opfer"-Praxis

Was kann demnach „Opfer" in der Zeit nach Christus noch heißen? „Opfer", christlich verstanden, meint zunächst die personale und willentliche Über-Einstimmung mit der liebenden Hingabe Jesu an den Vater. Daraus folgt die dankbare Verwirklichung im Leben. Diese dankbare Antwort ist bestrebt, alle Bereiche des konkreten, alltäglichen Lebens als Dienst vor und für Gott zu begreifen und zu gestalten (vgl. Röm 12,1; Phil 2,17). Das Lob Gottes (Hebr 13,15) und die Liebe zum Nächsten (Phil 4,18) sind die Marksteine.

Die christologische Neuinterpretation des Opfers hat Folgen für das geistliche Leben und bietet zugleich Kriterien für Missdeutungen, die den Menschen unfrei machen. Christliche Spiritualität und Gottesdienst sind Antwort, die aus dem Dank und dem Lobpreis für Gottes unverdiente Gnade lebt. Gottes Zuwendung und Liebe braucht vonseiten des Menschen nicht „erwirkt" zu werden; das käme einer magischen Beeinflussung der Gottheit nahe. Sie ist in der glaubenden Teilhabe an der Lebenshingabe Jesu Christi (als dem einmaligen Opfer) zu finden.

Absichtslos da sein, etwas oder sich selbst einbringen, ohne Resonanz einzufordern: Solch selbstlose Hingabe kommt aus der Kraft der Auferstehung Jesu. Sie wird konkret in einem christlichen Leben in der Welt. Das „Opfer des Lebens" meint umfassende Selbsthingabe, also ein Sich-Einbringen, das über einzelne Dinge, Momente oder Teilbereiche hinausgeht und gültig ist für jeden „Stand".

 Spiritualität des Martyriums

Märtyrerspiritualität ist so alt wie die Kirche selbst. Sie ist fokussiert auf Jesus Christus: *Er ist der treue Zeuge [...], der uns liebt und uns von unseren Sünden erlöst hat durch sein Blut* (vgl. Offb 1,5). Das Sterben Jesu bezeugt die Liebe Gottes. Jesus blieb seiner Lebensspur der selbstlosen Hingabe bis zuletzt treu. Sein Sich-Verausgaben geschah um Gottes und der Mitmenschen – um des Lebens willen. Darin liegt zugleich ein Kriterium der Unterscheidung. Christliches Martyrium ist die stellvertretende Ausprägung des gekreuzigten Christus am eigenen Leib. Wahrhaft Zeuge oder Zeugin ist, wer einzig der Liebe zu Christus wegen getötet wird, ohne andere Vergehen. Christliches Martyrium ist nicht Heroismus, nicht Selbstvervollkommnung, nicht persönliche Hochleistung, nicht Selbstpreisgabe an eine Idee oder ein anderes eigensüchtiges Verhalten, bei dem wahllos oder gar absichtlich andere mit in den Tod gerissen werden. Entscheidend ist, ob sich jemand im Namen des Lebens und für andere bis zum Äußersten einsetzt (biophil) oder ob jemand sich und andere zerstört (nekrophil).

Wer diesem Christus nachfolgt, sollte bereit sein, im Leben – aber im Fall des Falles auch im Sterben – die Liebe Gottes und seines Gesandten zu bezeugen. Es geht also immer um den Verweis auf Christus und dessen heilbringendes Leiden. Christus leidet: Das Leiden des Messias wird in den Zeugen und Zeuginnen je neu gegenwärtig. Blutiges Zeugnis für Christus gab es in der Geschichte des Christentums zu allen Zeiten. In jüngerer Zeit ragt das Martyrium der Trappisten-Mönche von Tibhirine (Algerien) heraus.

Christian de Chergé OCSO (1937–1996):
„Hingegeben, nicht genommen"

Christian, zweitältestes von acht Kindern, wuchs in Algerien auf.[69] Er studiert Theologie, wird 1964 zum Priester geweiht und tritt nach fünf Kaplansjahren in Paris bei den Trappisten ein. Er beginnt das monastische Leben 1969 in Aiguebelle, wechselt 1971 ins algerische Kloster Notre-Dame de l'Atlas zu Tibhirine im Atlasgebirge (Algerien). 1972–1974 studiert er am Päpstlichen Institut für Arabische und Islamische Studien (PISAI) in Rom, um 1974 nach Tibhirine zurückzukehren.

Christian trieb ein Leben lang die Frage um: Welchen Platz hat der Islam im Heilsplan Gottes? Die Mönche von Tibhirine führten ein schlichtes, kontemplatives Leben, in Freundschaft zu den Muslimen ihrer Umgebung. In den 1980er und 1990er-Jahren wurde die Sicherheitslage in Algerien immer prekärer. Dennoch entscheiden sich die Mönche zum Bleiben. In der Nacht vom 26. zum 27. März 1996 entführten islamistische Extremisten sieben Mönche. Die weiteren Ereignisse bleiben im Dunkel – bis heute. Ende Mai wurden die sterblichen Überreste Christians und seiner Mitbrüder gefunden und auf dem Klosterfriedhof in Tibhirine beigesetzt. Christian de Chergé hinterließ ein geistliches Testament, das zu den ergreifendsten geistlichen Dokumenten der jüngsten Vergangenheit zählt.[70]

8. Das „Obergemach"

Das „Obergemach" steht für die Jerusalemer Urgemeinde:

> *Als sie in die Stadt kamen, gingen sie in das Obergemach hinauf, wo sie nun ständig blieben [...] Sie alle verharrten dort einmütig im Gebet, zusammen mit den Frauen und Maria, der Mutter Jesu, und seinen Brüdern.* (Apg 1,13–14)

Dieser Vers ist Anlass, sich mit folgenden Themen zu beschäftigen:

- Die Gebetsgemeinschaft und das *einmütige* Zusammensein sind ein Vorentwurf von Kirche und lassen nach der sog. Communio-Spiritualität fragen.
- „Neue Geistliche Gemeinschaften" verstehen ihr Kirche-Sein im Gegenüber zur Ortskirche als eine Zeugenschaft *bis an die Grenzen der Erde* (Apg 1,8).
- Wie betete die Urgemeinde?

Communio-Spiritualität

Um die Herkunft und das Anliegen von Communio-Spiritualität zu verstehen, sind zwei Gesichtspunkte zu beachten. (1) Der Bibel geht es in erster Linie um die Sammlung des Gottesvolkes und erst dann um den einzelnen Menschen. Das ist ein anderer Zugang als heute! Heute würde das Individuum den Vorrang einnehmen. (2) Der hohe Anspruch der Communio-Spiritualität ist, das christliche Gottesbild darzustellen. Dieses besagt ja: Gott ist eine Gemeinschaft dreier „Personen" (Vater, Sohn, Heiliger Geist). In Gott ist Begegnung, oder genauer: Gott *ist* Begegnung und einander durchdringendes Zugewandtsein. Darin leben die göttlichen Personen ihr göttliches Einssein.

Als Bild Gottes (vgl. Gen 1,26–27) trägt der Mensch die Herkunft aus der Communio der göttlichen Dreifaltigkeit in sich. Auf sie ist er im Tiefsten ausgerichtet und hingeordnet. Von daher ist – gegenläufig zum Individualismus der Gegenwart – der Gemeinschaftsbezug christlicher Spiritualität wesentlich und kein Zugeständnis an menschliche Schwäche. Christliche Spiritualität setzt also das Wir vor das Ich; sie ist kirchliche Spiritualität.

Kirchliche Spiritualität

Mit kirchlicher Spiritualität ist zunächst ein „spiritueller Blick" auf Kirche gemeint. Eine solche geistliche Perspektive kann nicht ohne eine theologische Sichtweise von Kirche entstehen:

- Kirche versteht sich als Sakrament der dreifaltigen Communio Gottes. Wo Kirche nach innen und nach außen handelt, vergegenwärtigt sie die einende Kraft des Heiligen Geistes. Zu beachten wäre: Die Art, wie der Heilige Geist Vater und Sohn „im Gespräch" vereint, ist so, dass er sie zugleich voneinander unterscheidet. Das bedeutet: Einheit und Vielheit sind gleich ursprüngliche (d. h. voneinander unableitbare) und komplementäre Quellen der Communio.
- Die Kirche ist die Trägerin der Spiritualität. Sie hat als Ganze den Heiligen Geist zum Urheber. Nur weil es die Kirche gibt, habe „ich" als glaubendes Individuum „meine" je eigene Spiritualität.
- *Das alles bewirkt ein und derselbe Geist; einem jeden teilt er seine besondere Gabe zu, wie er will.* (1 Kor 12,11) Das gemeinsame Erfülltsein vom Heiligen Geist zeigt sich in der unverfügbaren Vielfalt der Charismen (persönlich oder gemeinsam). Nachfolge im Raum der Kirche ist ein – im Idealfall: symphonisches – Zusammenspiel zwischen dem in allen Glaubenden wirkenden, einen und gleichen Geist Jesu Christi und der Vielheit der Geistesgaben.
- „Zusammenspiel": In der Kirche gehören die göttliche und die menschliche Dimension zusammen als „eine einzige komplexe Wirklichkeit":

„Die sichtbare Versammlung und die geistliche Gemeinschaft, die irdische Kirche und die mit himmlischen Gaben beschenkte Kirche sind nicht als zwei verschiedene Größen zu betrachten, sondern bilden eine einzige komplexe Wirklichkeit, die aus menschlichem und göttlichem Element zusammenwächst." (II. Vaticanum, *Lumen gentium* 8)

Das Göttliche in der Kirche ist also immer in menschlicher Gestalt gegeben. Dieses katholische Kirchenverständnis ist herausfordernd: Es hält am „göttlichen Element" fest und würdigt das Geschöpf – und sieht sich zugleich provoziert angesichts schwerer moralischer Mängel von Kirchenvertretern, dokumentiert von neutestamentlicher Zeit bis in die Gegenwart.

Kirchliche Spiritualität beinhaltet somit diverse Dimensionen: Das Ja zur konkreten Kirche; das Wissen um ihre menschliche Gestalt einerseits und ihre Heiligkeit andererseits sowie die Notwendigkeit von Erneuerung; die Einheit der Kirche im Großen wie im Kleinen.

 Neue Geistliche Gemeinschaften

Die katholische Kirche hat sich auf dem II. Vaticanum dem Programm einer ständigen Erneuerung verpflichtet (*ecclesia semper reformanda*). Daran erinnerten stets prophetische Gestalten oder von einem radikalen Leben aus dem Evangelium inspirierte Gemeinschaften (Orden). Seit etwa 100 Jahren gibt es in der katholischen Kirche (neben den Orden) Gemeinschaften und Bewegungen, welche die Radikalität des Evangeliums und – über die Ortskirche hinaus – den universalistischen Aspekt der apostolischen Sendung neu zur Geltung bringen.[71] Zum geistlichen Profil dieser sog. „Neuen Geistlichen Gemeinschaften" und „Kirchlichen Bewegungen" zählt die Betonung von Charismen, Communio, Laienspiritualität aufgrund von Taufe und Firmung. Es handelt sich um spirituell intensive Personalgemeinden mit dem Bestreben, auf innovative Weise Christsein in der säkularen Welt (Postmoderne; kulturelle und gesellschaftliche Diversität) zu leben und dabei Struktur und Organisation gering zu halten. Diese vom jüngeren kirchlichen Lehramt geförderten Gruppierungen führen häufig zu Spannungen und Konflikten mit der Ortskirche.

Die Geistliche Gemeinschaft der Fokolare wurde von Chiara Lubich ins Leben gerufen.

Chiara Lubich (1920–2008): Einheit und Liebe

Die Mutter Christin, der Vater Sozialist, der Bruder Kommunist und Partisan: Bereits in der Familie erkannte Chiara Lubich den Wert von Einheit und Liebe – Begriffe, die für sie zentral wurden. Diese familiäre Prägung, Kriegserlebnisse, ein ausgeprägtes christliches und gesellschaftliches Verantwortungsbewusstsein sowie mystische Erfahrungen der Gründerin (nämlich die Erfahrung, mit der Gottverlassenheit Jesu bräutlich verbunden zu sein), führten 1943 zur Gründung der Fokolar-Bewegung, der Chiara Lubich bis zu ihrem Tod vorstand.

> „Wir wollten das [das Neue Gebot Jesu; CB] wörtlich nehmen. So versprachen wir einander, dass wir bereit wären, füreinander das Leben zu geben und alles für den anderen aufzugeben. Vorbild war uns hier Jesus in seiner Verlassenheit am Kreuz, der – um uns zu erlösen – selbst die Einheit mit dem Vater nicht mehr gespürt hat. Das Gebot der gegenseitigen Liebe wurde *das* Gebot in der gemeinschaftlichen Spiritualität."[72]

Um diesen Kern „Liebt einander" dreht sich alles. Das ist die Glut (ital. *focoli*, „Feuerstelle, Herd"), von der sich das Feuer der Gottes- und Menschenliebe entfacht. Der spirituelle Schwerpunkt auf Einheit hat eine ökumenische Ausrichtung der Fokolar-Bewegung (interkonfessionell, interreligiös) zur Folge. Sie ist heute in 182 Ländern verbreitet.

Gebet in der apostolischen Kirche

Das durchgehende Interesse des Evangelisten Lukas für das Gebet zeigt sich auch in der Apostelgeschichte. Er zeichnet die Urgemeinde als betende Gemeinschaft (Apg 1,14; 2,42.46–47). Für die Gemeinde bedeutsame Entscheidungen oder Ereignisse sind vom Gebet getragen (Ersatzwahl für Judas: 1,24–26; Einsetzung der Sieben: 6,6); man betet nach der Freilassung des Petrus und Johannes (4,24–30) und für die von Philippus in Samaria Getauften (8,15). Die tragenden Figuren Petrus (9,40; 10,9) und Paulus (z. B. 9,11; 13,3) sind Betende.

In das Buch der Offenbarung sind Lobgebete und Hymnen eingeflochten. Sie spiegeln das Beten der Urkirche und liturgische Elemente wider: die himmlische Liturgie in Offb 4 und 5, der Gesang vor dem Lamm (7,10–11), das Lied zu Ehren des Lammes (15,3–4), das Siegeslied (19,1–10) und das Gebet der Erwartung (22,17.20–21).

Gemeinsam vor Gott stehen

Heute ist es nicht leicht, eine Erfahrung von Gemeinschaft im Glauben zu finden. Und doch ist das gemeinsame Beten und gemeinsame Feiern des Glaubens – theologisch betrachtet – ursprünglicher als das einsame Stehen vor Gott. Liturgisches Beten ist immer Ausdruck von Communio mit der Kirche, ebenso wie das Beten der Tagzeitenliturgie (auch wenn man eine Hore allein betet). Vielleicht findet sich doch ein Gebetskreis in der Nähe, dessen spirituelle Ausrichtung einem entgegenkommt? Die in der Coronakrise neu entstandenen digitalen Gebets-Formate könnten ebenfalls zum Ansatzpunkt werden, um den Wert gemeinsamen Betens zu erleben.

Die Mitmenschen ertragen

Klaus Hemmerle (1929–1994) war ein bedeutender Religionsphilosoph und Theologe. Als Bischof von Aachen hatte er sich auch um die Belange des Religionsunterrichts zu kümmern. Im Rahmen einer Fortbildung wurde er gefragt, worin die Berufung und die Spiritualität des Religionslehrers bestünde. Hemmerles Antwort ist eine Art geistliches Testament. Er sagte: Die Lebens- und Glaubenskunst der Religionslehrer bestehe letztlich darin, die Schüler auszuhalten, gerade in ihrer Unerträglichkeit. Professionalität vorausgesetzt, begründe dies das spirituelle Können der Lehrerschaft. Damit gab der Seelsorger eine überraschend schlichte, höchst konkrete und irritierende Auskunft – freilich nicht nur für den Kontext Schule gültig.

Eine erfahrungs- und erlebnissüchtige Gegenwart denkt bei „Spiritualität" und „Mystik" an besondere Erfahrungen der Ergriffenheit und an etwas, was nur guttut. Die Antwort Hemmerles ist gegenläufig. Sie erinnert: Spiritualität meint, christlich gedeutet, keine Aura, keine mysteriöse Ausstrahlung, kein Fluidum, kein esoterisches Irgendetwas. Sie ist immer konkret – weil Gott in Jesus Christus Mensch geworden ist, anstößig konkret. Weil Christus unser Fleisch und alle Last unseres Menschseins getragen hat, besteht Christsein darin: *Einer trage des anderen Last.* (Gal 6,2) Die Mitmenschen in Liebe auszuhalten und dabei verurteilend-zynischen Gedanken zu wehren, verlangt viel. Doch es ist Christus und den Mitmenschen geschuldet.

9. Areopag

Mitten in Athen, nordwestlich der Akropolis ragt ein 115 Meter hoher Felshügel empor – der Areopag (dt. „Aresfels"). Hier tagte der oberste Rat der Stadt. Anlässlich eines Aufenthaltes des Paulus in Athen (vgl. Apg 17,16–34) sucht dieser das Gespräch mit *epikureischen und stoischen Philosophen* (V. 18). Er wird daraufhin zum Areopag geführt und nach der *neuen Lehre* gefragt, die er vortrug (V. 19). Paulus nimmt die Gelegenheit wahr, stellt sich *in die Mitte des Areopags* und legt dar, dass es eine Verbindung zwischen dem *unbekannten Gott* (V. 23) und dem Pascha-*transitus* Jesu Christi gibt (den er namentlich nicht erwähnt). Das Evangelium von der Auferstehung weckt Spott und interessiert nicht weiter (V. 32). Einige trifft es ins Herz (V. 34).

Paulus stellt sich dem Gespräch mit Vertretern damals einflussreicher Weltanschauungen. Christliche Spiritualität ist keine Geheimwissenschaft (Esoterik), sondern kann sich erklären. Sie sucht Übereinstimmung und Anknüpfung, aber nicht um jeden Preis. Die Auseinandersetzung mit anderen Weltanschauungen und Spiritualitäten ist einzuüben, um sich in der Unübersichtlichkeit der Welt zurechtzufinden.

Spiritualität verantworten

Seid stets bereit, jedem Rede und Antwort zu stehen, der von euch Rechenschaft fordert über die Hoffnung, die euch erfüllt: Der in 1 Petr 3,15 für den christlichen Glauben insgesamt formulierte Auftrag gilt auch im Hinblick auf Spiritualität. Christliche Spiritualität lässt sich beschreiben. Sie braucht Selbstvergewisserung durch vernünftiges Denken. Der dreifaltige Gott ist Geist (Joh 4,24) und gibt *seinen Geist ohne Maß* (Joh 3,34). Als solcher ließ er sich eingrenzen in eine menschliche Biographie. Soll der Geist Gottes den Menschen gänzlich erfassen, sind die geistigen Fähigkeiten (Einsicht, rationales Durchdringen, Reflexion) nicht auszuklammern. Christliche Spiritualität ist kommunikabel, intersubjektiv überprüfbar, kein Geheimwissen für Eingeweihte. Dass es zugleich Unsagbares gibt, das im Geheimnis Gottes und im Geheimnis des Menschen gründet, steht dazu nicht im Widerspruch.

Pluralismuskompetenz

Die postchristliche Gesellschaft kennt eine Vielzahl von kulturellen und religiösen Zugängen, Sinnentwürfen und Weltdeutungen. Glaubende stehen vor einer doppelten Herausforderung: den eigenen Standpunkt bestimmen und in einer Kultur der Freiheit dem christlichen Glauben eine glaubwürdige Gestalt verleihen. Unter diesen Bedingungen ist es Aufgabe christlicher Spiritualität, die religiöse Dimension des Seins zu erschließen, also das eigene Leben in der Sicht des Glaubens zu deuten. Darüber hinaus soll sie das Gespräch mit nichtchristlichen Spiritualitäten führen.

Aus heutiger Sicht ist es wahrscheinlich, dass der Synkretismus zunehmen wird. Umso mehr ist Unterscheidung vonnöten. Dazu braucht es Kenntnis des Eigenen, des spezifisch Christlichen ebenso wie Interesse am Anderen. Das „österliche Geheimnis" (das Pascha-Mysterium) ist ja nach Überzeugung des II. Vaticanums überall und in allen Menschen guten Willens wirksam:

> „Das gilt nicht nur für die Christgläubigen, sondern für alle Menschen guten Willens, in deren Herzen die Gnade unsichtbar wirkt. Da näm-

lich Christus für alle gestorben ist und da es in Wahrheit nur eine letzte Berufung des Menschen gibt, die göttliche, müssen wir festhalten, daß der Heilige Geist allen die Möglichkeit anbietet, diesem österlichen Geheimnis in einer Gott bekannten Weise verbunden zu sein." (*Gaudium et spes* 22)

Aufbauend auf der Heiligen Schrift und lebendiger Überlieferung ist je neu eine „Unterscheidung der Geister" zu entwickeln.

Kirchenlehrer und Kirchenlehrerinnen

Es ist wichtig zu wissen, was es heißt: „Ich glaube" (lat. *credo*). Es ist ebenso wichtig, den Gebetsakt und den spirituellen Vollzug theologisch „einzuholen". Der Glaube ist ohne Vernunft- und Theorieelemente nicht zu haben. Theologie und Spiritualität sind aufeinander angewiesen. Gelingt die Verbindung von Theologie und Spiritualität nicht, dann verliert entweder die Theologie ihre geistliche Dimension oder das geistliche Leben seine theologische Substanz.[73]

Positiv formuliert: Theologie muss ihre geistliche Dimension entdecken und im Blick behalten. Damit gibt sie umgekehrt dem geistlichen Leben ein theologisches Fundament (zurück). Das zeigen große Theologen und Theologinnen wie Hildegard von Bingen, Thomas von Aquin, Bonaventura, Katharina von Siena, Teresa von Ávila, John Henry Newman, Edith Stein. Der Titel „Kirchenlehrer (in)" beinhaltet theologische Kompetenz. Diese muss sich nicht in jedem Fall in klassischer Schultheologie ausgestalten.

Theologische (Fort-)Bildung

Der auf vielen Ebenen tätige Bischof Franz von Sales (1567–1622) nannte die „Wissenschaft" – er meinte damit die Theologie – das „achte Sakrament".[74] Obschon der Genfer Kirchenreformer dabei Priester im Blick hatte, hat das damit Gemeinte für alle Getauften eine Bedeutung. Spirituelle Kompetenz ist, wie wir sahen, ganz nahe an theologischer Kompetenz angesiedelt. Dabei geht es nicht um die akademische Ebene, sondern um die je persönliche Bereitschaft, im

Glauben erwachsen zu werden und zugleich das Glaubenswissen auszubilden. Die theologische Reflexion spiritueller Erfahrungen, die kritische Prüfung von Glaubens- und Lebenseinstellungen und ihrer Konsequenzen für das praktische Leben oder ein reflektierter Umgang mit nicht-christlichen Religionen und Anschauungen – die Bemühung darum und das Dranbleiben hat auch eine geistliche Dimension! Nicht von ungefähr sprach der Moraltheologe Klaus Demmer (1931–2014) von der „Sünde der theologischen Bedürfnislosigkeit".[75] Ob es die Lektüre spiritueller Klassiker ist, ein theologischer Gesprächskreis, das Anhören von Podcasts, Angebote von E-Learning – sie weiten den Horizont und das Herz.

Das Stichwort „Hinauf" hat uns lange beschäftigt. Zu einem Leben im Übergang gehört der Aufstieg. Er hat viele Orte, die den Menschen voll in Anspruch nehmen. Das Ausschauen und Aufblicken ist dem Menschen eingeprägt. Tut er es nicht mehr, weil er verängstigt oder übersättigt ist, dann fehlt Wesentliches.

IV. „HINUNTER" – ABSTIEG

Unser Anliegen ist, Spiritualität zu verorten und dabei jene Muster zu finden, die in die österliche Dynamik geistbestimmten Lebens führen. Eigentlich müsste das Kapitel „Abstieg" am Beginn stehen. Das ist so gemeint: Am Anfang steht die Bewegung Gottes auf die Welt und auf den Menschen zu. Weil wir in herkömmlicher Bildsprache Gott mit dem Himmel, also mit „oben" verbinden, ist Gottes „Abstieg" (griech. *katábasis*) immer das Erste. Gott suchen, Leben aus dem Glauben an Christus, sich vom Heiligen Geist bestimmen lassen, ist Antwort. Was wir in den vorherigen Abschnitten als „Aufstieg" (griech. *anábasis*) beschrieben haben, ist also das Zweite, ist Re-Aktion. Dennoch behandeln wir den „Abstieg" an dieser Stelle, mitten eingebettet in den Pascha-*transitus*. Denn auf dem inneren Weg bedarf es nicht nur einmal der Erinnerung, dass dem Berg Tabor (dem Fest, dem Besonderen) die *Ebene* (Lk 6,17; das Gewöhnliche, das Banale, das Alltägliche) folgt; dass jedes Leben den „Nullpunkt" kennt (und damit die Frage, wie er mit dem Pascha zusammenhängt); dass der Abstieg Jesus bis „in das Reich des Todes" führte – und dass dies zugleich unsere Hoffnung ist. Das sind einige der Themen, die wir im Folgenden behandeln.

1. Nazaret und Betlehem

In der Bibel lässt sich der „Abstieg" topographisch präzise festmachen, nämlich an Nazaret und Betlehem.

- Nazaret liegt im Norden Israels, in Galiläa, südwestlich des Sees Gennesaret und gilt als Heimatort Jesu. Hier lebten seine Eltern Maria und Josef, hier kam der Erzengel Gabriel zu Maria, um die Geburt des künftigen Erlösers anzukündigen (vgl. Mt 1–2; Lk 1–2).

- Bedingt durch den Zensus des Römischen Reiches (Lk 2,3) musste Josef mit der hochschwangeren Maria nach Betlehem gehen (Lk 2,4), der Herkunft Davids. Somit fungiert Bethlehem als Chiffre für das davidische Königtum und dessen zukünftige messianische Rolle. In der Darstellung von Matthäus und Lukas ist Betlehem der Geburtsort Jesu (Mt 2; Lk 2). In Nazaret wuchs Jesus auf (Lk 4,16); er gilt als der *Nazarener* (Mk 1,24).

Nazaret und Betlehem stehen für das Zur-Welt-Kommen des göttlichen Logos. Der Blick in einen historischen Atlas offenbart, dass sich dieses Ereignis gänzlich an der Peripherie abspielte! Hier verbrachte Jesus die meiste Lebenszeit. Für Spiritualität knüpfen sich daran Motive wie Menschwerdung, (Gottes-)Kindschaft oder die Verborgenheit Jesu. Nicht zuletzt geht es um Armut, denn der göttliche Logos „hielt nicht daran fest, Gott gleich zu sein". Er entäußerte sich, wurde *wie ein Sklave* – also ganz arm (vgl. Phil 2,6–7).

Inkarnatorische Spiritualität

Und das Wort ist Fleisch geworden (Joh 1,14): Das ist der Angelpunkt des Christentums. Auf den Punkt gebracht (und damit vereinfachend): Jesus Christus *ist* die Fleischwerdung des Logos. Christliche Spiritualität *ist* Jesus Christus. Fleischwerdung des Logos besagt: Der Heilige Geist hat sich mit dem irdisch-historischen Jesus untrennbar verbunden. Dieser Grund-Satz ist nun zu entfalten.

Das Christentum ist eine geschichtliche Offenbarungsreligion. Die Selbstmitteilung Gottes ereignete sich in der Geschichte. Das Geschehen hatte einen definierten Zeitpunkt und einen konkreten Ort (vgl. Lk 2,1–2). Aus dieser Verbindung folgt, dass christliche Spiritualität immer „Geist in Leib" ist und bleibt. „Unser Leib ist", wie Georg Lauscher unterstreicht, „ein sakraler Raum. Darin spricht sich Gott und spricht sich der Mensch aus. Er ist Gottes und des Menschen Ursprache. Hier wird Gott menschlich und hier wird der Mensch göttlich".[1] Der Leib, das Leibhafte, überhaupt: die Materie und damit einhergehende konkrete Vermittlungsinstanzen (Schöpfung, Mitmensch, Heilige Schrift, Amt, Kirche, Sakramente,

Glaubensüberlieferung der Kirche, Zeichen der Zeit) bleiben für den gesamten geistlichen Weg bedeutsam. Sie sind nichts, was – auf einer vermeintlich höheren Stufe – hinter sich gelassen werden müsste noch dürfte.

Dieses Prinzip der Verleiblichung ist herausfordernd. Es besagt, dass sich das Wirken des Geistes Gottes an menschliche Vermittlung binden lässt. Christliche Spiritualität ist biographisch verortet, „fassbar" in der Geschichte eines Lebens. Gegen ein Denken, das ins Allgemeine, Abstrakte, ins Leib- und Weltlose tendiert, zielt christliche Spiritualität auf das geschichtlich Konkrete im Hier und Jetzt. „Leben im Übergang" kann also nie so gemeint sein, dass das hier und jetzt Anstehende unbedeutend wäre. Im Gegenteil: Die Suche nach Gott „in allen Dingen" orientiert sich an der je konkreten individuellen und gesellschaftlichen Lebenswirklichkeit.

Annahme des Daseins

Die Fleischwerdung des Wortes ist die nachhaltige Einladung, das Ja zum Menschsein, zur Person, ihrer Würde und ihrem Wert, zur Welt und ihrer Materialität nachzusprechen. Solche Bejahung des Zur-Welt-Kommens – konkret: die Annahme des eigenen Daseins – ist ein Lebensprojekt. Sie ist keineswegs selbstverständlich. Biographische Umstände können es ein Leben lang erschweren. Oft braucht es therapeutische Aufarbeitung und Hilfestellung, um das ungefragt Ins-Leben-Geworfen-Sein zu akzeptieren.

Der Blick auf den Abstieg des göttlichen Logos, der die menschliche Existenz und alles, was dazugehört, annahm, kann motivieren, die „Angst vor der Landnahme" (Num 14) hinter sich zu lassen und das Ja zum Leben zu sprechen. Denn das Geschehen der Inkarnation lässt sich nach zwei Seiten hin lesen. Die eine Seite: Im Sohn Gottes leuchtet auf, was der Mensch sein kann.[2] Die andere Seite: Im Sohn Gottes erhielt die menschgewordene Menschlichkeit Gottes ein konkretes Antlitz, das jedem Menschen ein Ja zuspricht. Dieses Antlitz lässt erahnen, dass Gott original den Menschen als sein persönliches Gegenüber ruft:

Ich werde ihm einen weißen Stein geben, und auf dem Stein steht ein neuer Name geschrieben, den nur der kennt, der ihn empfängt.
(Offb 2,17)

Man beachte die Worte „neuer" und „nur"! Dieses gratis zugesprochene Ja ermöglicht die Annahme des eigenen Lebens. Das Leben lieben und das Antlitz Jesu lieben lernen – das wäre die dankbare Antwort vonseiten des Menschen.

Krippe und Kreuz: Gottes Allmacht und Ohnmacht

Die prekären Umstände, unter denen der Gottessohn zur Welt kam – Maria *gebar ihren Sohn, den Erstgeborenen. Sie wickelte ihn in Windeln und legte ihn in eine Krippe, weil in der Herberge kein Platz für sie war* (Lk 2,7) –, passen zum gewaltsamen Finale: *Pilatus ließ auch eine Tafel anfertigen und oben am Kreuz befestigen; die Inschrift lautete: Jesus von Nazaret, der König der Juden* (Joh 19,19). Krippe und Kreuz stehen für den Anfang und das Ende Jesu. Sie bilden eine Klammer und definieren das Leben des Gottessohnes. Was bedeuten sie für Spiritualität?

In Krippe und Kreuz ist Gott kaum mehr als Gott zu erkennen (wie der Mensch sich einen Gott landläufig vorstellt). Krippe und Kreuz machen es notwendig, eine „neue" Vorstellung von Gottes Allmacht zu entwickeln: Gottes Allmacht ist nur mehr in Verbindung mit Gottes Ohnmacht zu sehen. Nach wie vor gilt: Gott ist immer größer (*Deus semper maior*). Gott ist mächtiger als das Böse, das geschieht. Aber der Sieg über das Böse wurde durch Gottes Ohnmacht bewirkt. In der Ohnmacht zeigt Gott sein Wesen (*Deus semper minor*). Im Zeichen des Kreuzes wirkt er das Heil der Welt. Was die Welt zum Guten wendet, kommt nicht durch eine Kampfmaschine, sondern durch ein Lamm, das sich ausliefern lässt und dabei stumm bleibt. Die Torheit Gottes geht so weit, den Tätern auch die andere Wange hinzuhalten.[3] Die Lanze des Soldaten (Joh 19,34) öffnet das Herz Gottes – und dort ist nichts als wehrlose Liebe.

Alle Verbundenheit mit Christus steht also im Zeichen des Kreuzes. Von Kreuz, Auferstehung und Himmelfahrt her wird die Bedeutung des Kindes in der Krippe einsichtig. Sie besteht in der

Hinordnung auf den Weg zur Herrlichkeit Gottes. Darauf weist Stephan Wahle hin:

> „Weil Erlösergestalt (der Mensch gewordene Gottessohn) und Erlösungswerk (Leiden, Tod und Auferstehung) nicht voneinander getrennt werden können, durchdringen sich Weihnachten und Ostern, Menschwerdung und Pascha-Mysterium gegenseitig."[4]

Die Selbstentäußerung Gottes trägt immer schon die Züge des Pascha-*transitus* (vgl. Phil 2,6–11).

Gotteskindschaft

Nazaret und Betlehem sind mit der Geburt Jesu, seinem Kindsein und mit dem Heranwachsen Jesu (Lk 2,40) verbunden. In gewisser Hinsicht erinnern diese Orte somit an die Gotteskindschaft der Getauften. Gotteskindschaft ist ein relationaler Begriff. Christlicher Glaube ist nicht in erster Linie ein System von Wahrheiten und Verpflichtungen, sondern Begegnung und Beziehung. Wer sich als Kind Gottes versteht, darf aus einer engen Zugehörigkeit zu Gott leben. Gemäß Paulus tragen die Glaubenden den Geist Gottes in sich – der ja auch der Geist Jesu Christi ist. Dieser Geist ermöglicht ein Kindheitsverhältnis zu Gott, das zu Gott *Abba, Vater!* sagen lässt (vgl. Röm 8,5–17). Darum zeigt sich Gotteskindschaft in einer vertrauensvollen Haltung. Sie bedeutet, *Gott nachzuahmen* und die liebende Hingabe Christi zum Maßstab des eigenen Lebens werden zu lassen:

> *Ahmt Gott nach als seine geliebten Kinder und führt euer Leben in Liebe, wie auch Christus uns geliebt und sich für uns hingegeben hat als Gabe und Opfer, das Gott gefällt!* (Eph 5,1–2)

„Kindschaft" könnte dazu verleiten, zwischen Gott und dem glaubenden Menschen ein unreifes Verhältnis zu vermuten, in dem Eigenverantwortung keinen Platz hat. Das Gegenteil ist der Fall: Je mehr Glaubende ihre Abkunft aus der Liebe des Vaters, die Teilnahme an der Sohnschaft Christi und das Sich-Bestimmen-Lassen von Geist Gottes realisieren, umso mehr finden sie Selbststand.

Zweite Naivität

Die von Jesus geforderte Umkehr (vgl. Mk 1,15) interpretiert Paulus als *Erneuerung des Denkens* (Röm 12,2). „Denken" meint hier eine gänzlich neue Sicht der Wirklichkeit, eine, die über den rationalen Zugang hinausgeht. Bekehrung ist ein Prozess der Umgestaltung, in dem gemeinhin gültige Maßstäbe neu definiert und gelegentlich sogar auf den Kopf gestellt werden. Groß und Klein bleiben nicht mehr das, was sie zuvor waren:

> *In jener Stunde kamen die Jünger zu Jesus und fragten: Wer ist denn im Himmelreich der Größte? Da rief er ein Kind herbei, stellte es in ihre Mitte und sagte: Amen, ich sage euch: Wenn ihr nicht umkehrt und werdet wie die Kinder, werdet ihr nicht in das Himmelreich hineinkommen. Wer sich so klein macht wie dieses Kind, der ist im Himmelreich der Größte. (Mt 18,1–4)*

Nach diesen Worten Jesu haben die Jünger eine Umkehr durch Orientierung am Kinde nötig. Sie besteht darin, als Erwachsener die „kindliche" Perspektive – wieder – zu lernen. Das hat nichts mit Infantilismus als Stehenbleiben auf einer kindlichen Entwicklungsstufe zu tun. Es handelt sich vielmehr um die Wiederentdeckung eines ursprünglichen, gleichwohl neuen (weil zuvor sündhaft verstellten) Zugangs zur Wirklichkeit. Berechnung, Pragmatik, Ökonomie, Politik und schlichte Routine sind notwendige Herangehensweisen, um das Leben zu bewältigen. Aber sie genügen nicht, um den Wert des Menschseins und den Sinn des Daseins zu erkennen. Wo es ausschließlich um Zwecke und Ergebnisse geht, kommt das Wesen der Dinge nicht zum Vorschein. Es braucht die alte – und jetzt neue – Offenheit und Spontaneität eines Kindes. Der französische Philosoph Paul Ricœur (1913–2005) nannte diese Haltung „zweite Naivität". Damit kann, dies sei nochmals betont, nur eine Naivität gemeint sein, die sich zuvor dem *transitus* der Aufklärung nicht verweigert hat.

Für Glaubende wird dabei das Gebet eine Rolle spielen, um in diese Haltung hineinzufinden. Das Gebet macht „kindlich" – im jesuanischen Sinn. Davon sprach der Philosoph Peter Wust (1884–1940), als er, bereits todkrank, in seiner Abschiedsvorlesung sagte:

„Und wenn Sie mich nun fragen sollten, bevor ich gehe und endgültig gehe, ob ich nicht einen Zauberschlüssel kenne, der einem das letzte Tor zur Weisheit des Lebens erschließen könne, dann würde ich Ihnen antworten: ‚Jawohl' – Und zwar ist dieser Zauberschlüssel nicht die Reflexion, wie Sie es von einem Philosophen vielleicht erwarten möchten, sondern das Gebet. Das Gebet als letzte Hingabe gefasst, macht still, macht kindlich, macht objektiv."[5]

Verborgenheit

Was von der Inkarnation als Ursprung der Erlösung gilt, trifft auf die übrigen „Mysterien des Lebens Jesu" ebenfalls zu. Das Pascha Christi lässt sich auf das gesamte Leben Jesu beziehen. Somit muss auch der „Abstieg" in das verborgene Leben Jesu in Nazaret von Belang für ein Leben im Übergang sein. Es heißt ja: *Dann kehrte er mit ihnen nach Nazaret zurück.* […] *Jesus aber wuchs heran und seine Weisheit nahm zu und er fand Gefallen bei Gott und den Menschen* (Lk 2,51–52). Über das Erwachsenwerden Jesu ist wenig bekannt. Die „Zunahme" an Weisheit, Alter und Gnade (Lk 2,52) ist ein Hinweis auf das wahre Menschsein Jesu. Das Umfeld nennt *Zimmermann* (Mk 6,3) als Berufsarbeit Jesu. Erkenntnisse der Sozialgeschichte lassen vermuten, dass die Lebensumstände Jesu von Armut geprägt waren.

Am Leben Jesu ist ablesbar, dass „Nazaret" keine verlorene Zeit war. In der Verborgenheit findet Wachstum statt. Darauf weist auch das Gleichnis vom Sauerteig hin: Die Frau „verbirgt" den Sauerteig im Mehl (Mt 13,33; Lk 13,21). Das Reich Gottes entfaltet seine transformierende Kraft und Dynamik vorwiegend im Verborgenen. Das trifft nicht zuletzt auf die Kirche zu. Sie ist „Keim und Anfang dieses Reiches auf Erden" (II. Vaticanum, *Lumen gentium* 5).

Geistliches Leben *ist mit Christus verborgen in Gott* (Kol 3,3). Das Wirken der Gnade spielt sich im Spannungsfeld von Verborgenheit und (dem Wunsch nach) Sichtbarkeit ab. John Henry Newman unterstrich in einer Predigt den Wert der Verborgenheit:

„Wahre Religion ist innerliches, verborgenes Leben; und obschon sie nicht ohne Taten bestehen kann, sind es doch zum größten Teil verborgene Taten, verborgene Liebeserweise, verborgene Selbstverleugnungen, verborgene Kämpfe, verborgene Siege."[6]

Das Motiv „Nazaret" fand in der Geschichte des Glaubens nicht sonderlich viel Beachtung. Wie denn auch, wenn Verborgenheit zum Stil von Nazaret gehört! Die sog. Leben-Jesu-Frömmigkeit des 11. und 12. Jh. interessierte sich mehr für das verborgene Leben Jesu in Nazaret. Jahrhunderte später wollte Charles de Foucauld ein „Leben in Nazaret", um dort in Zurückgezogenheit als „Bruder aller Menschen" das Leben der Armen zu teilen und Zeugnis zu geben. 1897 befindet er sich in Nazaret und schreibt in einem Brief:

> „Ich bin an Nazaret gebunden. Der gute Gott hat mich die bestmögliche Form dessen finden lassen, was ich gesucht habe: Armut, Einsamkeit, Erniedrigung, sehr einfache Arbeit, vollständige Verborgenheit. Es ist die bestmögliche Nachahmung des Lebens unseres Herrn Jesus Christus in diesem gleichen Nazaret [...] Die Liebe ahmt nach, die Liebe will die Übereinstimmung mit dem geliebten Wesen [...] Genau deshalb bin ich hier [...] Hier umarme ich die niedrige und zurückgezogene Existenz des göttlichen Arbeiters von Nazaret."[7]

Abstieg in die Armut

Die spirituelle Dimension von (freiwillig gewählter) Armut begegnete uns bereits, als wir die Evangelischen Räte behandelten. Unter dem Vorzeichen des Abstiegs wenden wir uns erneut dem Thema zu.

Was ist Armut? Jedes menschliche Leben kennt Reichtum und Armut – bezogen auf äußere oder innere Gaben. Reichtum, ob ererbt oder erworben, ist nicht von vornherein „böse". Gerecht erworbener Besitz und Wohlstand ist keine Sünde. Dementsprechend ist Armut nicht a priori gut. Tatsache ist jedoch, dass die Kluft zwischen Reich und Arm heute tiefer ist als je zuvor. Das trifft auf jedes Land und die gesamte Welt zu. Wer an Christus glaubt, gibt sich damit nicht zufrieden und setzt sich mit äußerer Armut als Problemanzeige und innerer Armut als spirituelle Aufgabe auseinander.

Eine Welt

„Die Armut als Mangel an den Gütern dieser Welt ist als solche ein Übel": Diese Feststellung der lateinamerikanischen Bischöfe[8] ist im Blick zu behalten, um das globale Problem der Kluft zwischen Arm und Reich nicht vorschnell zu spiritualisieren. Armutsbekämpfung hat den strukturellen Zusammenhang von Umwelt-, Wirtschafts- und Sozialökologie mitzubedenken. Natursysteme und Sozialsysteme hängen zusammen. Deshalb gibt es

> „nicht zwei Krisen nebeneinander, eine der Umwelt und eine der Gesellschaft, sondern eine einzige und komplexe sozio-ökologische Krise. Die Wege zur Lösung erfordern einen ganzheitlichen Zugang, um die Armut zu bekämpfen, den Ausgeschlossenen ihre Würde zurückzugeben und sich zugleich um die Natur zu kümmern." (Papst Franziskus, *Laudato si'* 139)

Armut hat also strukturelle Ursachen. Demgemäß benötigt ihre Bekämpfung auch strukturellen und politischen Einsatz. In jüngerer Zeit haben diverse Befreiungstheologien[9] dies herausgearbeitet und eine vorrangige „Option für die Armen" formuliert. Theologien der Befreiung beziehen sich häufig auf das Exodusmotiv. „Ägypten" ist die sündhafte Verstrickung in die Egozentriertheit, verfestigt in Strukturen des Bösen. Der Mensch kann diesem Netz entkommen durch den Glauben an Jesus Christus. Der Glaube macht frei, das sündhafte Ich hinter sich zu lassen und solidarisch zu handeln. Gott befreit aus Sünde und Tod – und Gott befreit aus Armutsverhältnissen, die nicht sein Wille sind.[10]

Option für die evangelische Armut

Neben einem soziologischen Armutsbegriff, der ökonomische, soziale und kulturelle Aspekte umfasst, gibt es auch einen theologisch-spirituellen Armutsbegriff. Die Propheten des Alten Testaments kritisieren die Ausbeutung der Armen durch die Reichen. Gott will, dass alle Menschen in Gerechtigkeit und Frieden leben. In seinem Reich ist die Armut überwunden. Lazarus, *ein armer Mann*, der *vor der Tür des Reichen* liegt (vgl. Lk 16,20), muss ein Skandal (griech. *skándalon*, „Anstoß, Stolperstein") bleiben, um ihn aus seiner Lage zu holen. Zugleich lautet die gemeinsame Berufung, *arm zu sein vor Gott* (Mt 5,3) und ganz auf Gott zu vertrauen. Von den vielen Gesichtern der Armut sind wenigstens diese beiden im Blick zu behalten.

Eine Option für die Armen setzt eine „Option für die Armut" voraus. Eine solche passt zum Evangelium Jesu Christi. „Geistliche Armut" will frei werden vom Hängen an materiellen oder anderen Gütern. Sie setzt eine gewisse Bescheidenheit im Lebensstil und damit ein bestimmtes Maß an aktualer, soziologischer Armut voraus. Hier den eigenen Weg zu finden und ihn gelegentlich der persönlichen (oder gemeinschaftlichen) Lebenssituation anzupassen, ist eine bleibende Herausforderung. Es geht um innere Freiheit, gelebte Solidarität und um ein Zeichen für das nahe Reich Gottes.

Reichtum aus dem „göttlichen Tausch"

Geistliche Armut hat mehr das Sein als das Haben im Blick und ist so „das spirituelle Gegengift zu einem possessiven Welt- und Selbstverhältnis".[11] Sie gerät dann nicht zur Leistung, wenn sie sich aus dem Beschenktsein durch den Abstieg des Gottessohnes versteht: *Denn ihr kennt die Gnade unseres Herrn Jesus Christus: Er, der reich war, wurde euretwegen arm, um euch durch seine Armut reich zu machen* (2 Kor 8,9). Ursprung der Gabe ist dieser sog. „göttliche Tausch". Das Wissen um den göttlichen Tausch motiviert, nach einem für die eigene Lebenssituation adäquaten Ausdruck von Armut als evangelischem Rat zu suchen. Ein verantwortungsvoller Umgang mit materiellen Gütern muss dazugehören, aber auch die spirituelle Aufgabe, sich mit den Facetten eigener Armut (Bedürftigkeit, Mangel- und Verlusterfahrungen) anzufreunden.

Das Armutsideal war immer ein Ferment spiritueller Erneuerung. Dies lässt sich durch alle Epochen der Glaubensgeschichte aufweisen. Franz von Assisi ist dafür *die* Symbolfigur.

Franz von Assisi (1181–1226): Nachfolge in Armut

Vom Heiligen aus Assisi geht ungebrochene Faszination aus. Wir setzen hier eine ungefähre Kenntnis seiner Lebensgeschichte voraus. Für den Armen aus Assisi war die Begegnung mit einem Aussätzigen entscheidend. In einem wichtigen Moment schaffte er es, vom Pferd abzusteigen und diesen zu umarmen. Schlagartig wurde ihm klar, dass er genauso arm – wenn nicht noch ärmer – war wie der Aussätzige. Seither fühlte sich Franziskus den Armen, Bettlern und Kranken stark verbunden. Er sah in ihnen Christus gegenwärtig, der ja ebenfalls aus dem Himmel auf die Erde abgestiegen war. Die sog. Abstiegs-Christologie ist also der Schlüssel, um eine Mystik der Armut bei Franziskus zu verstehen. Die Hinwendung zu den Armen war ihm keine moralische Verpflichtung, sondern er liebte „Frau Armut" – und darin Christus.

Franziskus – das ist schlichte Imitation des Lebens Jesu, unmittelbare Verwirklichung des Evangeliums. Er will unvermittelt „nach der Form des heiligen Evangeliums leben" (Testament 14).[12] Mit „Form" ist eine bestimmte Lebensweise gemeint, die Mobilität, Bruderschaft und vor allem Armut beinhaltet:

> „Ich, der ganz kleine Bruder Franziskus, will dem Leben und der Armut unseres höchsten Herrn Jesus Christus und seiner heiligsten Mutter nachfolgen und darin bis zum Ende verharren." (Vermächtnis für die Schwestern Klaras 1,1)

Franziskus stand der wandernde, heimatlose Jesus vor Augen, der durch das Land zieht, das Reich Gottes ansagt und Versöhnung stiftet – nicht zuletzt mit der gesamten Schöpfung. Der berühmte Sonnengesang verweist auf Christus. Franziskus kannte keine „Naturmystik". Eine von Christus losgelöste Gotteserfahrung war ihm fremd.

„Franziskus, geh hin und stell mein Haus wieder her, das, wie du siehst, ganz verfallen ist!" (Thomas von Celano, Zweite Lebensbeschreibung des hl. Franziskus 10,4): Zuerst 1206 in San Damiano gehört, geht ihm nach und nach der tiefere Sinn dieses Wortes auf. Franziskus sieht den Auftrag zur Erneuerung der Kirche dort, wo er mit dem armen und wehrlosen Herrn am Kreuz mitleidet:

> „Von jener Stunde an war sein Herz verwundet und zerschmolzen im Gedächtnis des Leidens des Herrn, weil er immer, solange er lebte, *die Wundmale des Herrn Jesus* in seinem Herzen getragen hat, wie dies später kraft der Erneuerung eben dieser Wundmale, die an seinem Leib

wunderbar geschehen und ganz klar bewiesen ist, glänzend offenkundig wurde." (Dreigefährtenlegende 14,1)

Franziskus lebte die Nachahmung des armen und leidenden Christus „leibhaftig": Zwei Jahre lang trägt er, ängstlich verborgen, die Wundmale des Gekreuzigten. In Erinnerung an seine Stigmatisation feiert die franziskanische Familie am 17. September das Fest der Wundmale des hl. Franz von Assisi. Im Gebet der Messliturgie zum Tag heißt es:

> „Herr Jesus Christus, da die Welt zu erkalten begann, hast Du am Leibe des heiligen Franziskus die heiligen Wundmale Deines Leidens erneuert, um unsere Herzen mit dem Feuer Deiner Liebe zu entflammen."

„Karriere nach unten"

Alle Mysterien des Lebens Jesu offenbaren den Abstieg des göttlichen Wortes: aus der Höhe des Himmels „hinunter" in den „Staub" der Erde. Das Evangelium berichtet von einer Geste Jesu, in der sich diese Bewegung verdichtet und verleiblicht: die Fußwaschung (Joh 13,1–20). Jesus beugt sich hinunter – das ist eine Art Überschrift zum gesamten Leben Jesu. Sein Dienst, seine Hingabe ermöglichte unseren Pascha-*transitus*. Damit gehört Dienen zum Kern christlicher Spiritualität.

Menschen-Dienst als Gottes-Dienst

Dienen ist, christlich verstanden, vom Abstieg Gottes herzuleiten. An Jesus ist ablesbar: Gott selbst dient den Menschen. Er wusch den Seinen die Füße. Sein Opfer ermöglicht unseren Dank – den christlichen Gottesdienst. Solcher Gottes-Dienst ist vom „Menschen-Dienst" nicht zu trennen. Wie Franz von Assisi im Aussätzigen Christus erkennen konnte, kommt Gott denen, die dienen, in den Ärmsten der Armen entgegen. Hier begegnet der gekreuzigte Auferstandene. Dienen ist also Antwort auf Gottes Anruf in der Not der Mitmenschen. Der Wille und die Fähigkeit zum Dienen sind nicht Eigenleistung, sondern Gabe.

Spiritualität des Dienens

Angesichts möglicher Missverständnisse ist ein spezifisch christliches und zeitgemäßes Verständnis von Dienen freizulegen. Der säkulare Sprachgebrauch meint etwas anderes („öffentlicher Dienst, Dienstleistungsgewerbe"). Zu beachten ist, dass Dienen generell in der Gesellschaft wenig Anerkennung findet und dass ständige Dienstbereitschaft als Unterwürfigkeit oder gar als subtile Form der Machtausübung erlebt werden kann. Auch darum muss sich eine Theologie und Spiritualität des Dienens mit dem Thema Macht befassen. Macht meint die Fähigkeit, etwas frei und mit eigener Kraft zu verwirklichen. Wie jedes menschliche Vermögen, kann sie sündig-egoistisch missbraucht werden.

Wer im Glauben dient, darf ein besonderes Sendungs- und Erwählungsbewusstsein haben. Das Wissen um das Geschenk ermöglicht, nicht darauf bestehen zu müssen, sondern aus der Fülle heraus darauf auch verzichten zu können. Solche Gelassenheit würde helfen, die Pathologie des kirchlichen Dienstes, die es zweifellos gibt, klarer zu sehen. Zu einer Spiritualität des Dienens zählt,

- selbst willens und fähig werden, sich als bedürftig, hilflos und vom Dienst anderer als abhängig zu verstehen;
- unbedankt zu dienen – um Jesu willen;
- dem Ineinander von Macht und Ohnmacht beim Helfen und Dienen auf der Spur zu sein: „Es ist nicht leicht, den Menschen, dem man hilft, nicht als jemanden anzusehen, der schwächer ist als wir selbst, bedürftiger" (Rachel Naomi)[13];
- im Übergang zu einer nachpatriarchalen Gesellschaft und Kirche das Charisma des Dienens in seinen jeweiligen geschlechtsspezifischen Ausprägungen kommunial und partnerschaftlich zu entwickeln.

Ruth Pfau (1929–2017): Dienst an den Ausgestoßenen

Was kann eine Einzelperson gegen das Elend der Leprakranken ausrichten – noch dazu als Frau in den Randgebieten Pakistans, also in einer muslimisch geprägten, archaischen Welt? Ruth Pfau, eine deutsche Ordensfrau, war überzeugt: „Wer ein Leben rettet, rettet die ganze Welt". Ihr Leben war Dienst an den Ausgestoßenen und als solcher ein durchgehaltenes „Trotzdem".

Hier einige biographische Stationen: 1929 in Leipzig geboren, muss sie die Not des 2. Weltkriegs erleben – Bombennächte, Tote, Chaos. Ruth Pfau flüchtet 1949 in den Westen, nimmt das Medizinstudium auf, lässt sich taufen, um später als Ärztin in einen Orden einzutreten. Pakistan wird „ihr" Land: Aufbau eines landesweiten Systems zur Bekämpfung der Lepra, später auch in Afghanistan. Sie erringt hohes Ansehen bereits zu Lebzeiten, nach ihrem Tod erhält sie ein Staatsbegräbnis.

Ruth Pfau und ihr Team halfen unzähligen Menschen, gesund zu werden oder mit einer Behinderung zu leben oder würdevoll zu sterben. Woher nahm sie die Kraft für Ihren Dienst? Das Wissen, eine Sendung zu den Ausgestoßenen zu haben – an der Seite der Sendung Jesu (entsprechend ihrer ignatianisch ausgerichteten Ordensgemeinschaft) – war ihr gegeben: „Meine Überzeugung war immer: Ich bin geschickt, um die Lepra in den Griff zu kriegen".[14] Das prägt und trägt sie: „Die Grunderfahrung meines Lebens ist ,Instrumentalität'".[15] Darüber hinaus hatte die Ordensfrau aus Deutschland einen „Mut zur Verrücktheit". Ausgestoßenen dienen und ihnen Liebe zeigen, zählt zur Torheit des Evangeliums:

> „Wozu ist das Christentum noch gut, wenn Christen nicht mehr den Mut zu Verrücktheiten haben, wenn sie nicht aufhören, sich um das zu drehen, worum sich alle drehen, wenn auch sie danach fragen: Wozu ist das *nützlich*?, und nicht: Wozu ist das *gut*?"[16]

Wer so viel Leid an sich heranlässt und dabei die Abgründe der Welt, der Gewalt (und in fortgeschrittenem Alter auch das Gott-Vermissen, also die geistliche Trockenheit) kennenlernt, muss die freiwillige Entscheidung für die „Schattenseiten des Lebens" immer wieder erneuern. Viel spricht gegen Glauben, Hoffnung und Liebe. Aber Ruth Pfau hielt unermüdlich am „Dennoch" und am Glauben an den Sinn fest: „Die Dunkelheiten sehen wir. Der Sinn wird geglaubt."[17] Den Ausgestoßenen dienen – dadurch nahm das Leben des „Engels von Karachi" die Gestalt einer Fürbitte an: „Das ganze Leben kann Fürbitte sein. Das heißt doch auch: So leben, so handeln, sich so verhalten, dass das Leben der Anderen sich zum Besseren wendet."[18]

Die Sprache des Glaubens hat für die Bewegung des Abstiegs und die „Karriere nach unten" auch das Motiv des (bereits vorhin erwähnten) „wunderbaren Tausches" gefunden.

Der „wunderbare Tausch"

Paulus ist Theologe. Um das Erlösungsgeschehen in Christus zu beschreiben, bedient er sich der Kategorien von Reichtum und Armut: *Er, der reich war, wurde euretwegen arm, um euch durch seine Armut reich zu machen* (2 Kor 8,9; vgl. 2 Kor 5,21). Zwischen dem Herabsteigen des Gottessohnes aus der Herrlichkeit des Himmels und der Erhöhung des gefallenen Menschen zu Gott besteht ein innerer Zusammenhang. Dieser „wunderbare Tausch" (*admirabile commercium*; auch „heiliger Tausch") bezieht sich nicht nur auf äußere Eigenschaften, sondern mehr noch auf das Sein. Jesus Christus, der ewige Sohn Gottes, entäußert sich der göttlichen Herrlichkeit und nimmt in der Welt der Sünde Sklavengestalt an (Phil 2,6–11). Dieser Abstieg soll dem Aufstieg des Menschen dienen: Jetzt ist es dem von der Sünde versklavten Menschen möglich, zur göttlichen Herrlichkeit zu gelangen.

Dieser Abstieg Jesu, des Gottessohnes, in die Armut wurde zum Maßstab. Hier fand das Armutsideal christlicher Spiritualität seinen Ausgangspunkt und Grund. Wo Armut als Angleichung an die Armut Jesu wieder gesucht wurde, entstand geistlich viel Neues.

2. Die Ebene

Petrus, Jakobus und Johannes wurden auf dem Berg der Verklärung Zeugen eines besonderen Ereignisses – eine überwältigende, rundum positive Erfahrung (Mk 9,5: *es ist gut, dass wir hier sind*). Danach mussten sie das Schöne wieder lassen. Sie stiegen wieder *den Berg hinab* (Mk 9,9), hinunter in die *Ebene* (Lk 6,17). Es war ihnen nicht vergönnt, das Erlebte nachklingen zu lassen. Im Gegenteil: Der Andrang vieler geplagter und kranker Menschen setzt sofort ein (Lk 6,17–19). Eine weitere Irritation folgt bald, nämlich die zweite Ankündigung von Leiden, Tod und Auferstehung Jesu (Mk

9,31). Nach dem Berg Tabor die „Ebene", nach der Höhe die Niederung, nach dem Besonderen das Gewöhnliche, nach dem Fest der Alltag: Der abrupte Wechsel – im günstigen Fall: der Rhythmus – darf gelesen werden als Hinweis auf die Polarität von Schauen (Kontemplation) und Tun (Aktion).

Maria und Marta: Kontemplation und Aktion

Die Verhältnisbestimmung von Gebet und Tat, Abkehr und Hinkehr, Rezeption und Produktion, Weg nach innen und Weg nach außen, „Mystik und Politik" beschäftigt alle, die ein geistbestimmtes Leben führen wollen. Die Kirchenväter sahen im Geschwisterpaar Maria und Marta (vgl. Lk 10,38–42) die Prototypen beider Zugänge: Marta steht für das aktive Element, Maria für die Kontemplation.[19]

Herkömmliche Sichtweisen und Zugänge

Aus der Antwort Jesu *Nur eines ist notwendig. Maria hat den guten Teil* [ältere Übersetzungen: *den besseren Teil*] *gewählt, der wird ihr nicht genommen werden* (Lk 10,42) leitete man die Vorrangstellung des kontemplativen Lebens ab. Dass der Evangelist in Lk 10,25–37 zuvor durch das Beispiel des barmherzigen Samariters die andere Seite des Doppelgebotes vor Augen stellt (und der Kontext für die Interpretation maßgeblich ist), geriet dabei in den Hintergrund.

Zum Vorrang der Kontemplation trug die aristotelische Herkunft des Begriffpaares bei. Dort gilt die *theoría* (lat. *contemplatio*) als der *práxis* (lat. *actio*) überlegen. Die Theoria sucht die intellektuelle Erkenntnis der ewigen, göttlichen Wahrheit. Die Praxis bleibt äußerlich und beschränkt sich auf das diesseitige Leben und die Ordnung des Gemeinwesens. Klemens von Alexandrien (um 150 – vor 215) und Origenes (185–253) „tauften" diese Sichtweise: *práxis* wird jetzt der Askese zugeordnet (Kampf gegen die Sünde, Bemühung um Tugend und Vollkommenheit). Sie bereitet das Eigentliche, die Kontemplation vor: die betende, betrachtende Vereinigung mit Gott. Die Vollkommenheit besteht in der *contemplatio*.

Die Dominikaner bringen, mitbedingt durch deren apostolischen Auftrag, ergänzende und korrigierende Sichtweisen ins Spiel.

Meister Eckhart (um 1260–1328) dreht das traditionelle Schema. Seine berühmte Predigt zu Lk 10,38–42 stärkt die Geduld Martas mit Maria und sagt, dass eigentlich Maria noch etwas fehlt: „Wir hegen den Verdacht, dass sie, die liebe Maria, irgendwie mehr um des wohligen Gefühls als um des geistigen Gewinns willen dagesessen habe."[20] Hier relativiert Meister Eckhart das Streben nach außerordentlichen spirituellen Erfahrungen (wie es damals in Mode war) und der Tendenz, der Emotion und dem unmittelbaren Erleben den Vorrang zu geben. Entscheidend sei weder eine bestimmte Übung (Marta) noch eine bestimmte Empfindung (Maria), sondern die Liebe.

Später kommen gelebte Konzepte einer *vita apostolica*, einer *vita mixta* (Orden, die zum Lehren oder Predigen bestimmt sind) oder einer *vita passiva* (Nachfolge des Gekreuzigten) ins Spiel und erweitern das herkömmliche zweigliedrige Spektrum. Am Beginn der Neuzeit ist es schließlich Ignatius von Loyola (1491–1556), der für den von ihm gegründeten Orden, die Gesellschaft Jesu, eine Verbindung neuer Art vorsieht. Das kontemplative Element ist dem aktiven Apostolat zu- und untergeordnet. Daraus wächst eine „Mystik der Tat". Hieronymus Nadal (1507–1580), ein enger Mitarbeiter des Ignatius, charakterisierte seinen Ordensvater als „kontemplativ im Tun" (*contemplativus in actione*).

Maria und Marta heute

Festzuhalten ist an der Zusammengehörigkeit von Maria und Marta – sie sind Geschwister! Bereits aus dem biblischen Doppelgebot (in unserem Zusammenhang: Lk 10,27) geht hervor, dass zur Grundgestalt christlichen Lebens beides gehört: den Nächsten lieben wie sich selbst (Marta, Samariter) und auf das Wort Gottes hören (Maria). Die Bibel rechtfertigt kein dualistisches Denkmodell mit einer Über- und Unterbewertung des einen oder des anderen. Gottes- und Nächstenliebe, Gottes- und Weltdienst sind zwei Aspekte der einen christlichen Berufung. Beide, Kontemplation und Aktion, sind Früchte des einen Geistes Jesu Christi (vgl. Joh 15,5) und einer einzigen Mitte zugeordnet. Der Lebensgrund von Aktion und Kontemplation ist der Glaube, dass sich Gott im „Handeln" an Jesus Christus der Welt eröffnet und zugänglich gemacht hat. Diesem Geheimnis Gottes wendet sich der Mensch in Meditation, Kontemplation und Schweigen, in Lobpreis und Feier zu und betet es zweckfrei als Ziel der Welt an. Das ist der Boden für eine Spiritualität, die sich der Welt verpflichtet und in sie gesandt weiß.

Gewiss: Eine Akzentsetzung ist legitim. Sie ergibt sich aus der persönlichen Berufung, aus dem jeweiligen Stadium spiritueller Entwicklung und aus der Situation (vgl. Lk 10!). Doch sind immer beide Pole im Blick zu behalten. Mitten in der gegenwärtigen *vita hyperactiva* kann die Erinnerung an die alttestamentliche Sabbatkultur (Teilhabe an der Ruhe Gottes als Zielgestalt, vgl. Gen 1; Hebr 4) und an die eschatologische Ausrichtung des Lebens das praktische Leben und überhaupt alle menschlichen Aktivitäten relativieren. Zugleich gilt: „Der Maßstab, an dem der Christ (der Mensch überhaupt) in Gottes Gericht gemessen wird, ist seine Gottes- und Nächstenliebe und nicht der Grad seiner religiösen Erfahrung."[21] Wie immer die Akzente gesetzt werden: Der Weg vom Berg der Verklärung hinunter in die Ebene des Alltags und der (vermeintlichen) Banalität ist zu gehen und je neu zu bejahen. Es war und ist der Weg Jesu.

 Thomas Merton (1915–1968): kontemplatives Leben neu

Der Trappist (reformierter Zisterzienser) Thomas Merton ging in seinen Schriften feinfühlig auf die seelische und geistige Lage seiner Zeitgenossen ein. Dabei verstand er es, der modernen Welt die Relevanz des kontemplativen (Mönchs-)Lebens verständlich zu machen und neu zu erschließen. Mertons Biographie ist wechselvoll: in Frankreich geboren, mit 20 Jahren Kommunist, mit 23 Jahren Katholik, mit 26 Jahren Mönch in Kentucky (USA), Schriftsteller, Eremit, Neuinterpret monastischen Lebens. Mit der Geschichte seiner Bekehrung (dt. „Der Berg der sieben Stufen") wurde er weltbekannt.

Thomas Merton erkannte das Ungenügen herkömmlicher Begründungen kontemplativen Lebens (objektive Fruchtbarkeit eines Mönchslebens durch möglichst viel Gebet und Buße). Er spürte darin eine Mentalität, die zu oft von Leistung und Quantität geprägt war:

Das „offizielle kontemplative Leben, wie es in unseren Klöstern derzeit gelebt wird, [bedarf] auf weite Strecken hin eines gründlichen Überdenkens, weil es immer noch zu sehr mit Denkmustern verknüpft ist, die vor 500 Jahren allgemein anerkannt waren, die aber dem modernen Menschen völlig fremd sind".[22]

Jetzt wäre die persönliche Erfahrung des Mönchs gefragt und eine neue Sprache. Aber der Weg derer, die Gott suchen, wird heute so wie eh und je die Schule der Einsamkeit – im positiven Sinn, nicht als Isolation – durchlaufen müssen. Solche Besinnung auf das Selbst hat eine Hoffnung: „Du musst deinem Gott nur bis zu dir selbst entgegengehen" (Bernhard von Clairvaux, 1090–1153).

Dennoch kann kontemplatives Leben in der Welt von heute von „Welt" nicht absehen. Der Mönch

> „sucht nicht nur sein eigenes Herz; er taucht tief in das Herz der Welt ein, deren Teil er bleibt, obwohl er sie ‚verlassen‘ zu haben scheint. In Wirklichkeit verlässt der Mönch die Welt nur, um aufmerksamer auf die eindringlichsten und unbeachteten Stimmen ihres tiefen Innern zu horchen."[23]

Im Gegensatz dazu betrat man früher den „Weg der Kontemplation, indem man eine Liste aller Dinge erstellte, auf die man künftig verzichten wollte. Man nahm die Welt und ihre Möglichkeiten und strich einfach alles aus der Liste aus". So „blieb am Ende das eine große Ding übrig, auf das es ankam, das *unum necessarium*, das Eine Notwendige". Dieses in Lk 10,42 erwähnte „eine Notwendige" ist „eher das, was alles andere einschließt und umfasst, das, zu dem man gelangt, wenn man alles in eines zusammennimmt und noch weit darüber hinausgeht". Freilich: Auch bisher wussten die Kontemplativen, dass der „Prozeß des Durchstreichens" dazu diente, vom quantitativen Zugang wegzukommen, um einen qualitativen freizulegen, d. h. am Ende nicht das *Größte*, sondern das *Beste* zu finden. Heute ginge es, so Merton, darum, beides – das Größte und das Beste – anzuzielen, aber nicht „*außerhalb* von uns selbst, sondern das Größte und das Beste *in* uns selbst".[24]

Missionarische Spiritualität

Den Weg Israels und den Weg Jesu mitvollziehen bedeutet, die diversen Schritte des Übergangs mit-zugehen und, wenn es dran ist, auch „abzusteigen". Der Abstieg ist ein – notwendiges – Element des Pascha-*transitus*. Sein Ursprung ist die Bewegung Gottes auf die Welt und auf die Menschheit zu. Darin hat Gott sein Antlitz gezeigt, in Jesus von Nazaret. Missionarische Spiritualität wurzelt in diesem Abstieg Gottes.

Der Geist der Sendung

Missionarische Spiritualität besteht darin, das Absteigen und Zugehen Gottes auf die Welt und auf die Menschen hin habituell – als Haltung – nachzuvollziehen. Sie ist Teilnahme an der Sendung des Sohnes im Heiligen Geist. Ursprung der Sendung ist Gott selbst, dessen Liebe „überströmt":

> „Die pilgernde Kirche ist ihrem Wesen nach ,missionarisch' (d. h. als Gesandte unterwegs), da sie selbst ihren Ursprung aus der Sendung des Sohnes und der Sendung des Heiligen Geistes herleitet gemäß dem Plan Gottes des Vaters. Dieser Plan entspringt der ,quellhaften Liebe', dem Liebeswollen Gottes des Vaters." (II. Vaticanum, *Ad gentes* 2)

Diesen Ursprung bewusst zu halten, ist wichtig, um christliche Mission (richtig) zu verstehen. Weil Gott *will, dass alle Menschen gerettet werden und zur Erkenntnis der Wahrheit gelangen* (1 Tim 2,4), ist dieser Gott in seiner überströmenden Liebe in Jesus von Nazaret den Menschen nahegekommen. Sein Wille ist, ihnen bleibend gegenwärtig zu sein:

> „Missionarische Tätigkeit ist nichts anderes und nichts weniger als Kundgabe oder Epiphanie und Erfüllung des Planes Gottes in der Welt und ihrer Geschichte, in der Gott durch die Mission die Heilsgeschichte sichtbar vollzieht." (II. Vaticanum, *Ad gentes* 9)

Mission ist demnach nicht von der Kirche her, sondern Kirche ist von Mission her zu verstehen: Kirche ist dazu da, Gottes gnädiges Heilshandeln zeichenhaft in der Welt darzustellen (und nicht: *her*zustellen) und dieses zu vermitteln. Ihre Sendung beinhaltet die

Verherrlichung Gottes. Diese wiederum umfasst die ganzheitliche Befreiung des Menschen.

Mission oder Demission?

Bereits das Wort Mission ruft heute bei vielen Menschen Widerspruch hervor. Das Christentum habe, so der Pauschalvorwurf, im Verein mit den Kolonisatoren westliche Zerstörungskraft gezeigt und dabei Kulturen vernichtet, Sozialstrukturen aufgelöst, Religionen verdrängt. Die dahinterstehende Haltung sei imperialistisch, kolonialistisch, paternalistisch und schlechthin intolerant. Das westliche Christentum ist dabei, diese von ihm verursachte Geschichte, so es tatsächlich Unheil angerichtet hat, aufzuarbeiten. Das viele Gute, dass im Zuge von Missionierung geschehen ist, sollte dabei nicht einfach vergessen werden: Bildung, Gesundheitswesen, Befreiung von Ängsten etc. Darüber hinaus ist der Wunsch, über „seine Sache" mit anderen Menschen reden zu wollen, legitim. Das Vorhandensein dieses Wunsches ist ein Zeichen für die Lebendigkeit des Glaubens: *Wir können unmöglich schweigen über das, was wir gesehen und gehört haben* (Apg 4,20). In diesem Sinn gibt das Wort Madeleine Delbrêls zu denken: „Wer nicht missioniert, demissioniert."[25]

Absichtslose Liebe

Dass Mission nichts mit bloßer Indoktrination oder Rekrutierung zu tun hat, steht außer Frage. Der Verzicht auf „Zwang und Kunstgriffe" (II. Vaticanum, *Dignitatis humanae* 11) muss selbstverständlich sein. Missionarische Spiritualität wächst mit absichtsloser Liebe. Sie vertraut auf die Evidenz der eigenen Sache. Als der französische Kardinal Emmanuel Suhard (1874–1949), Erzbischof von Paris und Gründer der „Mission de France", gefragt wurde, wie denn seiner Meinung nach in der gegenwärtigen Zeit jemand wirksam Zeuge sein könne, gab er zur Antwort: „Zeuge sein, das heißt nicht, Propaganda treiben; es heißt auch nicht, schockieren. Es heißt, so leben, dass dieses Leben unerklärlich wäre, wenn es keinen Gott gäbe." Viele Menschen gehen auf Distanz zu Religion, sind deswegen aber nicht gott-los. Auszugehen ist vielmehr von einer

Präsenz des Göttlichen auch bei nichtreligiösen Menschen: *Viel Volk nämlich gehört mir in dieser Stadt* (Apg 18,10), sagt der Auferstandene zu Paulus.

3. Reich des Todes (Unterwelt)

Das christliche Credo bekennt den Abstieg Jesu „in das Reich des Todes".[26] Der Gekreuzigte und Begrabene steigt in die Unterwelt (hebr. *scheol*). Das Judentum der Zeit Jesu nahm darin zwei Kammern an: eine für die Gerechten (Abrahams Schoß, Paradies), eine andere für die übrigen Toten. Was christliche Eschatologie „Hölle" nennt, ist die Möglichkeit ewiger Gottferne. Daher ist es angemessener, nicht vom Höllenabstieg Christi, sondern von seinem Gang zu den Toten zu sprechen.

Für das Neue Testament lag nach dem Kreuzestod und Begräbnis (Mk 15,46; 1 Kor 15,4; Apg 13,29) der Abstieg Jesu in die Unterwelt nahe. Anklänge finden sich in der Pfingstpredigt des Petrus (Apg 2,24.27.31) sowie in Röm 10,7 und Hebr 13,20, ohne damit Näheres zum Ort und Geschick Jesu in der Unterwelt zu sagen. Anknüpfungspunkte für die Lehre vom Abstieg Christi im engeren Sinn waren Offb 1,18; Mt 27,52 (vgl. Ez 37,12–13); 1 Petr 3,19–20; 4,6 sowie das apokryphe Nikodemusevangelium (Kap. 17–27), ein Passions-Evangelium aus dem 4. Jh. Zunächst integrierten Liturgie und Verkündigung das Motiv vom Abstieg Christi in die Unterwelt. Meliton von Sardes († um 190) nimmt in seiner Osterhomilie das Motiv des Kampfes von Mk 3,27 (*Es kann aber auch keiner in das Haus des Starken eindringen und ihm den Hausrat rauben, wenn er nicht zuerst den Starken fesselt; erst dann kann er sein Haus plündern*) auf und lässt Christus sagen:

> „ICH spricht der Christus, ich habe den Tod vernichtet und über den Feind triumphiert und das Totenreich niedergetreten und den Starken gebunden und habe den Menschen entrissen zu den Höhen des Himmels, ICH, spricht der Christus."[27]

Im österlichen Liedgut findet sich dieses Motiv in vielen Varianten wie: „Tod und Leben, die kämpften unbegreiflichen Zweikampf" (Ostersequenz, Gotteslob Nr. 320) bis „Der Sieger führt die Scharen, die lang gefangen waren, in seines Vaters Reich empor" (Gotteslob, Eigenteil Österreich Nr. 828–832). Ab der Mitte des 4. Jh. fand die Lehre vom Abstieg Christi unter der Bezeichnung *descensus ad inferos* bzw. *inferna* Eingang in die kirchlichen Glaubensbekenntnisse; seit dem Vierten Laterankonzil (1215) zählt sie zur verbindlichen Lehre der Kirche (DH 801).

Theologie des Karsamstags

Der Karsamstag ist jener der drei österlichen Tage, an dem die Kirche der Grabesruhe Christi gedenkt und mit Fasten und Gebet seine Auferstehung erwartet. Häufig ist in den Kirchen eine Ikone des Abstiegs Christi in die Unterwelt aufgestellt. In den Ostkirchen ist diese Darstellung das eigentliche Ostermotiv, weil es die Universalität der Erlösung verdeutlicht.

Wie weit reicht die Heilsbedeutsamkeit des Todes Jesu? Dieser Frage ging der Theologe Hans Urs von Balthasar (1905–1988) in seiner „Theologie des Karsamstags" nach.[28] Durch den Abstieg in die Tiefen des Todes hat sich der unsterbliche Gott den Gesetzen des Todes unterworfen (DH 294). Christus hat die Todesmacht gebrochen, durch seine Auferstehung den Weg zum ewigen Leben eröffnet – nach Ansicht von Balthasars für alle. Darin erweitert der Schweizer Theologe die Überlieferung. Diese besagt, dass Christus nur in die Kammer für die Gerechten hinabstieg. In der Sicht von Balthasars gilt das erlösende Leiden Christi aber allen Toten in der Unterwelt. Die „Wirkung" erstreckt sich auf alle Menschen: auf die in der Gegenwart und Zukunft, auch auf jene in der Vergangenheit.

Solidarität im Stillstand

Der Abstieg Christi (*descensus Christi*) ist eine spezifische Phase seines Pascha-*transitus*. In der meditativen Betrachtung des Karsamstags bedeuten Abstieg und Grabesruhe einen Weg zur Grenze und einen Grenzgang: Christus hat sich mit den Toten solidarisiert. Jetzt zählt er zu den „Kraftlosen". Er ist und bleibt im „Zwischen" der Erniedrigung und seiner Erhöhung.

Im Duktus der drei österlichen Tage ist der Karsamstag ein Tag, an dem nichts passiert und nichts geschieht. Sich dem Stillstand auszusetzen, bedeutet eine Herausforderung – erst recht, wenn es darum geht, eine lang andauernde schwierige Situation auszuhalten. Nicht wenige Menschen müssen eine „Karsamstagsexistenz" führen. Alle Varianten einer Lösung oder Entlastung sind ausgereizt, aber keine Änderung ist in Aussicht. Die Bejahung des derzeit Nichts-Tun-Könnens, des Bleibens, Wartens und Hoffens zeigt sich im Blick auf den Karsamstag als österliche Antwort: *Israel, warte auf den Herrn* (Ps 130,7). Die aporetische (d.h. vermeintlich oder tatsächlich ausweglose) Situation hat ihre eigene spirituelle Qualität. Ein vorschnell lösungsorientierter Zugang könnte am Pascha-Mysterium und an der Botschaft des Karsamstags vorbeigehen, ist es doch jener „Tag, an dem Tod und Auferstehung Christi miteinander in Berührung kommen".[29]

 Jeremia in der Zisterne

Jeremia erfährt ein typisches Prophetenschicksal:

> *Da ergriffen sie Jeremia und warfen ihn in die Zisterne des Königssohns Malkija, die sich im Wachhof befand; man ließ ihn an Stricken hinunter. In der Zisterne war kein Wasser, sondern nur Schlamm und Jeremia sank in den Schlamm.* (Jer 38,6)

Die Ausweglosigkeit, der sich der im Morast versunkene Prophet gegenübersieht, war ein Abstieg in die Verlassenheit und eine Todeserfahrung. Ob sich der Prophet auch von Gott verlassen fühlte?

Pascha-Mysterium als Matrix der Lebensdeutung besagt, dass menschliches Leiden auch das Leiden Gottes ist, menschliche Schmerzen auch die Schmerzen seiner Liebe sind. Gott ist uns in den „Kammern des Todes" – diese zeigen sich ja im Leben vielfältig – verbunden. Gott ist nicht, wie Jürgen Moltmann hervorhebt, das

> „unerforschliche Gegenüber im Himmel, sondern in einem sehr persönlichen Sinne der menschliche Christus, der mit ihm schreit, und der einfühlende Geist, der in ihm ruft und für ihn rufen wird, wenn er

selbst verstummt. Es ist der Trost des gekreuzigten Christus, die Liebe Gottes und die Gemeinschaft des ewigen Geistes in die Abgründe unserer Leiden und in unsere Hölle des Bösen zu bringen."[30]

Der Glaube an den Abstieg Christi zu den Toten beinhaltet die gläubige Zuversicht, dass Christus *die Schlüssel zum Tod und zur Unterwelt* hat (Offb 1,18), um die menschliche Anfechtung und Gottverlassenheit auf sich zu nehmen und zu überwinden.

V. „HINÜBER" – ÜBERGANG

Christliche Spiritualität ist Leben in der Dynamik des österlichen Übergangs. Das ist der rote Faden dieses Buches. Dabei verstehen wir Übergang vom Pascha-*transitus* Israels und vom Weg Jesu her. Darin ist der Weg des Glaubens heute vorgezeichnet. Pascha verdeutlicht, dass der Übergang ein österlicher ist. Wir machten den einen österlichen Übergang an vielen Orten der Bibel fest. Sie erzählt von den vielen Übergängen, die das Volk Israel durchschreiten musste. Auch der Hinübergang Jesu zu seinem Vater (vgl. Joh 13,1) entwarf sich schon vor seinem Tod an vielen Plätzen.

Nun nähert sich dieser Weg dem Ziel. Das Gelobte Land ist in Sicht. Eine Etappe ist noch zu gehen, ein letztes „Hinüber" steht bevor. Dem Hinüber eigens ein Kapitel zu widmen, erscheint auf den ersten Blick als unnötige Doppelung des „Hindurch". Aber es gibt einen gewissen Unterschied. Der Durchgang charakterisiert eher die Passage. Wer durchgeht, rechnet noch nicht gleich mit einem Ankommen. Der Übergang hingegen hat das andere Ufer bereits im Blick und behält es im Auge.

Dabei tauchen, immer verbunden mit Orten, Situationen auf, die eine Ähnlichkeit aufweisen mit solchen, die wir bereits behandelten. Doch jetzt, in der Perspektive des Übergangs, zeigen sie ein anderes Gesicht: das Fremde und das Andere; Golgota als Ort „außerhalb des Lagers"; der Mut und die Entschlossenheit zu einem Aufbruch; das Leben an der Schwelle und in der Schwebe; das andere Ufer schon sehen, aber noch nicht drüben sein. Das sind insgesamt spirituell markante Momente. Was lässt sich im Sinn des Pascha-*transitus* dazu sagen – kurz vor dem entscheidenden Übergang?

1. Tyrus und Sidon; Samaria

In der Sicht des Judentums zur Zeit Jesu lagen die phönizischen Hafenstädte Tyrus und Sidon im heidnischen Land. Dieses Gebiet wird für Jesus zu einem Ort des Lernens (Mt 15,21–28; Mk 7,24–30): Er erfährt Widerspruch von einer heidnischen Frau. Jesus lässt sich etwas sagen, sein Blick weitet sich: Die *Griechen* sind nicht *Hunde*, sondern tragen ebenfalls das Bild des himmlischen Vaters in sich. In seiner Nachfolge können Grenzen (territoriale, konfessionelle, etc.) überstiegen werden.

Ein anderes Mal *musste* Jesus *den Weg durch Samarien nehmen* (Joh 4,4) und lässt sich auf ein langes Gespräch mit einer samaritanischen Frau ein. Damit überschritt Jesus eine Grenze. Er wusste, dass *die Juden nicht mit den Samaritern verkehren* (Joh 4,9). Den Samaritanern galt nicht der Zion, sondern der Berg Garizim als zentraler Ort der Anbetung (vgl. Joh 4,20). Der Pascha-*transitus* führt „hinüber" – auch über Grenzen hinweg. Die genannten Orte stehen für einen Perspektivenwechsel.

Das Fremde und Andere

Menschen sind auf Sicherheit bedacht. Das Andere und Fremde wird daher häufig zunächst als Verunsicherung und Bedrohung erlebt. Heute hat es den Anschein, als ob die Komplexität und Unübersichtlichkeit der Welt diesen Reflex noch fördern. Es ist schwierig, einen Standpunkt zu finden. Was von außen in die eigene Welt eindringt, könnte eine errungene Sicht ins Wanken bringen. Doch hier ist zu bedenken: Identität bildet sich immer prozesshaft. Das Eigene wie das Andere oder Fremde ist nicht einfach objektiv gegeben. Es bildet sich in stetiger Begegnung durch die Unterscheidung von Eigenem und Fremden. Martin Buber drückt das so aus: „Ich werde am Du; Ich werdend spreche ich Du. Alles wirkliche Leben ist Begegnung."[1]

Der Topos der Grenzüberschreitung lässt übrigens auch an „Transzendenz" denken. Dieser vom philosophisch-theologischen Denken des Mittelalters geprägte Begriff leitet sich vom lateinischen Verb *transcendere*, „überschreiten" her. Der Mensch hat die Fähig-

keit, über die Grenzen seines Vermögens und Erkennens hinauszudenken. Der Mathematiker und Philosoph Blaise Pascal (1623–
1662) fasste das in das berühmte Wort „*L'homme dépasse l'homme* –
Der Mensch übersteigt den Menschen". Wo der Mensch über das
mit den Sinnen Erkennbare und über das Menschlich-Endliche
hinausgeht, dort überschreitet er seinen eigentlichen Denk- und
Vorstellungsraum und fragt nach dem Transzendenten.

 Spirituelle Fremdprophetie

„Spiritualität abstrakt" gibt es nicht. Christliche Spiritualität kommt
nur in einer konkreten Ausprägung vor. Umgelegt auf die Glau-
bensbiographie: Man wächst zunächst in einen bestimmten Typ
von Spiritualität hinein und macht sich diese Welt vertraut. Die
Begegnung mit einer Spiritualität, die einem fremd ist, weil sie andere Akzente setzt, kann eine Herausforderung sein. Sie bietet jedoch die Möglichkeit, am Anderen und Fremden das Eigene neu zu
sehen, den Horizont zu weiten und zu lernen, dass Gottes Geist
grenzenlos ist. Für die spirituelle Praxis ist dabei einmal mehr Unterscheidung gefragt. Etwas, was anfänglich bloß fremd und unge-
wohnt ist und integriert werden kann, ist zu unterscheiden von
dem, was falsch ist, weil es mit dem eigenen christlichen Weg nicht
kompatibel ist.

Auf theologischer Ebene sind für diese Frage zwei Referenz-
punkte zu nennen. Zum einen: Die Trinitätstheologie ist wichtig
für die Vorstellung, wie sich Einheit und Vielheit zueinander verhalten. Sie sind kein Widerspruch. Der Heilige Geist schafft Einheit,
indem er mit den Unterschieden „spielt". Zum anderen: Die Väter
des II. Vaticanums fanden zur Überzeugung, dass nicht nur das
kirchliche Innen, sondern auch der gesellschaftliche Kontext außerhalb der Kirche Ort des Glaubens ist. Das politische und soziale
Leben, Wirtschaft und Kultur sind daraufhin zu lesen. Sie haben
der Kirche (dem Innen) etwas zu sagen – bisweilen unangenehme
Wahrheiten („Fremdprophetie"). Somit ist auch im Feld der Spiri-
tualität(en) die Vorstellung von Innen und Außen zu prüfen. Ein
Befremden, von außen angestoßen, kann heilsam sein.

Die Sterndeuter aus dem Osten

Dass die von außen denen, die sich im Innen wähnen, etwas zu sagen haben, zeigt sich gleich am Beginn der Jesus-Geschichte (vgl. Mt 2,1–12). Die Sterndeuter (griech. *mágoi*) stehen für Menschen, die spirituell nicht nur „aus dem Osten", sondern aus allen Himmelsrichtungen kommen. Die Magier sind Suchende, die sich auf den Weg machen, um zu finden. Mit ihrer spirituellen Herkunft können die kirchlich Sozialisierten nichts anfangen. Die Begegnung mit ihnen wird zur Frage nach der Bedeutung des Kindes. Eigentlich haben die „Rechtgläubigen" einen schriftgemäßen Vorsprung in der Erkenntnis. Doch wie leicht und schnell ist der verspielt! Die detaillierte Kenntnis, wann und wo der Messias geboren wird, ist nutzlos geworden. Die Insider wissen bloß Bescheid. Umgekehrt werden Nichtwissende zu den eigentlich Wissenden. Die Reihenfolge derer, die suchen und tatsächlich finden, muss zu denken geben. An der Spitze stehen – beim Evangelisten Matthäus – die Heiden, also Nicht-, bestenfalls Andersgläubige. Hier ereignet sich Fremdprophetie, Anfrage von außen.

Gastfreundschaft

In der Heiligen Schrift hat Gastfreundschaft einen hohen Wert. Abraham erweist sie gegenüber den drei Fremden bei der Eiche von Mamre (Gen 18,1–8). Ohne es zu wissen hat er dabei *Engel beherbergt* (Hebr 13,2). Jesus hat Menschen Gastfreundschaft – seine Nähe – gewährt. Er nahm die Einladungen unterschiedlichster Menschen an, gerne auch von jenen am Rande der Gesellschaft (vgl. Mk 2,15; Lk 19,1–10). Sogar im Blick auf die letzte Zukunft des Menschen hat dieses Thema Bedeutung: Gott öffnet im Himmel den Menschen sein Haus. Er nimmt die Menschen als seine Ehrengäste auf, gewährt Gastfreundschaft.

Das Mönchtum nahm diesen Aspekt auf. Die Benediktregel widmet der Aufnahme von Gästen im Kloster das lange Kapitel 53. In den Fremden ist Christus zu sehen, der auf die Gemeinschaft zukommt. Darum ist das Gewähren von Gastfreundschaft ein spirituelles Geschehen, das, wie das Wort sagt, mit Freundschaft zu tun hat, also mit Teilen, Geben und Nehmen. Der Fremde bringt etwas

Kostbares mit: sich selbst – und darin zugleich die Gelegenheit, Christus zu begegnen.

2. Außerhalb des Lagers

Golgota liegt außerhalb des antiken Jerusalem. Das nimmt der Hebräerbrief zum Anlass für eine typologische Deutung des Todes Jesu als Sühnopfer. Gemäß Lev 16,27 mussten die Körper der Tiere, deren Blut Gott im Heiligtum geopfert wurde, außerhalb des Lagers der Israeliten verbrannt werden. Das „außerhalb des Lagers" wird nun mit dem Tod Jesu in Verbindung gebracht:

> Deshalb hat auch Jesus, um durch sein eigenes Blut das Volk zu heiligen, außerhalb des Tores gelitten. Lasst uns also zu ihm vor das Lager hinausziehen und seine Schmach tragen! (Hebr 13,12–13)

In der Sicht des Hebräerbriefs ist Golgota ein „Altar", auf dem Jesus am Kreuz einmalig und endgültig ein Sündopfer dargebracht hat. Der Altar ist hier kein Tisch, von dem man isst. Er kennzeichnet den Ort der Hingabe Jesu. Das Lebensvorbild Jesu lenkt hinaus aus der Geborgenheit und Sicherheit des umgrenzten Lagers.

Zugegeben: Der Topos und Typos „außerhalb des Lagers" vereint in sich Anteile von Aufstieg (Golgota ist ein Hügel) und Exodus („hinausziehen"). Aber das Kreuz wurde nicht im Zentrum, sondern an der Peripherie aufgerichtet. Damit ist das „außerhalb des Tores" für den Pascha-*transitus* ein Ort des Hinübers, der von der österlichen Dynamik spricht.

Die Botschaft der Peripherie

Was die Bibel erzählt, ist aus Sicht des christlichen Glaubens der Wendepunkt der Geschichte. Allerdings spielen die Ereignisse nicht im Zentrum der damaligen Welt, sondern an deren Rand (Palästina, Nazaret usw.). Später ging das Christentum, ausgehend von der Peripherie, in die Zentren Athen und Rom. In der Folge bildete das Christentum über Jahrhunderte hin das Zentrum, insofern es sich um christlich geprägte Gesellschaften handelte. Heute stehen wir in einer nachchristlichen Ära. Wird die Wiederherstellung der ehemals zentralen Position von Kirche mit Strategien der „Rückeroberung" betrieben, geht es um Restauration. Reform hingegen kommt aus spiritueller Erneuerung. Sie muss das ursprüngliche „außerhalb des Lagers" ernst nehmen.

Mitte und Rand

Der Topos „außerhalb des Lagers" lädt zu einer neuen Sicht von Mitte und Rand ein. Die Glaubensgeschichte kennt viele Männer und Frauen, die an die Ränder gingen (geographisch, sozial) und die Extreme ausloteten (denkerisch, spirituell). Häufig leitete dabei die Intention, von der Mitte auszugehen, um die Peripherie in das Zentrum hereinzuholen. Aber das Neue braucht einen Perspektivenwechsel. Papst Franziskus forderte ihn mehrfach ein:

> „Die großen Veränderungen in der Geschichte fanden immer dann statt, wenn man die Realität nicht von der Mitte, sondern vom Rand aus ins Auge fasste. Das ist eine Frage der Hermeneutik: Man erfasst die Wirklichkeit nur dann, wenn man sie von der Peripherie her betrachtet, und nicht, wenn man die Dinge von einem Standpunkt im Zentrum aus in Augenschein nimmt, das in gleichem Abstand zu allem ist [...] Um wirklich die Realität erfassen zu können, müssen wir uns in die zentrale Position der Ruhe und Stille begeben und uns in Richtung der peripheren Zone ausrichten. Wenn man in der Peripherie verweilt, hilft das, besser zu sehen und zu begreifen und die Realität besser analysieren zu können, weil man dann vom Zentralismus und allen ideologischen Ansätzen loskommt."[2]

Die erste Reise des Papstes Franziskus führte ihn nicht in eine der Metropolen, sondern nach Lampedusa, eine Insel am Rand Europas. Vor ihrer Küste starben jedes Jahr Flüchtlinge, getrieben von der Hoffnung auf ein menschenwürdigeres Leben.[3] Im September 2021 besuchte er slowakische Sinti-Slums. Es geht also um das Einüben einer anderen Blickrichtung. Das sollte in weiterer Folge zu einer Verhaltensänderung führen.

Wir nehmen es zum Anlass, kurz das Verhältnis von Mitte und Rand in der christlichen Spiritualität zu bedenken. Damit ist Folgendes gemeint: In der Glaubensgeschichte kam es vor, dass

Randphänomene christlicher Spiritualität und Glaubenspraxis ein derartiges Gewicht erhielten, dass sie unversehens als zentral und unverzichtbar galten (z. B. Privatoffenbarungen). Hier ist an Jesus Christus als die Mitte des Christlichen zu erinnern. Es ist der an den Rand gestellte und schließlich vom damaligen religiösen Zentrum eliminierte Jesus, der als der „verworfene Eckstein" (Mk 12,10 par.) auf Golgota, „außerhalb des Lagers" litt. Ausgehend von dieser Mitte, die Jesus Christus ist, spricht das II. Vaticanum von einer „Rangordnung der Wahrheiten, je nach der verschiedenen Art ihres Zusammenhangs mit dem Fundament des christlichen Glaubens" (*Unitatis redintegratio* 11). Das bietet Orientierung. Ein Beispiel: Eine spirituelle Übung (eine Methode, ein Vollzug) ist daran zu messen, ob sie zu Jesus Christus hinführt. Es kann nämlich sein, dass der Mensch in der Methode, im Zugang, stehenbleibt und in ihr bereits das Ziel sieht.

 Gottes Perspektive

Etwas als peripher zu benennen, ist eine Frage der Perspektive. Die Heilige Schrift konfrontiert den Menschen mit dem Blick Gottes auf die Welt und auf den Menschen. Es zeigt sich: Gottes Perspektive ist anders als jene des Menschen. Das betrifft auch unsere Vorstellungen von Mitte und Rand. Menschliche Maßstäbe werden völlig auf den Kopf gestellt:

> *Meine Gedanken sind nicht eure Gedanken und eure Wege sind nicht meine Wege – Spruch des HERRN. So hoch der Himmel über der Erde ist, so hoch erhaben sind meine Wege über eure Wege und meine Gedanken über eure Gedanken.* (Jes 55,8–9)

Gott wird, solange sich jemand glaubend „auf dem Weg der Pilgerschaft" befindet, stets auch fremd bleiben und als der Andere erfahren werden. Doch gerade das, was nicht „aufgeht" und plausibel ist, kann der spirituellen Suche zuträglich sein. Bisher nicht oder kaum beachtete „menschliche Randgebiete"[4] – z. B. herausfordernde Begegnungen oder innere Vorgänge – verdienen aufmerksames Interesse. Sie bergen wertvollen Stoff für das Gott-Suchen und Finden „in allen Dingen".

Neues Sehen

Geistliches Leben ist ein Leben, das sich Gottes bewusst sein will. So entsteht der Wunsch, Gottes Blick auf die Welt und die Menschen einzuholen. Der Erwerb der Perspektive Gottes bezieht sich auf die Wahrnehmung des Menschen, insbesondere auf das Sehen. Denn die Weise, wie der Mensch die Realität ins Auge fasst, ist seit dem „Fall des Menschen" (Gen 3,1–24) eingeschränkt. Der Mensch hat – nicht nur, aber immer wieder – ein „böses Auge" (Mt 20,15). Es schwärzt nicht nur die Wahrnehmung ein, sondern verdunkelt den Menschen in seiner Ganzheit. Das „kranke Auge" muss geheilt werden:

> *Die Leuchte des Leibes ist das Auge. Wenn dein Auge gesund ist, dann wird dein ganzer Leib hell sein. Wenn aber dein Auge krank ist, dann wird dein ganzer Leib finster sein. Wenn nun das Licht in dir Finsternis ist, wie groß muss dann die Finsternis sein!* (Mt 6,22–23)

Sich Gottes Perspektive aneignen

Wie kann sich der Mensch als Geschöpf je die Sichtweise Gottes, des Schöpfers, aneignen? Hier stoßen wir einmal mehr auf eine Pointe christlicher Spiritualität: Es ist der Geist Gottes, der bewirkt, was er verheißen hat – nicht unser eigenes Vermögen. Die sakramentale Teilhabe am Pascha-Mysterium befähigt zu einem „Leben im Geist". Der Geist Gottes ermöglicht Grenzüberschreitungen, zu denen der Mensch von sich aus nicht fähig wäre.

Sich Gottes Perspektive zeigen lassen und aneignen – das ist eine Umschreibung von Umkehr. Sie ist eine Art Heilungsprozess, hin zu einer neuen Wahrnehmung. Das Ziel ist die Reinheit des Herzens. Sie wirkt sich perspektivisch aus. Der Blick wird anders. Er ist bestrebt, das Gute und Gelungene, das oft wenig ins Auge sticht, zu sehen. Dazu braucht es den Beistand des Hl. Geistes: *in deinem Licht schauen wir das Licht* (Ps 36,10). Das ist nicht Aufhübschung von grauer und bisweilen grausamer Realität durch eine rosarote Brille, sondern das durchgetragene „Dennoch" des Glaubens.

Eine Möglichkeit der Einübung wäre, im bereits erwähnten „Gebet der liebenden Aufmerksamkeit" (Tagesrückblick) konsequent den Dank an die erste Stelle setzen: Ich gehe den Tag noch einmal durch und suche drei Dinge (Gaben, Begegnungen, Schönes), für die ich heute Gott danken will. Auch das, was (vermeintlich!) selbstverständlich erscheint, benenne ich – je konkreter, umso besser. Denn Gottes Gnade ist konkret.

 Bis an die Grenzen der Erde (Apg 1,8)

Die Sendung Jesu ist universal. Von dieser Sendung motiviert und damit ausgestattet gingen Menschen hinaus und an die Ränder (geographisch, gesellschaftlich, spirituell etc.). Neue historische Entwicklungen forderten neue Antworten. Um in Zeiten der Globalisierung und Digitalisierung sowie im Pluralismus der Weltanschauungen, Spiritualitäten und Religionen passende Formen von Spiritualität zu finden, braucht es Experimente und Grenzgänge. Die an die Ränder gehen, sind Kundschafter der *ganzen Fülle Gottes*. Sie loten *die Länge und Breite, die Höhe und Tiefe* der *Liebe Christi* aus, *die alle Erkenntnis übersteigt* (Eph 3,18–19). Die sog. „Narren Christi" – unser nächstes Thema – sind solche Kundschafter. Sie gehen an die Ränder und stellen dort manche Vorstellungen von dem, was wichtig ist, auf den Kopf. Gerade darin bringen sie aber Gottes Perspektive ein.

 Die „Narren Christi": Verkörperung der Torheit Gottes

Gottes Perspektive ist anders. Die Herrschaft Gottes, die Jesus verkündet, ist mehr als die Verlängerung menschlicher Ideen und Wünsche. Die Bergpredigt passt nicht immer zu „vernünftigen" Standards. Die „Narren um Christi willen" verkörpern (im eigentlichen Sinn des Wortes) diesen Kontrast des Evangeliums im Gegenüber zur Welt und deren Gesetzmäßigkeiten. Schon bei den Mönchsvätern finden sich radikale Ausdrucksformen für Armut, Demut und Selbstverleugnung. Sie verstanden ihre Lebensform als Torheit um Christi willen: *Die Weisheit dieser Welt ist Torheit vor Gott.* (1 Kor 3,19) In der Folge zählen – um einige Beispiele zu nennen – Markus der Narr in Alexandrien (6. Jh.), Symeon von Emesa (Syrien, 6. Jh.), Andreas Salos (Konstantinopel, 9. Jh.) oder im Russland des 14. bis 16. Jh. die *jurodiwyi* zu dieser Gruppe. In der abendländischen Spiritualität sind Franz von Assisi, der „Hofnarr Gottes" (*ioculator Domini*) und sein Mitbruder Jacopone da Todi (beide 13. Jh.) dazu zu zählen, ferner Philipp Neri (1515–1595) und Benedikt Joseph Labre (1748–1783). Für Nikolaus von Kues (1401–1464) und Erasmus von Rotterdam (um 1467–1536) war die Torheit Gegenstand ihres Denkens („Lob der Torheit").

Die „Narren Christ" verkörpern den Widerspruch zwischen göttlicher und menschlicher Weisheit. Sie durchbrechen Ordnungen, zeigen nonkonformes Verhalten und unvorhersehbares Benehmen. Typisch sind drastische Symbolhandlungen. Symeon von Emesa zieht mit einem toten Hund an der Leine in die Stadt. Wen oder was meint er? Den Satan? Ein Hinweis, dass Symeon der Welt gestorben ist? Eine Parallele zum Einzug Jesu in Jerusalem, aber diese kontrastierend? Ein anderes Mal wirft er Nussschalen in der Kirche. Sind es die leeren Worte der Verkündigung? Löscht er die Kerzen deshalb aus, weil ihm die Kirche tot vorkommt?

Die Zeichen bleiben bewusst doppeldeutig. Die Sendung der heiligen Narren ist es, vor der Welt ‚blöde dazustehen' – um Christi willen. Denn es geht um den Verweis: Der heilige Narr bildet den Narren Christus ab. Jesus Christus war in seiner Liebe so „verrückt", sich für die Menschen hinzugeben – „außerhalb des Lagers". Das hat menschliche Wertordnungen auf den Kopf gestellt. Weisheit und Torheit sind neu definiert. Die US-amerikanische Journalistin, Sozialaktivistin und Mystikerin Dorothy Day (1897–1980) beschrieb diese spezifische Verrücktheit einmal so:

> „Die Welt steht in Opposition zu Christus, der sagt, liebe deine Feinde, tu Gutes denen, die dich hassen [...] Wenn wir das praktizieren, sagen uns die Menschen, wir seien verrückt. Das ist in Ordnung, dann sind wir Verrückte für Christus. Dann lassen uns die Leute vielleicht allein. Und verliebte Menschen sind sowieso lieber allein."[5]

3. Jordan

Der Jordan ist in der Bibel der Topos des Übergangs schlechthin. Nach dem Tod des Mose erhält Josua vom Herrn den Auftrag: *Mach dich also auf den Weg und zieh über den Jordan hier mit diesem ganzen Volk in das Land, das ich ihnen, den Israeliten, geben werde!* (Jos 1,2). Beim Überschreiten des Jordan wiederholen sich das Schilfmeerwunder und der Exodus (Jos 3–4). Vor seiner Entrückung schlägt Elija mit seinem Mantel auf das Wasser des Jordan. *Es teilte sich nach beiden Seiten und sie* – sein Schüler Elischa ist bei ihm – *schritten trockenen Fußes hindurch* (2 Kön 2,8).

Mit dem Jordan kommt auch Johannes der Täufer ins Blickfeld. Er taufte jenseits des Jordan, in der Wüste (Mt 3,1–12 par.). Jesus lässt sich von Johannes taufen (Mt 3,13–17 par.). Eine präzise Lokalisierung der Taufstelle ist schwierig. Dennoch hat auch bei Jesus der Übergang über den Jordan topographische Symbolik: Er geht mit seinen ersten Jüngern über den Jordan, um dort, bereits im Land, die Gottesherrschaft auszurufen und diese in Zeichen und Wundern zu bestätigen. In Jesus von Nazaret führt Gott den Exodus Israels ins Ende.

An der Schwelle

Übergänge von einem Lebensabschnitt zum nächsten sind hoch bedeutsam. Darüber haben wir ganz am Beginn unseres Weges nachgedacht. „An einer Schwelle zu stehen", um diese zu überschreiten, ist ein denkwürdiger Moment. Diese Weisheit findet sich in der Kirche seit frühchristlicher Zeit: im Katechumenat. Die Vorbereitung auf die Taufe geschieht stufenweise: in Katechesen, die im Glauben unterweisen, und in gottesdienstlichen Feiern mit Segnungen und Salbungen, die das Überschreiten der jeweiligen Schwellen rituell begleiten. Die Deutung des Kerngeschehens – die sog. Mystagogie („Geleit in die Geheimnisse") – hat, genau genommen, erst nach der Taufe (zwischen Ostern und Pfingsten) ihren Ort. Der zuvor im Sakrament geschenkte Heilige Geist lässt verstehen, was Teilhabe am Pascha-Mysterium bedeutet.

Christliche Mystagogie

Mystagogie ist „Einführung in das Mysterium". Ihr Ursprung liegt in den antiken Mysterienkulten. Sie meinte das Freilegen der Einsicht in verborgene Geheimnisse und in die „verborgenen Wirklichkeiten". Christliche Mystagogie ist die Einführung in den christlichen Glauben bzw. in das Geheimnis der christlichen Liturgie (konkrete Vor- und Nachbereitung von Sakramenten). Versteht man christliche Mystagogie als Hinführung zur Gotteserfahrung, ist sie für alle Getauften wichtig, und zwar immer! Es ist der Weg der Annäherung an Gott als dem Geheimnis des eigenen Lebens. So verstandene Mystagogie zielt auf Vertiefung. Die Fähigkeit, das Leben im Horizont des Pascha-Mysteriums zu deuten und auf die Spuren des verborgenen und doch nahen Gottes hin transparent zu machen, muss erlernt und das dafür notwendige spezifische Sensorium – in der Überlieferung die „geistlichen Sinne" genannt – verfeinert werden.

Das der Mystagogie zugrundeliegende Wort „Mysterium" ist auch als Anspielung auf die Dialektik von Erfahrungen der Nähe Gottes und der Gottesferne zu lesen. Christliche Mystagogie macht aufmerksam auf den Gott, der sich offenbart und zugleich Geheimnis bleibt. Das neue Leben, das mit der Taufe begonnen hat, ist *verborgen in Gott* (Kol 3,3). Aber die *neue Schöpfung* (2 Kor 5,17) blitzt da und dort auf.

Wer steht für das „Geleit" zur Verfügung? Davon handelte der Abschnitt über Geistliche Führung und Begleitung. Für diesen Dienst am Glauben Anderer braucht es Mystagog(inn)en: Männer und Frauen mit etwas Erfahrungsvorsprung, die andere über die Schwelle hineingeleiten in den weiten Raum des Lebens mit Gott. Sie leisten Geburtshilfe, indem sie andere ermutigen und befähigen, lebensgeschichtliche Erfahrungen zu erschließen und das „Gespür" für das Wirken des Geistes Gottes zu verfeinern. Dieser Prozess ist nie abgeschlossen: Glauben-Lernen als lebenslange Mystagogie.

Christophorus, der Mystagoge

Eine riesige Gestalt, gemalt an die Außenwände von Kirchen, einen Stab in der Hand, auf der Schulter ein Kind – Christophorus. Wer kennt ihn und die dazugehörige Legende nicht? Christophorus trägt das (Christus-)Kind, hinüber an das andere Ufer. Das Wasser steht ihm „bis zum Hals". Trotz seiner Todesangst geht er nicht zurück, sondern bleibt seinem Auftrag treu.

Die Legende zeichnet Christophorus als Suchenden, den die Frage umtrieb: Wo gibt es Sinn? Was lohnt die Suche? Er gab sich nicht mit Vorläufigem und Suboptimalem zufrieden: „Ist es das schon?" Jetzt tut er, was ein Einsiedler ihm riet, und geleitet Menschen hinüber. Zuletzt geht ihm auf: Das, was er tut, ist ein Christus-Dienst.

Die Legende schildert Christophorus als Hörenden. Dreimal vernimmt er einen leisen Ruf. Das erinnert an die Berufung Samuels (vgl. 1 Sam 3,1–21) oder an die dreimalige Frage des Auferstandenen an Petrus (vgl. Joh 21,15–19). Als Suchender und Hörender wurde er zum Tragenden. Damit ist ein geistlicher Weg vorgezeichnet: Wer Christus im Herzen trägt, ist mystagogisch unterwegs. Er geleitet andere hinüber in das Geheimnis des auferstandenen Christus, der morgens am jenseitigen Ufer steht (vgl. Joh 21,4). Dabei entwickelt sich eine eigene Fruchtbarkeit. Der grünende Stab am Ufer zeigt sie an.

Jedes ins-Leben-Finden ist einem Geburtsvorgang ähnlich. Darum handeln wir im Folgenden von Geburtswehen und Geburt – im übertragenen Sinn.

 Gottesgeburt

Die Bibel bezieht sich symbolisch auf das Geburtsgeschehen, wenn es um den Anfang des Christseins geht. Die Taufe (als persönliche Wahl und Konversion) ist eine Geburt *aus Gott* (Joh 1,13), eine Neugeburt *von oben* (Joh 3,3). Gott gefunden zu haben, ist eine spirituelle Geburt, der Durchbruch zur Gottheit. Davor – und auch danach, je nach den „Rhythmen der Christwerdung" (Gotthard Fuchs) – gibt es Geburtswehen, *bis Christus in euch Gestalt annimmt* (Gal 4,19). Im Anschluss an die Kirchenväter ist es vor allem die oberrheinische Mystik (Meister Eckhart, Johannes Tauler), die den entscheidenden Durchbruch als Gottesgeburt im Menschen und Menschengeburt in Gott beschreibt. Hier, in der sog. Deutschen Mystik, spielen die Motive Abgeschiedenheit, Gottesgeburt, Adel der Seele und Durchbruch in die Gottheit zusammen.

Die Kunst geburtlichen Lebens

„Es gibt im Grunde nur *ein* Problem in der Welt, und es hat diesen Namen: Wie bricht man durch? Wie kommt man ins Freie? Wie sprengt man die Puppe und wird zum Schmetterling?" – dies fragt Adrian Leverkühn in Thomas Manns Roman „Dr. Faustus".[6] Dahinter steht die Vorstellung, dass Geburt und Entbindung als der „Durchbruch" nicht nur ein einmaliger Vorgang ist, sondern ins Dasein immer hereinspielt. Doch wann, wie und wo steht ein Durchbruch an, um in der „Menschwerdung" voranzukommen? Dies herauszufinden wäre die „Kunst geburtlichen Lebens" (*ars nascendi*).

Jedes Handeln setzt eine Initiative und entstammt letztendlich der Natalität („Gebürtigkeit") – ein Begriff, den die jüdische Philosophin Hannah Arendt (1906–1975) prägte. Die religiös-mystischen Überlieferungen kennen drei Geburtstage: den biologischen, den spirituellen und den mortalen. Während der erste und der letzte ein Datum haben, lässt sich dies bei einem geistlichen Durchbruch nicht immer punktgenau angeben. Selbst ein Durchbruchserlebnis ist meist „nur" ein Anstoß. Seine Resonanz zieht innere Arbeit nach sich.

Die Gottesgeburt im Herzen ist ein innerer Reifungs- und Bewusstwerdungsprozess. Der Mensch wird sich in der Mitte seiner Person als Bild und Realpräsenz Gottes inne. Es ist die empfangene Wahrnehmung eines stimmig-Seins, das nicht erzwingbar, aber allen zugänglich ist. Sprachlich lässt sich das nur mehr andeuten, etwa mit dem Psalmvers *ein Abgrund ruft den anderen*.[7] Die Kunst geburtlichen Lebens besteht demnach im gläubigen Wissen, bereits *aus dem Tod in das Leben hinübergegangen* zu sein (vgl. Joh 5,24; 1 Joh 3,14), sich in Gelassenheit für das Gute kräftig einzusetzen und offen zu bleiben für Überraschungen, die das Leben mit sich bringt. Nicht selten erweisen sie sich als neue „Geburtsimpulse" des Heiligen Geistes.

Wo stehen wir? Wir befinden uns am Jordan. Um ins Gelobte Land zu kommen, muss er überschritten werden. Wir wenden uns nun einer Frau zu, die genau diesen Moment des „An-der-Schwelle-Stehens" als Ausdruck ihrer Berufung sah.

 Simone Weil (1909–1943): an der Schwelle der Kirche

Die französische Philosophin, Dozentin und Lehrerin war politisch und sozial stark engagiert. Ihr wechselvolles Leben zeigt sie als Grenzgängerin, die in kein Schema passte. Hier einige biographische Stationen: Geboren 1909 in Paris; jüdische Herkunft, „in vollständigem Agnostizismus aufgezogen, aber seit frühester Kindheit den christlichen Begriff der Nächstenliebe vor Augen"; philosophisches Interesse; politisches und soziales Engagement seit der Studienzeit; Gymnasiallehrerin; Kontakte zur Gewerkschaft; Arbeit in Fabriken und Landwirtschaft, um die Lebensbedingungen der Hilfsarbeiter zu teilen; physischer Zusammenbruch; Teilnahme am Spanischen Bürgerkrieg (auf Seiten der Linken); französischer Widerstand; Flucht im Mai 1942 vor den Nazis, über Amerika im Nov. 1942 nach England; Tod am 24. Aug. 1943 in London (Herzversagen, Erschöpfung).

Simone Weil beschäftigte sich mehr und mehr mit dem Christentum. Bei drei Reisen (Portugal 1934, Assisi 1937, Solesmes [Benediktinerabtei in Frankreich] 1938) lernte sie katholische Spiritualität kennen. Sie berichtet von mehreren mystischen Erfahrungen, die ihr an diesen Orten zuteilwurden und bekannte, „von Christus ergriffen" zu sein. Zuvor hielt sie das für unmöglich:

> „In meinen Überlegungen über die Unlösbarkeit des Gottesproblems hatte ich diese Möglichkeit nicht vorausgesehen: die einer wirklichen Berührung von Person zu Person hienieden, zwischen dem menschlichen Wesen und Gott. Ich hatte wohl unbestimmt von dergleichen reden gehört, aber ich hatte es niemals geglaubt."[8]

Zur Taufe und zum Kircheneintritt konnte sich Simone Weil jedoch nicht entschließen. Sie war überzeugt, dass die Liebe Christi und eine vollkommene Liebe in einem Menschen wirksam sein könnten, ohne der Kirche anzugehören. Auch hielt sie die blutige Vergangenheit der Kirche (Kreuzzüge, Inquisition, Religionskriege) davon ab.

Darüber hinaus habe ihr Gott noch nicht erkennen lassen, dass er diesen Schritt von ihr erwarte. In Simone Weils Annäherung an den Katholizismus war der Dominikanerpater P. Joseph-Marie Perrin (1905–2002) ein wichtiger Gesprächspartner. Mit ihm verband sie ein intensiver Briefwechsel. Am 15. Mai 1942 schreibt sie an Perrin:

> „Obwohl ich mir die Frage oftmals während des Gebetes, während der Messe vorgelegt habe, oder im Licht jenes inneren Glanzes, der nach der Messe in der Seele zurückbleibt, so habe ich doch niemals auch nur ein einziges Mal, und sei es nur eine Sekunde lang, das Gefühl gehabt, dass Gott mich in der Kirche will. Ich habe nie auch nur ein einziges Mal ein Gefühl der Ungewissheit gehabt. Ich glaube, dass man nunmehr daraus schließen darf, dass Gott mich nicht in der Kirche will. Bedauern sie also nichts […] wenn ich die Stelle verließe, an der ich mich seit meiner Geburt befinde, an jenem Schnittpunkt des Christentums mit allem, was es nicht ist. Immer bin ich an genau dieser Stelle geblieben, auf der Schwelle der Kirche, ohne mich zu rühren, unbeweglich […]; nur dass nunmehr mein Herz, wie ich hoffe für immer, in das Allerheiligste versetzt worden ist, das auf dem Altar ausgesetzt ist."[9]

Simone Weil entschied sich zur Distanz. Sie sah ihre Berufung darin, als Christin an der Schwelle der Kirche zu bleiben. Darin teilte sie die Erfahrung der Zerrissenheit mit vielen Menschen und nahm die Kritik an der Institution Kirche in ihre Glaubensbemühungen mit hinein.

Schwellenangst

Die Israeliten stehen vor dem Jordan, vor dem entscheidenden Übergang. Sie sind kurz vor dem Ziel, an der Schwelle zum Gelobten Land – und trauen sich nicht hinein! Der Bericht der Kundschafter hat sie verunsichert. Sie haben „Angst vor der Landnahme" – diese Überschrift verwendet die revidierte Einheitsübersetzung der Bibel für Num 14.

Dieser wichtige Moment auf dem Glaubensweg des Individuums und der Kirche verdient besondere Beachtung. Es geht um die „Werdescheu". Christwerden hat Ähnlichkeit mit dem Erwachsenwerden. Dazu gehört Unterscheidung, also Trennungsarbeit. Aus Scheu und Angst, in die Freiheit entlassen und selbständig zu werden, kann es zur Verweigerung des nächsten Schrittes kommen oder gar zum Rückschritt. Es ist typisch, dass dieses Problem jetzt, kurz vor dem Übergang, an der Schwelle auftritt. Die Dinge sind eigentlich klar, doch es mangelt an Mut und Entschlossenheit. Es *fehlt die Kraft zum Gebären* (Jes 37,3). Der einstige Mangel an Vertrauen dem HERRN gegenüber wird zum Hindernis, das Ersehnte zu erreichen (vgl. Num 14,23). Das wird erst der nächsten Generation beschieden sein.

Der Topos *Jordan* ist also ein entscheidender Moment auf dem Weg des Pascha-*transitus*: eine Lebens- und Glaubenssituation, in der man schon zum anderen Ufer hin aufgebrochen ist, aber dieses noch nicht erreicht hat. Die Angst vor der eigenen Courage in Verbindung mit mangelndem Selbst- und Gottvertrauen rauben den Mut. Jetzt käme es drauf an, dem inneren Zögern keinen Raum zu geben, etwas zu wagen und die ersten Schritte zu setzen. Nur wer losgeht, merkt, dass das Wasser trägt.

Leben im Zwischen

Der österliche Übergang ist weit voran-, ja fast an sein Ende gekommen. Stellen wir uns nun diese Situation vor: Man hat das eine Ufer bereits hinter sich gelassen, sieht das andere, ist aber noch nicht drüben. Diese Passage zeigt deutlich, was eigentlich für alle Etappen und Stationen des Weges gilt: Der spirituelle Weg ist ausgespannt zwischen „schon" und „noch nicht". Was ist damit gemeint?

„Schon" und „noch nicht"

Der eine Pol („schon") signalisiert: Gott hat die Welt bereits mit sich versöhnt. Von Gott her ist alles schon getan. Die Erlösung in Christus ist geschehen. Diese Sichtweise findet sich häufig in der johanneischen Literatur („präsentische Eschatologie"). Passend dazu wird dort das „Leben im Übergang" so gedeutet:

Wer mein Wort hört und dem glaubt, der mich gesandt hat, hat das
ewige Leben; er kommt nicht ins Gericht, sondern ist aus dem Tod ins
Leben hinübergegangen. (Joh 5,24)

Wer glaubt, lebt schon in und mit österlicher Dynamik, darf sich
also bereits im Bereich des neuen, ewigen Lebens wissen. Das ermöglicht ein neues, liebevolles Zugehen auf den Mitmenschen
(„Bruderliebe"):

Wir wissen, dass wir aus dem Tod in das Leben hinübergegangen sind,
weil wir die Brüder lieben. Wer nicht liebt, bleibt im Tod. (1 Joh 3,14)

Dem „Schon jetzt" steht der andere Pol, das „Noch nicht" gegenüber. Er bedeutet: Die Vollendung (verstanden als Ans-Ziel-Kom-
men des Menschen und als innere Erfüllung alles Geschaffenen)
steht noch aus. Dafür verwendet die Bibel verschiedene Hoffnungs-
bilder. Das Reich Gottes ist im Wachsen (vgl. Mk 4,26–32). Die
gesamte Schöpfung liegt *in Geburtswehen* (Röm 8,22). Ein *neuer*
Himmel und eine neue Erde (Jes 65,17; 2 Petr 3,13; Offb 21,1) sind
im Werden. Die neue Welt ist im Werden, bis Gott *alles in allem*
(1 Kor 15,28) ist.

Christliche Spiritualität sucht die Balance zwischen schon und
noch nicht. Mit Balance ist nicht 50:50 gemeint. Vielmehr kommt es
darauf an, auf die eigene Berufung zu achten und den jeweils anderen Pol nicht aus dem Blick zu verlieren. Ein Leben im Übergang,
das sich so versteht, hat eine gelassene Grundstimmung und eine
österliche Hoffnung. Die Einwurzelung im Geschenk der Erlösung
(schon) lässt ruhiger mit dem umgehen, was noch aussteht (noch
nicht). Ein sonntägliches, in der römisch-katholischen Liturgie ver-
wendetes Lobgebet drückt dies so aus:

„Schon in diesem Leben besitzen wir den Heiligen Geist, das Unter-
pfand ewiger Herrlichkeit. Durch ihn hast du Jesus auferweckt von den
Toten und uns die sichere Hoffnung gegeben, dass sich an uns das
österliche Geheimnis vollendet (*paschále mystérium sperámus nobis*
esse perpétuum)".[10]

Johannes der Täufer, der personifizierte Übergang

In der christlichen Ikonografie wurde – außer Maria – keine Gestalt der Bibel so häufig dargestellt wie Johannes der Täufer. Der Täufer steht an der Schwelle, aber mehr noch „dazwischen". Sein Platz ist im Zwischen von Altem und Neuem Bund, und das geradezu buchstäblich. Jesus nennt ihn „groß" *(Unter den von einer Frau Geborenen gibt es keinen Größeren)*. Doch gemessen an dem Neuen, das sich jetzt (mit Jesus) Bahn bricht, ist er klein *(der Kleinste im Reich Gottes ist größer als er,* vgl. Lk 7,28). Der Täufer ist längst Fremdling im Alten, aber noch nicht angekommen im Neuen. Ist er also im Nirgendwo, spirituell heimatlos, eine tragische Gestalt?

Johannes der Täufer ist eine Figur des Übergangs. Das war seine Sendung von Gott her. Für eine Phase des Übergangs kann er gerade darin Identifikationsfigur werden, für einzelne oder für die Kirche. Der Täufer erinnert, dass das Bleiben zwischen den Polaritäten, das Aushalten von Spannungen und das Dulden von Zerrissenheit das sein kann, was jetzt dran ist – göttlicher Auftrag.

 Lassen und Zulassen

Die Taufe Jesu am Jordan ist ein entscheidender Moment. Das gilt gewiss für Jesus, aber noch mehr für Johannes, den Täufer. Er muss lernen, dass das Zulassen für die menschliche und geistliche Reifung fundamental ist:

> *Johannes aber wollte es nicht zulassen und sagte zu ihm: Ich müsste von dir getauft werden und du kommst zu mir? Jesus antwortete ihm: Lass es nur zu! […] Da gab Johannes nach.* (Mt 3,14–15)

Petrus hat ebenfalls diesen Lernschritt vor sich. Er will sich von Jesus nicht die Füße waschen lassen: *Petrus entgegnete ihm: Niemals sollst du mir die Füße waschen! Jesus erwiderte ihm: Wenn ich dich nicht wasche, hast du keinen Anteil an mir* (Joh 13,8). Der Mensch scheut jede Form von Abhängigkeit. Etwas in ihm sträubt sich dagegen, sich die Liebe gefallen zu lassen – in der irrigen Annahme, das würde seinen Selbststand mindern.

Am Ostergeschehen teilnehmen bedeutet, sich wandeln zu lassen. Hier heißt es, „geschenkfähig" zu werden und einzustimmen, sich und sein Leben der Liebe eines anderen zu verdanken. Die Zustimmung, sich von der Liebe Jesu Christi beschenken zu lassen, ist ein bedeutender Umkehrschritt hin zur „Er-Lösung", d.h. sich von sich selbst lösen zu lassen. Davon spricht Teresa von Ávila: „Der Herr sei gepriesen, dass er mich von mir selbst befreit hat!"[11]

„Katholisch": Kraft zur Synthese

Nochmals: Gegensätzlichkeit zählt zu den Grundzügen menschlichen Lebens. Unser Dasein besteht aus spannungsgeladener Polarität. Glaubende stehen vor der Herausforderung, ihren Weg in Spannungsfeldern zu suchen, ob es sich nun um ethische (wie Freiheit und Ordnung, Selbstlosigkeit und Selbstfindung, Aktivität und Passivität, Individuum und Gemeinschaft etc.) oder theologische (wie Natur und Gnade, Gnade und Gesetz, Charisma und Amt, Wort und Sakrament, Aktion und Kontemplation usw.) handelt. Christliche Spiritualität sucht, sich in diesem Feld zurechtzufinden und eine Synthese fruchtbarer Spannung zu ermöglichen. Doch wie geht das, die Polaritäten beisammenzuhalten und deren Spannungsverhältnis fruchtbringend zu fassen?

Dafür ist Jesus das Maß und das Vorbild. Es geht vor allem um den Ort, den er einnahm – im Leben und im Sterben. Jesus Christus stand und steht in der Mitte zwischen Himmel und Erde. Er ist der Mittler (1 Tim 2,5). Als solcher *vereinigte [er] die beiden Teile* und *versöhnte die beiden durch das Kreuz mit Gott in einem einzigen Leib* (Eph 2,14.16). „Die beiden", das sind Juden und Heiden. Wie sie zuvor einander gegenüberstanden, sind sie jetzt in Christus versöhnt. Die Treue zu seinem Versöhnungsauftrag führte Jesus in den Konflikt und in letzter Konsequenz ans Kreuz. Dort, am Kreuz, war Jesus ausgespannt im Zwischen – im entsetzlichen Sinn des Wortes.

Das Zusammenführen, Vereinen und Versöhnen ist elementarer Auftrag aller an Christus Glaubenden und der Kirchen. Hier käme das „Katholische" ins Spiel, das ja nicht primär „römisch-katholisch" meint. Katholisch bedeutet: „nicht ohne die Anderen". Es ist der Wille und die Kraft zur Synthese. Das hat seinen Preis.

Pierre Claverie OP (1938–1996): an der Nahtstelle zweier Welten

Wie es einem ergehen kann, wenn man sich entschieden hat, im Zwischen, „an der Nahtstelle zweier Welten"[12] auszuharren, das führt das Lebensbeispiel von Pierre Claverie OP vor Augen. Der Bischof von Oran (Algerien), Vermittler zwischen dem Christentum und dem Islam, fiel 1996 einem Attentat zum Opfer. Er zählt zu den 19 algerischen Märtyrern, die am 8. Dezember 2018 seliggesprochen wurden.

Nach einer glücklichen, allerdings in der „kolonialen Blase" durchlebten Kindheit in Algerien beginnt Claverie in Grenoble ein Studium naturwissenschaftlicher Fächer, aber das macht ihm keine Freude. Die Verunsicherung durch den Algerienkrieg politisiert ihn zugleich. Er tritt bei den Dominikanern ein und studiert in Le Saulchoir (1959–1967; Priesterweihe 1965). Die Begegnungen mit seinen Mitbrüdern Marie-Dominique Chenu (1895–1990), Yves Congar (1904–1995) und Claude Geffré (1926–2017) prägen seine Theologie und Spiritualität. Ein Militäreinsatz in Algerien (März 1962 – Okt. 1963) führt ihn zur Gewissheit, dass sein Platz in Algerien ist. Claverie vertieft sich in den Islam und übernimmt 1973 die Leitung eines Instituts für Arabistik und Islamstudien, das Christen wie Muslimen offenstand. Am 2. Okt. 1981 empfängt er die Bischofsweihe.

Im Algerien der 1980er und 1990er Jahre ließ der Aufstieg des politischen Islamismus der Kirche kaum Luft zum Atmen. Doch P. Claverie weigerte sich, Algerien zu verlassen. Jener Gewalt, die zusehends das öffentliche Leben prägte, fiel auch er zum Opfer. Er wurde in „seiner" Kathedrale in Oran bestattet.

Was kann der Auftrag der katholischen Kirche in Algerien sein, die längst eine verschwindende Minderheit ist und praktisch keinen Einfluss mehr hat? In den Reflexionen des Bischofs von Oran kommen die Worte Brennpunkt, Nahtstelle, Bruchlinie häufig vor. Es kommt darauf an, sich in das Dilemma des Dialogs zu begeben und dort „in Schwachheit zu säen". Dabei ist die Mitte einzunehmen. Das Kunststück ist, Stellung zu beziehen, ohne Parteigänger zu werden:

> „Klar Position beziehen, ohne sich auf eine Seite zu schlagen: Das ist auch eine Art Kreuzigung. Es wäre ja einfacher und irgendwie weniger aufreibend, sich einem Lager zuzuschlagen."[13]

Im Gegenüber von Parteien ist es logisch, dass sich ein Lagerdenken festsetzt. Um sich nicht mit einem „Wir" gegen „Die" (Anderen) zu identifizieren, hat jedes Lager den kritisch-weiterführenden Blick der je größeren Liebe nötig, und zwar immer neu. In seinen Vorträgen ermutigt er, „an die Bruchstellen" zu gehen – weil auch Christus dort war:

> „Wir sind an einer Bruchlinie in Algerien: zwischen Muslimen, zwischen Muslimen und dem Rest der Welt, zwischen Nord und Süd, zwischen den Reichen und den Armen. Es gibt einen Bruch und einen tiefer werdenden Graben zwischen denen, die eine gute Stunde Flugzeit von uns entfernt sind, und uns selbst. Es ist zum Schreien, es ist schrecklich ... Und dennoch, gerade hier ist der Platz der Kirche, weil es der Platz Jesu ist ... Das Kreuz ist das Ausgestrecktsein dessen, der weder die eine noch die andere Seite gewählt hat. Jesus ist in die Menschheit eingetreten und will nicht einen Teil von ihr verwerfen. [...] Er geht zu allen. Er stellt sich dahin und versucht die beiden Enden zu halten ... Also, was kann ich wählen? Und Jesus wählt nicht. Er sagt: ‚Ich liebe euch alle', und daran stirbt er."[14]

Pierre Claverie zeichnet ein Hoffnungsbild: Christus steht als die Mitte des Universums in der Mitte und hält als der Gekreuzigte die Pole zusammen. Den Raum des Dazwischen offenzuhalten oder mit dem eigenen Leben auszufüllen, kann eine Sendung von Gott her sein, am Zur-Welt-Kommen des Wortes Gottes mitzuwirken.

EPILOG: ORTE DES ANKOMMENS

Wir sind der österlichen Dynamik des Vorübergangs, des Pascha-*transitus* gefolgt. Sie bestimmte den Weg des Gottesvolkes Israel und den Weg Jesu. Darin spielen, wie wir sahen, viele Orte eine Rolle. Sie berühren alle, die an Christus glauben. Darüber hinaus sind sie für die Kirche als Gemeinschaft der Glaubenden bedeutsam. Jetzt geht es um den letzten Ort, um das Ziel. Jetzt geht es um das Ankommen. Die Bibel hat dafür mehrere Namen: Land der Verheißung, Land der Ruhe, Himmlisches Jerusalem – und wieder: Garten.

Land der Verheißung

Blicken wir auf den Anfang, nach Ägypten. Es ist das Land des Auszugs. Mit der Rettung aus der Sklaverei wird den Israeliten zugleich ein Land verheißen: *Ich will euch aus dem Elend Ägyptens hinaufführen in das Land* […], *in dem Milch und Honig fließen* (Ex 3,17). Dieses *verheißene Land* (Hebr 11,9) stand dem Gottesvolk auf seiner Wanderung vor Augen und inspirierte es – mal mehr und mal weniger.

Betrachtet man die Bibel als Einheit, beantwortet das Neue Testament in gewisser Weise die Frage, wann und wo der Exodus Israels endet und der Einzug ins Land der Verheißung passiert. Gott führt in Jesus von Nazaret den Exodus an ein gutes Ende. Das gilt für Israel und für alle Menschen auf der ganzen Welt. Davon haben wir bereits gesprochen, als wir am Jordan standen. Jesus signalisiert das Neue, indem er mit seinen ersten Jüngern nach Westen über den Jordan ging. Dort trat er auf und sagte den Beginn der Gottesherrschaft an (Mk 1,15). Sie wurde in Zeichen und Wundern real – in dem Land, das für Mose nicht mehr erreichbar war. So gesehen schließt der Beginn der Evangelien an den Tod des Mose am Ufer des Flusses an (vgl. Dtn 34,1–6).

Viel später erleben die Jünger noch einmal einen Moment, der sie an den Tod des Mose erinnern lässt: die Himmelfahrt Jesu (vgl. Apg 1,9–12). Die Stunde des Abschieds ist für sich genommen schon schwer genug. Jetzt blicken die Jünger dem Herrn nach, der sich entzieht (V. 10). Da mag die bange Frage aufkommen: Unser Herr und Meister geht weg. Sind wir nun doch noch nicht im Land angekommen? *Zwei Männer in weißen Gewändern* (V. 10) entkräften den Verdacht:

> *Ihr Männer von Galiläa, was steht ihr da und schaut zum Himmel empor? Dieser Jesus, der von euch fort in den Himmel aufgenommen wurde, wird ebenso wiederkommen, wie ihr ihn habt zum Himmel hingehen sehen.* (Apg 1,11)

Jetzt wissen die Jünger Bescheid, wohin der Hinübergang den Herrn geführt hat: *aus dieser Welt zum Vater* (vgl. Joh 13,1). Und darüber hinaus wissen sie, dass er wiederkommen wird. Damit beschreibt die Apostelgeschichte jene Lage, in der sich Glaubende seither befinden: Der Einzug ins Land der Verheißung ist tatsächlich geschehen („schon"). Für die Rückkehrer nach Jerusalem (Apg 1,12) steht er noch ein letztes Mal aus („noch nicht"). Noch ist es nicht so weit. Darum müssen sie die Erinnerung an Gott hochhalten.

 Land der Ruhe

Im 4. Kapitel verfolgt der Verfasser des Hebräerbriefes ein bestimmtes Anliegen: Christen, die in Gefahr sind, vom Glauben abzufallen, zur Treue aufzurufen und zu ermutigen, auf dem Weg in die Sabbat-Ruhe zu bleiben (Hebr 4,1–11). Er spannt den Bogen vom ersten Anfang zum letzten Ende. Das Ziel lautet, *in das Land der Ruhe* (V. 8) oder *in die Ruhe einzugehen* (V. 11). Es ist die Ruhe des siebten Schöpfungstages, die Sabbat-Ruhe Gottes, da *Gott von all seinen Werken ruhte* (V. 4; vgl. Gen 2,2). Der Bezug auf die Schöpfung, auf die Landnahme Josuas (Hebr 4,8) sowie auf das ungehorsame Misstrauen der Exodus-Generation (V. 6) dient der Ermahnung: im Vertrauen auf die Verheißung nur ja aufzubrechen und in der Haltung des Hörens zu bleiben. Denn das Beste kommt erst noch:

Also verbleibt dem Volk Gottes noch eine Sabbatruhe. Denn wer in seine Ruhe eingegangen ist, der ruht auch selbst von seinen Werken aus, wie Gott von den seinen. Bemühen wir uns also, in jene Ruhe einzugehen, damit niemand aufgrund des gleichen Ungehorsams zu Fall kommt!
(Hebr 4,9–11)

Ruhe hat also mit Gott zu tun. Gewiss wird man sich das nach einem erschöpften Ankommen als Ausruhen von den Mühen des Lebenskampfes, sozusagen als die „totale Entspannung" vorstellen dürfen. Aber ewiges Leben als Teilhabe am Leben Gottes ist nicht schlummernde Ruhe, sondern unendlich viel mehr. Wie wir sahen, dreht sich in christlicher Spiritualität alles um Begegnung und Beziehung von Gott und Mensch. Darum werden sich Sehnsucht und Liebe weiter auf Gott hin ausstrecken – auch im Himmel. Die Sehnsucht gibt keine Ruhe, im Gegenteil: Sie bewirkt beständigen Fortschritt in der Angleichung an Gott. Sehnsucht kommt an kein Ende: „Nie eine Sättigung des Verlangens zu erreichen – das heißt wirklich Gott schauen".[1] Die Unabgeschlossenheit der Sehnsucht wird aber, so versichert der Bischof und Kirchenlehrer Gregor von Nyssa (um 335/340 – nach 394), nicht als enttäuschend oder gar quälend erlebt, sondern als Ansporn, immer neu lustvoll und faszinierend!

Das neue Jerusalem

Das letzte Buch der Bibel, die Offenbarung des Johannes, entstand als Trostbuch in Zeiten der Verfolgung. Der Seher Johannes blickt aus der Perspektive der Vollendung, die Gott schenkt, auf die Welt. Es sind Texte, die die christliche Gemeinde ermutigen: Gegen alle Anfechtungen von innen und von außen gilt es, an der Verheißung des Neuen, das Gott vom Himmel her beschert, festzuhalten. Dazu dient eine Vision, ein Hoffnungsbild – das neue Jerusalem. Das neue Jerusalem ist gewissermaßen besser als das Paradies. Es ist eine Stadt, in der der *Baum des Lebens* steht (Offb 22,2 und öfter) und das klare *Wasser des Lebens* (22,1) fließt – eine Gartenstadt.

Doch das neue Jerusalem (vgl. Offb 21–22) kann als Geschenk *von Gott her* (vgl. 21,2.10) nur kommen, wo sich Menschen von der babylonischen Lebensart lösen. Babylon ist in der Bibel der Inbegriff menschlicher Hybris. Es zerstört sich selbst mit seinem unstillbaren Drang nach Reichtum und mit seinem Zwang, sich alles unterwerfen zu müssen (Kap. 17–18). Hier herein ruft der Seher: *Verlass die Stadt* (18,4). Das Bild vom Wohnen Gottes unter den Menschen im neuen, himmlischen Jerusalem geht, wie Margareta Gruber betont, über jenes vom wiederhergestellten Urzustand des Paradieses hinaus: „Die jüdisch-christliche Bibel beginnt mit einem Schöpfungsgedicht und dem Garten Eden und endet mit der Vision einer Megacity, einem von Gottes Glanz erhellten urbanem Friedensraum für die Völker"[2]. Es ist die Vision einer erlösten Kultur.[3]

Das Ufer

Am Beginn des öffentlichen Auftretens Jesu kommt es zu einer Begegnung mit den Anhängern Johannes des Täufers. Die Johannes-Jünger stellen eine Frage. Es ist eine Raum-Frage: *Meister, wo wohnst du?* (Joh 1,38). Jesus beantwortet die Frage eigentlich nicht. Er lädt ein, mit ihm zu gehen: *Kommt und seht!* (Joh 1,39). Ob ein Sinnangebot trägt, zeigt sich erst, wenn sich jemand vertrauensvoll darauf einlässt. Insofern passt die Antwort Jesu ganz zum Wesen der Jesus-Nachfolge.

Am Ende des Johannesevangeliums findet sich nochmals eine Resonanz auf die Frage der Johannes-Jünger nach dem Wohnort Jesu. Denn die Erzählung von der Erscheinung Jesu am See von Tiberias (Joh 21,1–14) darf auch als eine Art Klammer gelesen werden, weil die Raum-Frage wieder mitspielt. Dort heißt es in V. 4: *Als es schon Morgen wurde, stand Jesus am Ufer.* Nach dem anstrengenden und gefährlichen Übergang am gegenüberliegenden Ufer „landen": Wer wünscht sich das nicht? Hier ist die Ur-Sehnsucht des Menschen nach Geborgenheit und Ankommen erfüllt: der Auferstandene, der am Ufer auf uns wartet. Es ist ein österliches Bild, das die Zuversicht nährt: Die zu Beginn von Jesus ausgesprochene Einladung *Kommt und seht!* ist kein leeres Versprechen, sondern erfüllt sich. Da wartet jemand …

Und noch einmal: der Garten

Der Evangelist Johannes hat eine eigene Sichtweise, wohin das letzte Pascha führt. Bereits in seinen ersten Worten bezieht er sich auf die Schöpfung: *Im Anfang war das Wort ... und das Wort war Gott* (Joh 1,1). Hier klingt das *Im Anfang erschuf Gott* von Gen 1,1 durch. Der Garten der Urzeit (Gen 2,4–25) steht für Johannes in Beziehung zu jenem der Endzeit. Der Garten der Endzeit ist dort, wo sich die erste Erscheinung des Auferstandenen vor Maria von Magdala ereignet (Joh 20,11–18).

Erlösung ist die wiedergewonnene Gemeinschaft mit Gott, wie sie im Paradies war und später verloren wurde. In und durch Jesus stellt Gott den Zugang wieder her. Dabei geht er von Garten zu Garten: *Dort war ein Garten* – so heißt es in der Nacht vor der Kreuzigung zu seiner Verhaftung (Joh 18,1) und zur Grablegung (19,41). Genau dieser Ort wird zum Ort des Lebens und der Begegnung. Maria von Magdala ist eine Liebende. Sie kann im Tod nicht das Ende sehen. Sie liegt richtig, wenn sie in Jesus den Gärtner erblickt (vgl. Joh 21,15) – und damit die Verbindung mit dem Gärtner der Schöpfung (vgl. Gen 2,8) herstellt. Der Auferstandene ist der große Gärtner inmitten eines neuen Schöpfungsgartens.

Der Zugang zum Paradies ist nun wieder frei: Keine Kerubim mit dem Flammenschwert versperren den Weg (vgl. Gen 3,24). Stattdessen sitzen zwei Engel in weißen Gewändern im Garten und verkünden das Evangelium von der Auferstehung (vgl. Joh 21,12). Gott hat als der Gärtner die Welt erschaffen. Jetzt führt er seine Schöpfung in die Vollendung. Der Garten in Joh 21 steht für die neue Schöpfung in Christus (vgl. 2 Kor 5,17; Gal 6,15).

Wir sahen: Exodus und Aufbruch, Übergang und Nachfolge, Pascha und Ankommen sind durchgängige Motive in der Bibel. Sie bestimmen den geistlichen Weg. Fasziniert von dem einen großen Pascha – dem österlichen Übergang vom Tod zum Leben – und geleitet von der Raum-Frage haben wir bei einigen Stationen dieses Weges Halt gemacht und sie nach ihrer Bedeutung befragt. Gewiss, es gäbe noch viele andere biblische Orte, die viel hergeben würden für unseren spirituellen Weg. Von Beginn an war es wichtig, nach dem Ziel zu fragen und es vor Augen zu haben. Meister Eckhart (um 1260–1328) macht aus der vorhin erwähnten Frage der

Johannes-Jünger *Meister, wo wohnst du?* (lat. *ubi habitas*; Joh 1,38) ein Bekenntnis: „Herr und Gott, Du bewohnst jedes Wo". Das will sagen: ‚Herr und Gott, Du bist der eigentliche Ort, das eigentliche Wo aller Geschöpfe'.[4] In Gott findet die Frage nach der Heimat des Menschen eine Antwort: *Jeder und jede ist dort geboren* (Ps 87,5).

Anmerkungen

Die Kurztitel beziehen sich auf Angaben innerhalb eines Kapitels.

EINFÜHRUNG

[1] F. Brand, Gottes Lebensraum und die Lebensräume der Menschen. Impulse für eine topologische Theologie, Münster 2021, 105; H.-J. Sander unterscheidet in seiner „Topologischen Dogmatik" Plätze (als erfahrene Räume), Orte (als begriffene Räume) und Lebensräume (hier stehen Plätze und Räume in einem Spannungsgefüge, „das von überraschenden Momenten durchzogen ist"): ders., Glaubensräume – Topologische Dogmatik. Bd. 1: Glaubensräumen nachgehen. Ostfildern 2019, 48.

[2] Vgl. dazu F. Brand, ebd. 139.142 f.

[3] Bernhard Körner weist darauf hin, dass die *loci*-Lehre eines Melchior Cano (1509–1560) in der Tradition der Topik Aristoteles' relevante Gesichtspunkte für die theologische Argumentation benennen will, aber keine topologische Erkenntnistheorie im heutigen Sinn darstellt, vgl. ders., Orte des Glaubens – loci theologici: Studien zur theologischen Erkenntnislehre, Würzburg 2014, 126.

[4] T. Söding, Der Weg des Lebens. Die Passion und Auferstehung Jesu nach Johannes, in: IKaZ 39 (2010), 23–32, hier 25.

[5] „Die Vielen" meint im biblischen Sprachgebrauch alle, die „nicht Israel" sind; im Deutschen hingegen scheinen damit – sinnwidrig – gerade „*nicht alle*" gemeint zu sein.

[6] Mysterium (griech. *mystérion*; lat. *sacramentum*) ist offenbartes (!) Heilsgeheimnis Gottes; die Erfahrung der „verborgenen" Gegenwart Christi.

[7] Vgl. das Segensgebet über dem Taufwasser in der Osternacht: „Durch deinen geliebten Sohn steige herab in dieses Wasser die Kraft des Heiligen Geistes … Damit alle, die durch die Taufe mit Christus begraben sind in seinen Tod, durch die Taufe mit Christus auferstehn zum ewigen Leben."

[8] S. Schrott, Pascha-Mysterium. Zum liturgietheologischen Leitbegriff des Zweiten Vatikanischen Konzils, Regensburg 2014, 315.

[9] H. Auf Der Maur, Vom Tod zum Leben. Liturgiehistorische und theologische Aspekte, in: Heiliger Dienst 46 (1996), 3–23, hier 5–6.

[10] S. Wahle, Das Fest der Menschwerdung. Weihnachten in Glaube, Kultur und Gesellschaft, Freiburg i. Br. 2015, 158.

[11] Vgl. R. Cantalamessa, Ostern in der Alten Kirche, Bern 1981, XXXI.

[12] Vgl. A. Scheer, Die Ostervigil – ein Übergangsritus? Eine Untersuchung über das Wesen der liturgischen Osterfeier, in: Concilium (D) 14 (1978), 103.

[13] Typos (griech., pl. *týpoi*, „Geformtes") – Ab-/Sinn-/Voraus-Bild; bibl.: bestimmte, einander entsprechende Weisen des Handelns Gottes an seinem Volk.

[14] G. Greshake, Maria – Ecclesia. Perspektiven einer marianisch grundierten Theologie und Kirchenpraxis, Regensburg 2014, 70.

[15] Allegorese (von griech. „etwas anders sagen") ist (christlich) eine Methode, die Bibel unabhängig vom ursprünglichen Sinn und „Sitz im Leben" neu auszulegen.

[16] T. Mayer, Typologie und Heilsgeschichte. Konzepte theologischer Reform bei Jean Daniélou und in der Nouvelle théologie, Innsbruck – Wien 2020, 187.

PROLOG

[1] M. Puzicha, Der Heilsweg der Regel, in: S. Walter, L. Juchli, M. Puzicha, Jemandsland. Der Heilsweg des Menschen, Kevelaer 2014, 32.

[2] Die Zitate stammen aus einem Vortrag am Ordenstag im Kardinal-König-Haus in Wien (Nov. 2019).

[3] Vgl. die Website dankbar-leben.org.

[4] Origenes, 7. Homilie zu Leviticus, in: Origenes, Geist und Feuer. Ein Aufbau aus seinen Schriften, von H. U. v. Balthasar, Salzburg – Leipzig 1938, 452.

I. „Heraus"

[1] S. dazu C. Theobald, Hören, wer ich sein kann. Einübungen. Ostfildern 2018, 78 f. Andere nachkonziliare theologische Ansätze zu Berufung finden sich bei H. Rojas, „Wohin, Herr, willst du mich bringen?" Eine Theologie der Berufung im Gespräch mit Karl Rahner, Innsbruck 2022, 159–189.

[2] Johannes Cassian, Coll 3,6.

[3] M. de Certeau, GlaubensSchwachheit. Hrsg. v. L. Giard, Stuttgart 2009, 30 f.

[4] Vgl. Gotteslob Nr. 556,4.

[5] In: S. Weil, Zeugnis für das Gute. Traktate, Briefe, Aufzeichnungen. Hrsg. v. F. Kemp, München 1990, 45.

[6] Nicolas Malebranche, Méditations chrétiennes et métaphysiques, 1683.

[7] F. Steffensky, Schwarzbrot-Spiritualität, Stuttgart 2010, 17.

[8] Vgl. dazu D. Wagner-Reisinger, Spiritueller Missbrauch in der katholischen Kirche, Freiburg i. Br. 2019.

[9] F. Steffensky, Feier des Lebens. Spiritualität im Alltag, Stuttgart 1984, 115 f.

[10] S. Peng-Keller, Geistbestimmtes Leben. Spiritualität, Zürich 2012, 37.

II

[11] Johannes Chrysostomus, Kommentar zum Epheserbrief 23,2, zitiert in: T. Heither, Schriftauslegung – Das Buch Exodus bei den Kirchenvätern, Stuttgart 2002, 36.

[12] Vgl. dazu M. Puzicha, Der Heilsweg der Regel, in: S. Walter, L. Juchli, M. Puzicha, Jemandsland. Der Heilsweg des Menschen, Kevelaer 2014, 33–39.

[13] Therese von Lisieux, Geschichte einer Seele. Hrsg., übers. u. mit Anmerkungen versehen v. A. Wollbold. Freiburg i. Br. 2016, 152.

[14] M. Delbrêl, Auftrag des Christen in einer Welt ohne Gott, Einsiedeln 2000, 194.

[15] *Ordo Paenitentiae*, hrsg. am 2. Dez. 1973, Pastorale Einführung Nr. 4: „Auf vielerlei Weise verwirklicht das Volk Gottes diese fortwährende Buße: Indem es durch sein Dulden teilhat am Leiden Christi, Werke der Barmherzigkeit und der Liebe übt und sich gemäß dem Evangelium Christi täglich mehr bekehrt, wird es in der Welt zum Zeichen der Hinkehr zu Gott."

[16] F. Moos, Der Zukunft eine Zukunft geben. Eine Spiritualität der sozialökologischen Umkehr, Würzburg 2021.

[17] Augustinus, Sermo 169, 13 (PL 38, 923).

[18] Zitiert in: Angefochtene Zuversicht. Romano Guardini-Lesebuch. Ausgewählt v. I. Klimmer, Mainz 1985, 169–171.

[19] „Zu dir rufen wir verbannte Kinder Evas; zu dir seufzen wir trauernd und weinend in diesem Tal der Tränen" (vgl. Gotteslob Nr. 10,1). Das Wort „Pilger" leitet sich vom lat. *peregrinus*, „der Fremde", her.

[20] Thomasevangelium, Logion 42, in: U.-K. Plisch, Das Thomasevangelium, Stuttgart 2007, 122 f.

[21] Der Brief an Diognet V,5. Übersetzung und Einführung von B. Lorenz, Einsiedeln 1982, 19.

[22] Michel de Certeau, Mystische Fabel. 16. bis 17. Jahrhundert, Berlin 2010, 487 f.

II. „Hindurch"

[1] Zur Spiritualität der Erinnerung vgl. E. Varden, Heimweh nach Herrlichkeit, Freiburg i. Br. 2021.

[2] Zum Folgenden ausführlicher C. Benke, In der Nachfolge Jesu. Geschichte der christlichen Spiritualität, Freiburg i. Br. 2018, 49–70.

[3] Die Aussprüche der Wüstenväter sind zitiert nach E. Schweizer (Hg.), Apophthegmata Patrum (Teil I), Beuron 2012. Die römische Ziffer nach dem Zitat bezieht sich auf die Bandzahl, die arabische auf die Seite.

[4] Zu diesem Begriff und generell zur „Mystagogischen Forschung" als Methode vgl. K. Waaijman, Handbuch der Spiritualität. Bd. 3, Ostfildern 2007, 285–361.

[5] S. dazu und generell zum Verhältnis von geistlicher Begleitung und Beichte M. Rosenberger, Frei zu vergeben, Münster 2019, 184–187.

[6] Vgl. C. Theobald, Hören, wer ich sein kann, Ostfildern 2018, 63–70.

[7] Etwa durch den Behelf: Unter vier Augen. Verantwortungsvoller Umgang mit Nähe und Macht im Seelsorgegespräch, im Beichtgespräch und in der Geistlichen Begleitung. Erzdiözese Wien ²2019 [2010].

[8] D. Bonhoeffer, Gemeinsames Leben. München ¹⁶1979, 14.

[9] A. Louf, Die Gnade kann mehr, Münsterschwarzach 1995, 8.

[10] Zitat aus: Jesuiten 62,4 (2011), 6.

[11] Vgl. Lk 18,1; 21,36; Röm 12,12; Eph 6,18; Phil 4,6; Kol 4,2.

[12] A. Louf, Demut und Gehorsam bei der Einführung ins Mönchsleben, Münsterschwarzach 1979, 44–51, 49.

[13] Charles de Foucauld, Allen ein Bruder. Passwörter einer Spiritualität für unsere Zeit. Hrsg. v. einer Gruppe Kleiner Schwestern und Kleiner Brüder, München u.a. 2020, 148–149.

[14] S. dazu F. Dünzl, Fremd in dieser Welt? Das frühe Christentum zwischen Weltdistanz und Weltverantwortung, Freiburg i. Br. 2015.

[15] Origenes, Exodus Hom. 3,3

[16] II. Vaticanum, *Gaudium et spes* 22,4: „Den Christen bedrängt gewiss die Notwendigkeit und die Pflicht, gegen das Böse durch viele Anfechtungen hindurch anzukämpfen sowie den Tod zu erleiden; aber dem österlichen Mysterium zugesellt und dem Tod Christi gleichgestaltet, wird er, durch Hoffnung gestärkt, der Auferstehung entgegeneilen (*mysterio paschalis consociatus, Christi morti configuratus, ad resurrectionem spe roboratus occurret*)".

[17] *Victimae paschali laudes: Mors et vita duello conflixere mirando; / dux vitae mortuus / regnat vivus;* vgl. Gotteslob Nr. 320,3.

[18] S. Peng-Keller, Einführung in die Theologie der Spiritualität, Darmstadt 2012, 56.

[19] Transverberation (lat. *trans*, „durch" und *verberatio*, „Schlag") – mystisches oder religiös-ekstatisches Phänomen der spirituellen „Durchbohrung des Herzens" (mit einem feurigen Pfeil), um es in Liebe zu „entzünden"; körperlich als „süßer Schmerz" empfunden.

[20] Vida 29,13: Teresa von Ávila, Werke und Briefe. Gesamtausgabe, Bd. I: Werke. Hrsg., übers. u. eingel. v. U. Dobhan u. E. Peeters, Freiburg i. Br. 2015, 368.

[21] T. Halik, Wege einer neuen Evangelisierung?, in: K. Ruhstorfer (Hrsg.), Das Ewige im Fluss der Zeit. Der Gott, den wir brauchen, Freiburg i. Br. 2016, 217–223, hier 223.

[22] Zum Folgenden s. S. Peng-Keller, Einführung in die Theologie der Spiritualität, 114–123; ders., Kontemplation. Einübung in ein achtsames Leben, Freiburg i. Br. 2012; ders., Überhelle Präsenz. Kontemplation als Gabe, Praxis und Lebensform, Würzburg 2019.

[23] S. dazu den gerafften Überblick bei A. Rotzetter, Lexikon christlicher Spiritualität, Darmstadt 2008, 336–337.

[24] R. Schutz, Kampf und Kontemplation, Freiburg i. Br. 1983, 115.

[25] S. Peng-Keller, Kontemplation, 7.

[26] Ebd. 22.27.

²⁷ Theodor von Studion (um 759–826) formulierte: „Der Unumschreibbare wird umschreibbar ... Das Paradox der Menschwerdung ist es, dass die göttliche Person des ewigen Wortes in den individuellen, persönlichen Gesichtszügen Jesu ‚umschreibbar' geworden ist."

²⁸ 6 M (Wohnungen der Inneren Burg) 10,6: Teresa, Werke, Bd. 1, 1858.

²⁹ CC (Geistliche Erfahrungsberichte) 64: Teresa, Werke, Bd. 1, 1472.

³⁰ D. Hammarskjöld, Zeichen am Weg, München 1965, 149 f.

³¹ B. Stegemann, Die Öffentlichkeit und ihre Feinde, Stuttgart 2021, 288.

³² Poimen 129: Alphabetikon Nr. 703: Schweitzer I, 253.

³³ Johannes Cassian, Coll 2,16 (Übersetzung aus: Johannes Cassian, Spannkraft der Seele. Ausgew., übertr. u. eingel. v. G. u. T. Sartory, Freiburg i. Br. 1981, 130).

³⁴ MC 2 (Gedanken zum Hohelied): Teresa, Werke, Bd. 1, 1307.

³⁵ Franz von Sales, Gnade und Maß, Einsiedeln 1951, 185.

³⁶ Der Umsatz der Esoterik-Branche in Österreich wird laut der Rechercheplattform „Addendum" auf 4–5 Milliarden Euro pro Jahr geschätzt (Stand 2018).

³⁷ Vgl. zum Folgenden: M. Pöhlmann, Rechte Esoterik. Wenn sich alternatives Denken und Extremismus gefährlich vermischen, Freiburg i. Br. 2021.

³⁸ Ebd. 25 f.

³⁹ Ebd. 138.

⁴⁰ S. Wendel, Der „Patchwork-Gott". Das christliche Gottesverständnis angesichts der Renaissance des Religiösen, in: S. J. Lederhilger (Hg.), Die Marke „Gott" zwischen Bedeutungslosigkeit und Lebensinhalt, Frankfurt a. M. 2008, 107.

III. „Hinauf"

¹ K. Wenzel, Sakramentales Selbst. Der Mensch als Zeichen des Heils, Freiburg i. Br. 2003, 17.

² S. dazu G. Greshake, Gottes Willen tun. Gehorsam und geistliche Unterscheidung. Freiburg i. Br. 1984.

³ Überlagerungen durch das ähnlich klingende griech. Wort *myein,* „einweihen, in die Mysterien einführen" sind nicht auszuschließen.

⁴ Im Folgenden beziehe ich mich auf P. Mommaers, Was ist Mystik?, Frankfurt a. M. 1979.

⁵ V. Leppin, Ruhen in Gott. Eine Geschichte der christlichen Mystik, München 2021, 20.

⁶ B. McGinn, Die Mystik im Abendland. Bd. 1: Ursprünge, Freiburg i. Br. 1994, 16.

⁷ Vgl. auch die von U. Dobhan und E. Peeters aus den Schriften der Teresa von Ávila erhobene Kriteriologie christlich-mystischer Gotteserfahrung (vgl. Teresa von Ávila, Werke und Briefe. Gesamtausgabe, Bd. I: Werke. Hrsg., übers. u.

eingel. v. U. Dobhan u. E. Peeters, Freiburg i. Br. 2015, 1377–1381). Sie darf über Teresa hinaus Gültigkeit beanspruchen, zumal die spanische Heilige in der Katholischen Kirche als Gewährsfrau christlicher Mystik schlechthin gilt.

[8] Mechthild von Magdeburg, Das fließende Licht der Gottheit IV 12.

[9] J. B. Metz, Mystik der offenen Augen, Freiburg i. Br. [2]2011, 55.

[10] Vgl. K. Berger, Schweigen. Eine Theologie der Stille, Freiburg i. Br. 2021 (zu Offb 8,1 ebd. 132–135).

[11] S. Peng-Keller, Kontemplation. Einübung in ein achtsames Leben, Freiburg i. Br. 2012, 36.

[12] Benedikt XVI., Nachsynodales apostolisches Schreiben *Verbum Domini* Nr. 56.

[13] S. dazu den umfassenden Überblick bei K. Waaijman, Handbuch der Spiritualität. Bd. 3, Ostfildern 2007, 110–143.

[14] Guigo der Kartäuser, Scala claustralium. Die Leiter der Mönche zu Gott. Eine Hinführung zur lectio divina, übers. u. eingel. von D. Tibi, Nordhausen [2]2009, 31.

[15] D. Bonhoeffer, Gemeinsames Leben. München [16]1979, 69–71. Weitere Informationen zur Praxis der Lectio divina unter https://www.lectiodivina.de/

[16] *Itinerarium mentis in Deum* I,2; deutsche Übersetzung: J. Kaup (Hrsg.), Bonaventura. Itinerarium mentis in Deum. De reductione artium ad theologiam. Lateinisch und Deutsch, München 1961, 55.

[17] K. Waaijman, Handbuch der Spiritualität. Bd. 2, Mainz 2005, 158–187 („Der Umformungsprozess"), hier 158.

[18] H. Seuse, Leben des seligen Heinrich Seuse, Kap. 49, in: Heinrich Seuse, Deutsche mystische Schriften. Hrsg. v. G. Hofmann, Düsseldorf 1966, 174.

[19] Aurelius Augustinus. Über die Psalmen. Ausgew. u. übertr. v. H. U. v. Balthasar, Einsiedeln 1983, 169.

[20] Zitiert bei S. Peng-Keller, Einführung in die Theologie der Spiritualität, Darmstadt 2012, 128.

[21] Ebd. 133–135.

[22] Vgl. zum Folgenden ebd. 135–141.

[23] Ebd. 138.

[24] So Johannes Tauler in seiner 40. Predigt, vgl. ders., Predigten. Hrsg. v. G. Hofmann, Einsiedeln [3]1987, 303 f.

[25] *Gnósis* (griech.; „Wissen, [Er-]Kenntnis") – Sammelbegriff für (spätantike) religiöse Strömungen, deren Gläubige im Erkennen ihres göttlich-geistigen Ursprungs und in Erhebung über die materielle Welt Erlösung erstreben.

[26] D. Sölle, Mystik und Widerstand. „Du stilles Geschrei", München 1999, 123 f.

[27] Abraham J. Heschel, zitiert bei: H. Spaemann, Art. Heilig/ Heiligkeit, in: C. Schütz (Hrsg.), Praktisches Lexikon der Spiritualität, Freiburg i. Br. 1992, 585–594, hier 593.

[28] J. H. Newman, Betrachtungen und Gebete. München 1952, 34 f.

[29] Ebd.

III

[30] J. Mitterhöfer, Mit 14 Jahren im KZ. Das Leben des Marcello Martini: Vom Todesmarsch zur Versöhnung. Aus den Erinnerungen des letzten Überlebenden im Konzentrationslager Hinterbrühl, St. Gabriel 2020.

[31] J. B. Metz, Kirche nach Auschwitz, in: M. Marcus, E. W. Stegmann, E. Zenger (Hrsg.), Israel und Kirche heute, Freiburg i. Br. 1991, 112.

[32] Quietismus (von lat. *quies*, „Erholung, Ruhe, Schlaf") – (lehramtlich verurteilte) Form einer Mystik, die sich Gott ohne asketisches Bemühen oder Tugendstreben in völliger „Ruhe" überlässt.

[33] A. Delp, Aufzeichnungen aus dem Gefängnis, Freiburg i. Br. 2019, 218.236.

[34] De divinis nominibus II 9 (griech. *páschein ta theia*).

[35] Agnostizismus (von griech. *a* und *gnósis*, nicht wissen) – Weltanschauung, welche bestreitet, dass der Mensch Gott rational erkennen könne; der Glaube an Gott ist damit ebenso vereinbar wie seine Ablehnung (Atheismus).

[36] Johannes vom Kreuz, Merksätze von Licht und Liebe Nr. 106, in: ders., Worte von Licht und Liebe. Briefe und kleinere Schriften. Hrsg., übers. u. eingel. v. U. Dobhan, E. Hense, E. Peeters (Sämtl. Werke, Bd. 2), Freiburg i. Br. 1996, 126.

[37] Brief an einen Freund 1946, zitiert in: Art. Transfiguration du Seigneur. II. Les commentaires spirituels, in: Dictionnaire de la Spiritualité 15 (1991), 1160.

[38] Vgl. das *Magnificat* Lk 1,46–55, das *Benedictus* Lk 1,68–79; ferner Lk 3,21; 4,42; 5,16; 6,12; 9,28; 10,21–22; Mk 14,32–42; Lk 23,34; Joh 17.

[39] Zum Folgenden s. A. Herzig, In der Spur Jesu. Leben nach den evangelischen Räten, Innsbruck – Wien 2012; R. Körner, Himmelreich leben. Die evangelischen Räte – für alle Christen. Leipzig o. J.; S. Peng-Keller, Geistbestimmtes Leben. Spiritualität, Zürich 2012, 74–115.

[40] Johannes Paul II., Nachsynodales Apostolisches Schreiben *Vita consecrata* über das geweihte Leben und seine Sendung in Kirche und Welt (25. März 1996); abgekürzt VC.

[41] Vgl. S. Peng-Keller, Einführung in die Theologie der Spiritualität, 81 f.

[42] Das Folgende orientiert sich an A. Herzig, In der Spur Jesu, 85–100.

[43] S. dazu z. B. M. Rosenberger, Im Geheimnis geborgen. Einführung in die Theologie des Gebets, Würzburg 2012, 86–92.

[44] Vgl. M. Gruber, Das Himmlische Jerusalem. Architektur gewordene Hoffnung für die Menschheit, in: Stimmen der Zeit 146 (2021), 919–930.

[45] Vgl. S. Kiechle, Kreuzesnachfolge. Eine theologisch-anthropologische Studie zur ignatianischen Spiritualität, Würzburg 1996, 4.

[46] R. Guardini, Vorschule des Betens, Einsiedeln 1948, 245.

[47] S. dazu die neueren Darstellungen von M. Rosenberger, Im Geheimnis geborgen, Würzburg 2012; M. Schlosser, Erhebung des Herzens. Theologie des Gebetes, St. Ottilien 2015; M. Schneider, Theologie des christlichen Gebets, Würzburg 2015.

[48] S. Peng-Keller, Geistbestimmtes Leben. Spiritualität, 159.

[49] E. Puzik, Kleine Schule des inneren Betens, Einsiedeln [3]1975, 83 f.

[50] Die folgenden Schritte orientieren sich an S. Jürgens, Auf du und du. Wie Beten geht, Ostfildern 2022, 46.

[51] Vgl. dazu G. Greshake, Maria – Ecclesia. Perspektiven einer marianisch grundierten Theologie und Kirchenpraxis, Regensburg 2014.

[52] Zum Ganzen s. C. Benke, In der Nachfolge Jesu. Geschichte der christlichen Spiritualität, Freiburg i. Br. 2018, 203–206.

[53] S. dazu J. Mourad, Ein Mönch in Geiselhaft, Hildesheim 2019, 56–72.

[54] Zitiert in E.-M. Lika, „Kirche des Islam". Zur Theologie Paolo Dall'Oglios, in: Geist und Leben 90 (2017), 33–40, hier 35.

[55] Zum Folgenden s. S. Peng-Keller, Einführung in die Theologie der Spiritualität, 103–108; M. Rosenberger, Im Geheimnis geborgen, 123–132.

[56] S. Peng-Keller, ebd. 105.

[57] V. Hoffmann, Unerhörte Gebete. Zum Streit um das Bittgebet, in: HerKorr 75 (7/2021), 42–44, hier 44.

[58] Die jüngere Debatte zusammenfassend vgl. C. Böttigheimer, Hört Gott meine Bitten? Das Bittgebet als Kristallisationspunkt bedrängender Glaubensfragen, in: Geist und Leben 95 (2022), 76–84.

[59] Ebd. 84.

[60] K.-H. Menke, Handelt Gott, wenn ich ihn bitte? Kevelaer [3]2008, 27.

[61] H. Schaller, Das Bittgebet und der Lauf der Welt, in: G. Greshake, G. Lohfink (Hrsg.), Bittgebet – Testfall des Glaubens, Mainz 1978, 178.

[62] De mystica theologia, cap. 3. Im Unterschied zur „Finsternis" ist die „Dunkelheit" (griech. gnóphos) eine Gnadenwirkung Gottes.

[63] Johannes Tauler, Predigt 13, in: ders., Predigten, Bd. 1. Übertr. u. hrsg. v. G. Hofmann, Einsiedeln [3]1987, 90 f.

[64] Therese von Lisieux, Geschichte einer Seele. Herausgegeben, übersetzt und mit Anmerkungen versehen v. A. Wollbold. Freiburg i. Br. 2016, 345.

[65] B. Kolodiejchuk (Hrsg.), Mutter Teresa. Komm, sei mein Licht. München 2007, 218 f.

[66] Das arbeitet Gotthard Fuchs heraus in: ders., „Welch furchtbare Armut, ungeliebt zu sein". Diakonie dank Gottesnacht bei Mutter Teresa von Kalkutta, in: Lebendige Seelsorge 71 (2020), 276–279.

[67] Zum Folgenden s. R. Körner, Dunkle Nacht. Mystische Glaubenserfahrung nach Johannes vom Kreuz, Münsterschwarzach [3]2015.

[68] Predigt 13 = G. Hofmann 91.

[69] Vgl. dazu C. Benke, „Hingegeben, nicht genommen". Zeugen für Christus im muslimischen Algerien, in: J.-H. Tück (Hg.), Sterben für Gott – Töten für Gott? Religion, Martyrium und Gewalt. Freiburg i. Br. 2015, 252–267.

[70] Die folgende Übersetzung von Christians Testament stammt aus: B. Olivera, „Amen" und „Inschallah". Die sieben enthaupteten Zeugen für Christus im muslimischen Algerien – Kloster „Notre-Dame de l'Atlas", Tibhirine, Heimbach/Eifel [2]2011, 13–15. Der Text lautet:

„Wenn ein À-DIEU ein Gesicht bekommt

Wenn es mir eines Tages geschehen sollte – und das könnte schon heute sein –, dass ich ein Opfer des Terrorismus werde, der inzwischen alle in Algerien lebenden Ausländer im Visier zu haben scheint, dann möchte ich, dass meine Gemeinschaft, meine Kirche und meine Familie sich daran erinnern: Mein Leben war Gott und diesem Land GESCHENKT.

Mögen sie akzeptieren, dass der einzige HERR allen Lebens diesem brutalen Scheiden nicht unbeteiligt gegenüberstehen kann. Sie sollen für mich beten: Wie könnte ich eines solchen Opfers würdig befunden werden? Mögen sie imstande sein, diesen Tod in Verbindung zu sehen mit dem ebenso gewaltsamen, jedoch von der Gleichgültigkeit der Anonymität umgebenen Tod so vieler anderer Menschen.

Mein Leben ist nicht mehr wert als das irgendeines anderen. Allerdings auch nicht weniger.

Auf jeden Fall hat es nicht die Unschuld der Kindheit. Ich habe lange genug gelebt, um zu wissen, dass auch ich mitschuldig bin am Bösen, das – leider – in der Welt vorzuherrschen scheint, und sogar an jenem Bösen, das in seiner Blindheit gerade mich treffen könnte. Ich möchte mir wünschen, dass mir, wenn der Augenblick gekommen ist, noch jener Moment geistiger Klarheit bleibt, der mir erlaubt, Gott und meine Brüder auf Erden um Vergebung zu bitten und zugleich aus ganzem Herzen dem zu verzeihen, der Hand an mich gelegt hat.

Einen solchen Tod kann ich mir nicht wünschen: es scheint mir wichtig, das zu bekennen.

In der Tat sehe ich nicht, wie ich mich darüber freuen könnte, wenn diesem Volk, das ich so sehr liebe, unterschiedslos der Mord an mir angelastet würde. Der Preis für das, was man vielleicht die „Gnade des Martyriums" nennen wird, wäre zu hoch, wenn ich sie einem Algerier zu verdanken hätte – wer immer es sein mag –, vor allem dann, wenn er behauptet, aus Treue zu dem zu handeln, was er für den Islam hält.

Ich kenne die Verachtung, die man den Algeriern allenthalben entgegenbringt. Ich kenne außerdem die Karikaturen des Islam, die von einer gewissen Art von Islamismus noch gefördert werden. Es ist allzu einfach, sich ein gutes Gewissen zu verschaffen, indem man diesen religiösen Weg gleichsetzt mit dem Integralismus seiner Extremisten. Für mich sind Algerien und der Islam etwas anderes: sie sind wie Leib und Seele. Ich habe – so meine ich jedenfalls – schon oft genug und offenkundig aufgezählt, was ich alles davon empfangen habe. Wie oft habe ich darin sogar jenen „roten Faden" des Evangeliums wiedergefunden, das ich auf dem Schoß meiner Mutter – meiner allerersten Kirche – kennenlernte, und zwar gerade in Algerien, und schon damals in Ehrfurcht vor den muslimischen Gläubigen.

Natürlich wird mein Tod denen recht zu geben scheinen, die mich vorschnell für naiv oder für einen Idealisten gehalten haben: „Soll er doch jetzt sagen, was er davon hält!"

Diese Leute sollen jedoch wissen, dass meine brennendste Neugier endlich gestillt sein wird: Ich werde nun, so Gott will, meinen Blick in den des Vaters tauchen können, um mit ihm zusammen seine Kinder aus dem Islam zu betrachten, so wie er sie sieht: ganz erleuchtet von der Herrlichkeit Christi, Früchte seiner Passion, beschenkt mit der Gabe des Geistes, dessen heimliche Freude es immer bleiben wird, Gemeinschaft zu stiften und die Übereinstimmung wiederherzustellen – im Spiel mit den Unterschieden.

Dieses verlorene Leben, das restlos mir und restlos ihnen gehört: Ich sage Gott Dank dafür, denn er scheint es ganz und gar für jene FREUDE gewollt zu haben, trotz allem. In dieses DANKE, in dem nun alles über mein Leben gesagt ist, schließe ich selbstverständlich Euch alle ein, Freunde von gestern und von heute, und Euch, meine hiesigen Freunde, zusammen mit meiner Mutter und meinem Vater, meinen Schwestern und meinen Brüdern und ihren Familien: geschenkt, wie einst verheißen!

Und auch Du, Freund der letzten Minute, der Du wohl nicht gewusst hast, was Du tatest: Ja, auch Dir gilt dieses DANKE und dieses À-DIEU, das Dein Gesicht angenommen hat. Und möge es uns geschenkt werden, uns als glückliche Schächer im Paradies wiederzusehen, wenn es Gott gefällt, der unser beider Vater ist. AMEN! Inschallah!

Algier, 1. Dezember 1993

Tibhirine, 1. Januar 1994

        Christian +"

Zum Ganzen s. auch C. Benke (Hrsg.), Gott im Antlitz des Anderen. Die Spiritualität der Mönche von Tibhirine (Studien zur Theologie der Spiritualität, Bd. 4) [Online-Publ., März 2021].

[71] S. dazu C. Benke, Neue Geistliche Gemeinschaften und Bewegungen, katholisch, in: M. Klöcker, U. Tworuschka (Hg.), Handbuch der Religionen, Bd. IV (60. Ergänzungslieferung), Hohenwarsleben 2019, 1–29.

[72] C. Lubich, Ein Weg in Gemeinschaft, Friedberg 2003, 26.

[73] S. dazu C. Benke, Theologie und Frömmigkeit, in: Erbe und Auftrag 92 (2016), 434–441.

[74] Deutsche Ausgabe der Werke des hl. Franz von Sales Bd. 12, 104 (DASal 12, 104).

[75] K. Demmer, Zumutung aus dem Ewigen, Freiburg i. Br. 1991, 80.

IV. „Hinunter"

[1] G. Lauscher, Lebenskrisen und ihre Botschaften. Von Anfängen und Übergängen. Würzburg 2021, 38.

[2] Vgl. dazu II. Vaticanum, *Gaudium et spes* 22.

[3] S. dazu E. Mitterstieler (Hrsg.), Gottes andere Wange. Zumutung und Erlösung. Würzburg 2021.

[4] S. Wahle, Das Fest der Menschwerdung. Weihnachten in Glaube, Kultur und Gesellschaft. Freiburg i. Br. 2015, 201.

[5] P. Wolff, Christliche Philosophie in Deutschland 1920–1945, Regensburg 1949, 74.

[6] John Henry Newman, *Parochial and plain sermons* IV,16. [https://www.newmanreader.org/works/parochial/volume4/sermon6.html; Zugriff: 25.06. 2022].

[7] Charles de Foucauld an Louis de Foucauld, Nazaret, 12. Apr. 1897; zitiert in: Charles de Foucauld, Allen ein Bruder. Passwörter einer Spiritualität für unsere Zeit. Hrsg. v. einer Gruppe Kleiner Schwestern und Kleiner Brüder, München u. a. 2020, 140.

[8] Medellín XIV,4,a (= DH 4494).

[9] Die urspr. lateinamerikanische Theologie der Befreiung hat Mitte und Handlungsmaßstab in der (biblischen) „Option für die Armen". Bekannte Vertreter sind: Dom Helder Camara (1909–1999) und Leonardo Boff (Brasilien), Ernesto Cardenal (Nicaragua, 1925–2020), Oscar Romero (1917–1980 ermordet, El Salvador) und Gustavo Gutiérrez (geb. 1928, Peru).

[10] G. Gutiérrez, Nachfolge Jesu und die Option für die Armen. Beiträge zur Theologie der Befreiung im Zeitalter der Globalisierung. Hg. v. M. Delgado, Fribourg – Stuttgart 2009.

[11] G. Fuchs, I. Leicht, Mut-Proben. Inspirationen für ein selbstbestimmtes Leben, Ostfildern 2021, 21.

[12] Testament des Franziskus, zit. aus: D. Berg/L. Lehmann (Hg.), Franziskus-Quellen. Die Schriften des heiligen Franziskus, Lebensbeschreibungen, Chroniken und Zeugnisse über ihn und seinen Orden (Zeugnisse des 13. und 14. Jahrhunderts zur Franziskanischen Bewegung, Bd. I: Franziskus-Quellen), Kevelaer ²2014 [auf XXI-XXIV die Abkürzungen der Quellenschriften].

[13] G. Fuchs, I. Leicht, Mut-Proben, 33.

[14] R. Pfau, Leben ist anders. Lohnt es sich? Und wofür? Bilanz eines abenteuerlichen Lebens. Hrsg. v. R. Walter, Freiburg i. Br. ⁷2016, 9.

[15] R. Pfau, Die Schönheit des Helfens. Ärztin, Nonne, Powerfrau – ein verrücktes Leben, Freiburg i. Br. 2018, 24.

[16] Ebd. 219.

[17] R. Pfau, Leben ist anders, 214.

[18] Ebd. 206.

[19] Für das Verhältnis von *vita activa* und *vita contemplativa* vgl. die Zusammenfassung bei J. Weismayer, Leben aus dem Geist Jesu. Grundzüge christlicher Spiritualität, Mainz 2007, 159–166. In historischer Sicht bringt S. Peng-Keller zahlreiche Differenzierungen sowie vermittelnde Positionen (die es immer gab) zur Sprache, vgl. ders., Einführung in die Theologie der Spiritualität, Darmstadt 2012, 89–93.

[20] Meister Eckhart, Predigt 28, in: ders., Deutsche Predigten und Traktate. Hrsg. u. übers. v. J. Quint, Zürich 1979, 280–289, hier 281.

[21] H. U. v. Balthasar, Zur Ortsbestimmung christlicher Mystik, in: ders., Pneuma und Institution. Skizzen zur Theologie IV, Einsiedeln 1974, 298–324, hier 320.

[22] T. Merton, Im Einklang mit sich und der Welt. Contemplation in a World of Action, Zürich 1986, 39.

[23] T. Merton, Wahrhaftig beten, Freiburg i. Br. 1971, 17.

[24] Ders., Im Einklang, 199.

[25] „Wenn wir in einer atheistischen Umwelt leben, stellt sie uns vor die Wahl: zu missionieren oder zu demissionieren" (M. Delbrêl, Gebet in einem weltlichen Leben, Einsiedeln ³1979, 101).

[26] Lat. *descensus ad inferos* bzw. *inferna; descendit ad inferna* (vgl. Apostolisches Glaubensbekenntnis, = DH 27; auch Gotteslob Nr. 3.4).

[27] Meliton von Sardes, Vom Passa 102, in: ders., Vom Passa. Die älteste christliche Osterpredigt. Übers., eingel. u. komm. v. J. Blank, Freiburg i. Br. 1963, 129.

[28] H. U. v. Balthasar, Theologie der drei Tage, Einsiedeln 1990. Vgl. auch Frère John (Taizé), Zwischen Tod und Leben. Den Karsamstag neu entdecken, Freiburg i. Br. 2019.

[29] Frère John (Taizé), ebd. 11.

[30] J. Moltmann, Art. Leiden/Theodizee, in: Praktisches Lexikon der Spiritualität 775–781, hier 781.

V. „Hinüber"

[1] M. Buber, Das dialogische Prinzip, Heidelberg 1973, 15.

[2] A. Riccardi, Die Peripherie. Ort der Krise und des Aufbruchs für die Kirche, Würzburg 2017, 156–157.

[3] Vgl. dazu S. Pittl, Lampedusa als Ort der Theologie. Eine topologische Interpretation des Pontifikats Papst Franziskus', in: J. G. Sánchez, M. Luber (Hrsg.), Eine arme Kirche für die Armen. Theologische Bedeutung und praktische Konsequenzen, Regensburg 2015, 141–166.

[4] Papst Franziskus, Enzyklika *Evangelii gaudium*, Nr. 46.

[5] D. Day, On Pilgrimage (1948). Ressourcement in Catholic Thought, Michigan 1999, 195–196. Diesen Hinweis und die Übersetzung verdanke ich Dr. Monika Bauer (Zürich); s. auch https://www.catholicworker.org/dorothyday/articles/482.html

[6] Thomas Mann, Gesammelte Werke, Bd. VI, Frankfurt a. M. 1974, 410.

[7] Ps 42,8 Vg: Johannes Tauler, Predigt 41 (307–315, hier 315).

[8] R. Wimmer, Simone Weil. Person und Werk, Freiburg i. Br. 2009, 19.

[9] S. Weil, Zeugnis für das Gute, München 1990, 97–99.

[10] Präfation für die Sonntage im Jahreskreis VI.

[11] V 23,1, in: Teresa von Ávila, Werke und Briefe. Gesamtausgabe, Bd. I: Werke. Hrsg., übers. u. eingel. v. U. Dobhan u. E. Peeters, Freiburg i. Br. 2015, 303.

[12] So lautet der Titel einer kleinen Sammlung von Texten, die im Deutschen vorliegen: P. Claverie, An der Nahtstelle zweier Welten. Muslime und Christen im Dialog, Einsiedeln – Freiburg i. Br. 2020.

[13] Ebd. 20.

[14] J.-J. Pérennès, Pierre Claverie – Dominikaner und Bischof in Algerien, Leipzig 2014, 351 f.

EPILOG

[1] Gregor von Nyssa, De vita Moysis 2,236–239.

[2] M. Gruber, Das Himmlische Jerusalem. Architektur gewordene Hoffnung für die Menschheit, in: Stimmen der Zeit 146 (2021), 919–930, hier 920.

[3] S. dazu J. Hartl, Eden Culture. Ökologie des Herzens für ein neues Morgen, Freiburg i. Br. 2021.

[4] Expositio sancti Evangelii secundum Iohannem n. 199, in: Lateinische Werke Bd. III, Stuttgart 1994, 168.

Bibelstellenregister

Altes Testament

Genesis

1,1 – 2,24	28	3	25
1,3	85	3,1	48, 83
1,26	29, 152	3,1–6	84
1,31	65, 140	3,5	103, 105, 107
2,2	210	3,7	34
2,3	106	3,17	34, 209
2,4–25	213	3,23	25
2,8	25, 213	12	16
3,1–24	193	12,7	17
3,9	107	12,13.22–23	17
3,14–17	140	13,3	34
3,20	133	13,17 – 14,41	45
3,24	213	14,31	47
12	31	15,22	48
12,1	29, 31	16,35	37
12,1–4	32	17,7	72
12,2	29, 31	19,14	104
15,13	41	19,17	37
18,1–8	189	19,23	103
22,14	83	24,8	18
32,23–33	66 6.	33,18–23	111
32,31	71	33,18 – 34,6	113 f.
33,13	77	34,34	53
50,20	141		

Levitikus

16,27	190

Exodus

1 – 6	34
1,14	34
2,11	34
2,12	47
2,15	25
2,23	34

Numeri

11,5	37
13,17	70
14	163, 201
14,23	202
14,34	37

20,12–13	72

Deuteronomium

2,7	37
4,11–14	92
5,2	92
6,4–9	92
21,22–23	142
34,1	70
34,1–6	209
34,5	70

Josua

1,1–2	196
3 – 4	196

1 Samuel

3,1–21	198

1 Könige

19,1–18	91
19,7–13	84
19,13	103

2 Könige

2,8	196
19,31	127

2 Makkabäer

6,12–17	141

Ijob

1,9–11	141
9,16–18	144
22,4–11	141
30,20	144

Psalmen

2,6	127
13,2	144
13,6	141
19,9	112
36,10	112, 193
46,5	127
48,2.9	127
63,2–3	49
87,3	127
87,5	214
119,71	141
130,7	184
147,14	77

Sprichwörter

10,30	141
26,27	141

Hohelied

2,5	68

Weisheit

9,1	85

Sirach

27,25–27	141

Jesaja

1,27	127
2,2–5	127
10,12	127
12,6	103
19,25	35
37,3	202
48,13	127
52,1	127
54,4.8.12	18
55,8–9	192
60	128
65,17	203
65,24	138

Jeremia

2,2	48
15,18	144
23,23	144

38,6	184		Hosea	
			2,16	48
Klagelieder			11,9	103
2,20–22	141			
			Amos	
Ezechiel			6,1	127
8 – 11	136			
37,12–13	182		Sacharja	
43,2	136		9,9	133
			14,4	136

Neues Testament

Matthäus			20,15	193
2,1–12	189		23,37	18
3,1–12	196		25,1–12	123
3,13–17	196		25,31–46	89
3,14–15	204		26,28	18
4,8–10	108, 119		26,36	136
4,9	110		26,36–46	119
4,18–20	117		27,52	182
5,3	170		27,33	140
5,3–12	120 f.		27,46	140, 142
5,38–39	124		28,5–6	147
6,8	126			
6,9–13	126		Markus	
6,14–15	126		1,12–13	48
6,22–23	193		1,15	35, 166, 209
7,20	57		1,24	162
11,25–26	120		1,35	120
13,33	167		2,15	189
15,21–28	187		3,27	182
16,21–26	118		4,26–32	203
16,24	143		4,28	54
17,1–9	110, 118		6,3	167
17,5	116		6,46	120
17,22–23	118		7,24–30	187
18,1–4	166		8,34	143

9,2–6	110	9,31	111, 119
9,5	175	9,43b–45	111
9,7	111	9,58	41
9,9	175	10,21–22	120
9,23	126	10,25–37	176 f.
9,31	175	10,38–42	176 f.
9,50	43	10,42	179
10,47	114	11,2–4	126
11,1	136	11,5–8	126
11,17	119	13,21	167
11,23–24	126, 138	16,20	169
12,10	192	17,11	74
13,3	136	17,32	36
14,12–25	17	19,1–10	189
14,24	149	19,5	124
14,32	136	22,42	142
14,32–39	120	23,33	140
14,36	139	24,31	112
15,22	140		
15,34	144	Johannes	
15,46	182	1,1	213
		1,3	85
Lukas		1,13	198
1,35	116	1,14	74, 162
2,1–2	162	1,29	18
2,3–4	162	1,29.36	17
2,7	41, 164	1,38	212, 214
2,22–24	133	1,39	53, 212
2,40	165	3,3	198
2,51–52	167	3,34	158
3,2	48	4,4	187
3,21	119	4,6	124
4,16	119, 162	4,9	187
5,16	119	4,20	187
6,12	119	4,24	128, 158
6,12–16	120	4,42	19
6,17	161, 175	5,24	199, 203
6,20–26	121	10,16	18
7,28	204	11,41–42	120
9,23	143	11,50	18
9,28–29	111	11,52	18 f.
9,28–36	110	11,55	17

12,24	143		10,39	142
12,27–28	120		13,3	155
13,1	18, 142, 149, 186,		13,17	34
	210		13,29	182
13,1–20	172		17,16–34	157
13,8	204		17,28	60
14,2	54		18,10	182
14,13	126			
15,3	39		**Römer**	
18,1	213		1,5	33
19,5	142		5,5	104, 132, 137
19,14.31	17		6,3–11	20
19,17	140		7,18–21	109
19,19	164		8,5–17	165
19,41	28, 213		8,15	71, 131
20,1–18	28		8,21	65
20,11–18	90 f., 213		8,22	203
21,1–14	212		10,7	182
21,4	198		10,14	33
21,12	213		10,17	52
21,15	213		12,1	150
21,15–19	198		12,2	35, 56, 166
			12,13	124
Apostelgeschichte			16,26	33
1,8	152, 194			
1,9–12	210		**1 Korinther**	
1,12	136		1,2	104
1,13–14	152, 155		1,18	142
1,24–26	155		2,6	97
2,1–13	128		2,10–16	97
2,4.8	134		3,1–3	97
2,24.27.37	182		3,7	54
2,42.46–47	155		3,9	31
4,20	181		3,16–17	104, 128
4,24–30	155		3,19	194
6,6	155		5,7	17
7,39	36		7,31	49
7,48	128		12,3	57
8,15	155		12,9–10	56
9,11	155		12,11	153
9,40	155		13,12	71, 89, 147
10,9	155		14,20	97

15,4	182	6,10–20	67
15,28	203	6,20	125
2 Korinther		Philipper	
3,17	125	1,1	104
3,18	71f., 116	1,9	59
4,6	112	1,10	56
4,7–18	67, 143	2,6–7	162
5,7	89	2,6–11	142, 165, 175
5,17	19, 197, 213	2,17	150
5,21	175	3,7–8	35
6,1	31	3,10	40
6,7	77	3,14	67
8,9	170, 175	3,20	42
11,2b	122	4,18	150
12,7–9	62		
		Kolosser	
Galater		1,10	97
1,17	48	1,12	124
4,6	71, 131	1,24	143
4,19	198	3,1.3–4	20
4,26	128	3,3	167, 197
5,15	27	3,13	124
5,19–21	51		
5,22–23	57	1 Thessalonicher	
6,2	157	5,15	124
6,15	213	5,17	43, 59
		5,18	124
Epheser		5,21	56
1,18	56		
2,14.16	205	1 Timotheus	
2,18	116	2,4	180
2,22	104	2,5	205
3,3–6	19		
3,12	54	Hebräer	
3,18–19	194	1,2	86
4,14	97	4,1–11	210f.
4,32	124	5,7	137
5,1–2	165	5,8	143
5,2	149	5,11–14	97
5,20	124	6,20	22
5,26	104	7,27	149

11	42	2,20	104
11,4–7	32	3,14	199, 203
11,9	41, 209	4,1	56
12,22	128	4,2	57
13,2	124, 189	4,8	74
13,12–13	190	4,16	88
13,15	150	5,15	138
13,20	182		
		Offenbarung	
Jakobus		1,5	150
4,4	65	1,18	182, 185
		2,4	48
1 Petrus		2,17	164
2,11	41	3,12	128
2,21	122	7,10–11	156
3,15	81, 158	8,1	91
3,19–20	182	15,3–4	156
4,6	182	18,4	212
		19,1–10	156
2 Petrus		21,1	203
1,4	116	21,2.10	128, 211
1,16	111	21,4	143
3,13	49, 203	21,22	128
		22,1–2	25, 211
1 Johannes		22,3–4	128
2,15–16	65	22,17.20–21	156

Personenregister

Die Fundstellen beziehen sich auf den Haupttext.

Antonius der Große 49, 109
Abraham/Abram 29, 31 f., 41, 46, 189
Andreas Salos 195
Arendt, Hannah 199
Athanasius von Alexandrien 109
Augustinus 68, 94, 99, 137

Balthasar, Hans Urs von 183
Beatrix von Nazaret 68
Benedikt von Nursia 76 f., 115
Benedikt XVI., Papst 92
Bernhard von Clairvaux 99, 179
Bonaventura 98, 159
Bonhoeffer, Dietrich 54, 95,
Bosch, Hieronymus 109
Böttigheimer, Christoph 139
Buber, Martin 91, 101, 187

Certeau, Michel de 31, 43 f.
Chardin, Pierre Teilhard de 117
Chenu, Marie-Dominique 206
Chergé, Christian de 134, 151
Christophorus 198
Claverie, Pierre 206
Congar, Yves 206
Cyprian von Karthago 93, 126
Cyrill von Jerusalem 110

Dall'Oglio, Paolo 135
Day, Dorothy 195
Delbrêl, Madeleine 38, 181
Delp, Alfred 110

Demmer, Klaus 160
Dionysius Areopagites 98, 112, 144

Eckhart, Meister E. 177, 199, 213
Elija 84, 91, 103, 110 f., 119, 196
Erasmus von Rotterdam 195
Erikson, Erik H. 101
Eusebius von Cäsarea 110
Evagrius Ponticus 98

Fénelon, François 54
Fletcher, John William 100
Foucauld, Charles de 42, 62–64, 168
Fowler, James W. 101
Franz von Assisi 98, 170–172, 195
Franz von Sales 37, 77, 159
Franziskus, Papst 39, 61, 91, 117, 122, 169, 191

Gandhi, Mahatma 121
Geffré, Claude 206
Gertrud von Helfta 68
Gregor von Nyssa 211
Gregor I. der Große, Papst 51, 93, 95
Greshake, Gisbert 23
Guardini, Romano 41
Guigo II. der Kartäuser 93

Halík, Tomáš 69
Hammarskjöld, Dag 76
Heinrich Seuse 98

Hemmerle, Klaus 13, 156 f.
Heschel, Abraham J. 105 f.
Hieronymus 94
Hildegard von Bingen 114 f., 159

Ignatius von Antiochien 26
Ignatius von Loyola 56, 58, 61, 177
Irenäus von Lyon 113

Jacopone da Todi 195
Jakob 66–69, 77, 97
James, William 112
Johannes Cassian 31, 72, 76
Johannes, Evangelist 18, 129, 213
Johannes vom Kreuz 99, 113, 116, 146 f.
Johannes Paul II., Papst 39
Johannes Ruusbroec 98
Johannes der Täufer 48, 196, 204, 212
Johannes Tauler 102, 144, 148, 199
Jung, Carl Gustav 101

Katharina von Siena 159
Klemens von Alexandrien 176
Körner, Felix 134

Labre, Benedikt Joseph 195
Lallemant, Louis 37
Lambert, Willi 53
Lauscher, Georg 162
Lorenz von der Auferstehung 60
Louf, André 62, 100
Lubich, Chiara 154 f.

Malebranche, Nicolas 33
Mann, Thomas 199
Maria 116, 127, 129, 133 f., 161 f., 164, 204
Maria von Magdala 90 f., 213
Maria und Marta 176 f.
Markus der Narr 195

Martini, Marcello 107
Mechthild von Hackeborn 68
Mechthild von Magdeburg 88
Melito von Sardes 182
Menke, Karl-Heinz 139
Merton, Thomas 178 f.
Metz, Johann Baptist 90
Mose 37, 46–48, 70, 72 f., 84, 97, 103 f., 107, 110 f., 114, 119, 196, 209 f.
Mutter Teresa 145 f., 148

Nadal, Hieronymus 177
Naomi, Rachel 173
Neri, Philipp 195
Newman, John Henry 106, 159, 167
Nikolaus von Kues 195

Origenes 26, 66, 98, 110, 126, 137, 176

Parsch, Pius 78
Pascal, Blaise 139, 188
Paul VI., Papst 133
Paulus 19, 33, 48 f., 56, 67, 71, 97, 100, 104, 128 f., 132, 143, 155, 157, 165 f., 175
Peng-Keller, Simon 36, 67, 73, 101, 123
Perrin, Joseph-Marie 201
Petrus 155, 182, 198, 204
Pfau, Ruth 173 f.
Pöhlmann, Matthias 80
Puzicha, Michaela 25

Ricœur, Paul 166

Schaller, Hans 139
Schneidewind, Uwe 14
Schrott, Simon 20
Schürmann, Heinz 100

Schutz, Roger 72
Söding, Thomas 18
Sölle, Dorothee 102 f.
Spaemann, Heinrich 107
Steffensky, Fulbert 33
Stein, Edith 159
Steindl-Rast, David 26 f.
Sudbrack, Josef 100
Suhard, Emmanuel 181
Symeon von Emesa 195

Teresa von Ávila 68, 75, 77, 99,
113, 159, 205

Tertullian 126
Therese von Lisieux 38, 99, 145,
148
Thomas von Aquin 159

Wahle, Stephan 21, 165
Walter Hilton 98
Wanke, Joachim 39
Weil, Simone 33, 200 f.
Wendel, Saskia 82
Wust, Peter 166